从零开始读的中国史

从上古到战国

任超 著

辽宁人民出版社

ⓒ 任超 2025

图书在版编目（CIP）数据

从零开始读的中国史：从上古到战国 / 任超著.
沈阳：辽宁人民出版社，2025.1. -- ISBN 978-7-205-11264-6

Ⅰ. K220.9

中国国家版本馆 CIP 数据核字第 2024YJ3473 号

出版发行：辽宁人民出版社
　　　　地址：沈阳市和平区十一纬路 25 号　邮编：110003
　　　　电话：024-23284191（发行部）　024-23284304（办公室）
　　　　http://www.lnpph.com.cn
印　　刷：嘉业印刷（天津）有限公司
幅面尺寸：170mm×240mm
印　　张：22
字　　数：316 千字
出版时间：2025 年 1 月第 1 版
印刷时间：2025 年 1 月第 1 次印刷
责任编辑：赵维宁
装帧设计：东合社
责任校对：冯　莹
书　　号：ISBN 978-7-205-11264-6
定　　价：79.00 元

目录

第一章 五帝

上古大战 / 002

炎黄联盟 / 002

涿鹿之战 / 005

黄帝的两面 / 008

血脉相连的一家人 / 008

黄帝是人,不是神 / 011

天下是天下人的天下 / 015

三苗与洪水 / 015

尧舜禅让 / 020

第二章 夏

家天下 / 024

天选之子 / 024

平行时空的暗黑故事 / 028

舜禹之事，吾知之矣 / 030

乾坤未定，一切皆有可能 / 035

击败有扈氏 / 035

太康失国 / 039

遗腹子的逆袭 / 043

少康中兴 / 043

第一个被规划设计出的都城 / 045

第三章 商

这是革命，不是造反 / 050

天命玄鸟，降而生商 / 050

鸣条之战 / 055

革命 / 058

伊尹的黑白往事 / 063

盘庚迁都 / 067

中国第一女战神 / 070

埋在土里的信史 / 076

历史的千层饼 / 076

殷墟 / 080

第四章 西周

小邦周 / 086

文王拘而演《周易》 / 086

孟津之会 / 088

周虽旧邦，其命维新 / 093

纣克东夷 / 093

牧野之战 / 096

伟大制度的开创者 / 101

周公辅政 / 101

礼制 / 105

共伯和摄政 / 111

不服周 / 111

共和行政 / 115

共伯和摄政 / 118

烽火戏诸侯的谎言 / 122

狼来了的故事翻版 / 122

家庭狗血伦理剧 / 125

第五章 春秋

直笔写春秋 / 128
多行不义必自毙 / 128
春秋大义 / 131
繻葛之战 / 135

霸政时代 / 137
公子小白 / 137
长勺之战 / 141
尊王攘夷 / 146

最后的贵族精神 / 153
虚妄的霸主梦 / 153
泓水之战 / 157

南北大决战 / 160
国无公族 / 160
流亡公子的抱负 / 163
城濮之战 / 167

问鼎中原 / 174
秦晋死仇 / 174
一鸣惊人 / 176
邲之战 / 181

轴心时代里的中国 / 187

大儒常无父 / 187

道可道，非常道 / 191

削三桓 / 197

诸子百家的先锋 / 202

兵圣 / 206

复仇 / 206

兵圣 / 208

《孙子兵法》 / 213

卧薪尝胆 / 217

越国的崛起 / 217

烈丈夫之死 / 220

兔死狗烹 / 223

第六章 战国

变法图强 / 228

三家分晋 / 228

时代分界线 / 231

变法先锋 / 236

马陵道 / 243

黑化的庞涓 / 243

围魏救赵 / 245

马陵之战　/ 251

崛起的军国　/ 254
被低估的中庶子　/ 254

耕战　/ 257

变法不死　/ 261

纵横天下　/ 263
纵横术　/ 263

智商堪忧的楚怀王　/ 266

中国骑兵之父　/ 270
胡服骑射　/ 270

深入虎穴　/ 274

沙丘之变　/ 276

一团毛线的战国史　/ 279
成功学大师　/ 279

死间　/ 282

"史圣"的无奈　/ 286

长平绞肉机　/ 289
人屠　/ 289

拔郢之战　/ 292

长平地狱　/ 295

思想大爆炸 / 303
性善与性恶 / 303
平民学派 / 310
逍遥游 / 314

大秦的刹车和油门 / 317
踩刹车的吕不韦 / 317
法家集大成者 / 322
秦王扫六合 / 326

海与河 / 333
地中海与黄河 / 333
哲学王与圣王 / 336

第一章 五帝

司马迁把黄帝的故事放在《史记》的开头，笔者想，他是想向世人展示一个完美的帝王形象，作为后世帝王学习的榜样。所以在他的笔下，黄帝不能有一点瑕疵，他勤政、正直、亲民、聪慧、果敢，拥有世间一切美德。这样一来，后世任何一位帝王翻开《史记》的第一页时，都知道黄帝是自己效仿的对象，哪怕自己能力达不到，也要尽量向他靠拢。

不过，如果你以为这只是在给帝王塑造学习的榜样，那就太低估"史圣"司马迁了，他还为中国人塑造了一个宏大的世界观，一个明确的起点：中国人的老祖先追根溯源就是炎黄。

上古大战

炎黄联盟

上古时代，中华大地上部落林立，它们为了争夺地盘与资源，相互征伐。

这样的情况下单打独斗肯定要吃亏，为了壮大自己、消灭敌人，本着自家兄弟靠得住的想法，有着血缘关系的部落率先组成了部落联盟。后来，很多弱小的部落为了生存也纷纷加入部落联盟，以寻求庇护。

黄帝、炎帝、蚩（chī）尤是当时实力强劲的三大部落联盟首领。最强者只能有一个，为了争夺天下领袖之位，他们三个比拼武力，一较高下，最终的胜利者正是大名鼎鼎的黄帝。

据《史记》记载，黄帝本姓公孙，因为住在轩辕之丘，所以名轩辕。他还很小的时候就很有灵性，比普通孩子说话早，儿时才思敏捷，少年时踏实勤奋，长大后更是聪明过人。在中国古代的史书里，但凡著名的帝王，降生时都会有神奇的超自然现象伴随。比如唐太宗李世民出生之时有两条龙出现在门外盘桓不去，宋太祖赵匡胤出生时满屋红光，还有异香经宿不散。不过，小时候的黄帝除了聪慧以外，出生时并没有什么超自然神迹出现，只能说是一个可以上少年班的高智商凡人。

黄帝做了部落联盟的首领后经常下基层走访群众，或是深入田间地头，抓农业促生产，在他的带领下部落欣欣向荣。不光内政搞得好，他还是搞外交的一把好手。他自己部落的图腾是熊，所以联合了图腾是罴（pí，棕熊）、貔（pí，神兽）、貅（xiū，神兽）、貙（chū，传说中的猛兽）、虎等的众多部落，隔三差五搞联合军事演习。联盟打败了周边的敌人，声名大噪，越来越多的部落前来归附。随着经济、军事全面开花，黄帝的部落不断发展壮大，势力范围迅速扩大，他也即将面对自己平生的第一个劲敌——炎帝。

有趣的是，炎帝与黄帝虽为敌人，却是远房亲戚。

很久以前，少典氏娶了有蟜氏，他们的子孙延绵不绝，炎帝部落与黄帝部落正是从其中分裂出来的。炎帝的部落原先居住在姜水（今陕西渭河上游一带）旁，因此姓姜；黄帝的部落原先居住在姬水（今陕西漆水河）旁，因此也有黄帝姓姬的说法。

炎、黄两家原本就靠得比较近，后来他们为了开辟新天地又齐刷刷地向东走，最终在阪泉发生了交战。双方投入全部兵力，经过数次交战，炎帝向黄帝屈服。不过毕竟都是亲戚，打断了骨头连着筋，最终两大部落联盟融为一体，这就是华夏族[①]的前身。

炎黄大战落下帷幕，可是胜利者黄帝没能高兴多久，因为更恐怖的对手已从东方杀来，他就是素有"战神"之称的蚩尤大帝。

蚩尤姓黎，是东夷族的首领，连他在内有兄弟九人，号称"九黎之君"，九黎

---

① 梁启超曾在《饮冰室合集》中对华夏族做出解释："华夏民族，非一族所成。太古以来，诸族错居，接触交通，各去小异而大同，渐化合以成一族之形，后世所谓诸夏是也。"

是九夷的意思，麾下有效忠他的 81 个部落。

那个时候，华夏族的势力范围在今天的甘肃、陕西、河北一带，东夷族的势力范围在今天的山东、江苏、安徽一带，双方战争一触即发。

面对实力不弱的对手，蚩尤丝毫不惧，甚至自信有十成胜算，因为他掌握着一项黑科技——青铜兵器的制造。

在传说中，蚩尤的军队"兽身人语，铜头铁额，食沙石子，造立兵杖、刀、戟、大弩，威震天下"（《太平御览》）。这些描述看起来带着浓厚的神化、夸张色彩，但如果换个角度看，其实"铜头铁额"正说明蚩尤的部落已经掌握了金属冶炼技术，可以造出金属——主要是青铜——质地的兵器。

在那个仍以石器作为主要工具的时代，青铜兵器无疑是高精尖产品，蚩尤大军正是凭此横扫四方、战无不胜的，蚩尤本人也因此成为令天下人畏惧的战神。青铜兵器的杀伤力让蚩尤的个人战斗力被传得越来越邪乎，人们说他是妖魔鬼怪的化身，三头六臂，厉害非常。

涿鹿之战示意图

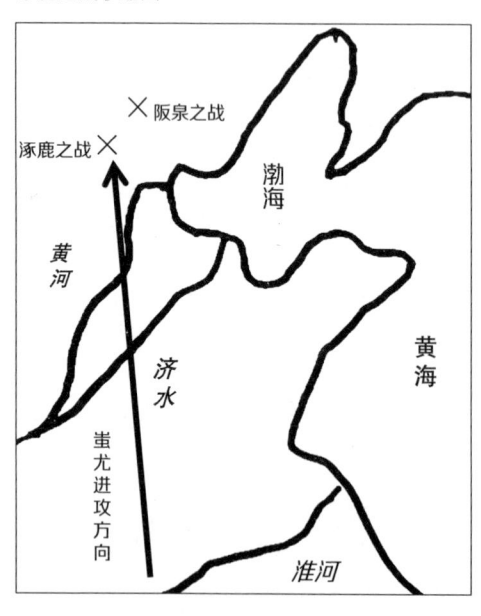

炎帝部落最先遭到蚩尤的攻击。如果说之前炎帝与黄帝的阪泉之战是一场双方拿着石制兵器对砍、对扔的低烈度战争，那么炎帝与蚩尤之间的这场战争就是一场实力不对等的屠杀。炎帝部落的惨状在史书上被记载为"九隅无遗"，换句话说，被蚩尤打得什么都不剩了。

眼看再打下去就要被灭族，炎帝赶紧向兄弟黄帝求救。黄帝率领大军与蚩尤正面交战，上古时代的第一场大战——涿鹿之战正式爆发了。

第一章 | 五帝

涿鹿之战

相较而言,炎黄之间的阪泉之战只是兄弟之间闹别扭,还可以"渡尽劫波兄弟在,相逢一笑泯恩仇",可黄帝与蚩尤之间的这场战争就没那么轻松了,它决定着部落的生死存亡。

大概正是因为如此,神话故事里的涿鹿之战才会被描述成一场惊心动魄的人神之战,里面充满了惊险刺激的桥段,精彩程度丝毫不逊于西方世界《荷马史诗》里众神齐出的特洛伊之战。

黄帝与蚩尤各率大军在广袤的华北大平原上对峙,空气仿佛凝固了,两军如同伺机扑杀猎物的猛兽一般,静悄悄地等待着统帅的命令。

一阵风吹过,卷起的黄沙漫天飞舞,扑打着将士的脸庞。只听黄帝军中吹响了进攻的号角,双方厮杀起来,打得难解难分。战事陷入胶着,蚩尤觉得是时候展示真正的技能了,于是张开大口,吐出滚滚浓烟。一时间,涿鹿战场上如同释放了一枚巨型烟幕弹,黄帝大军陷入一片迷雾之中,被困了三天三夜。幸好智商超群的黄帝发明了指南车,有了方向的指引,大军冲出迷雾。

人间的大战,神仙也来助攻。九天玄女虽是天上的神仙,却会剥皮的手艺,她抓获了东海神兽夔,制作了80面夔皮鼓送给黄帝。这夔具有特异功能,出入水则必风雨,其光如日月,其声如雷,用夔皮制成的鼓更是不同凡响。

阵前,黄帝敲起夔皮鼓,声闻500里,对面的蚩尤大军不禁心惊胆战。只听这鼓声越来越响,频率越来越快,所有人都明白,黄帝即将发起猛攻了。

"应龙,发动水攻!"黄帝大声呼喊。

应龙是黄帝军中一员大将,具有幻化成龙的本领。只见他从军中腾空而起,化为一条飞龙,将四周的水全部蓄积起来,准备向蚩尤军砸下去。

蚩尤见状不妙，朝天大喊："风伯、雨师前来助我！"

天上顿时乌云密布，世间陷入一片黑暗。突然一道闪电划过天际，紧接着是震耳欲聋的巨响，乌云之上出现两个人影。当闪电再次照亮天地时，蚩尤清晰地看到这两个人的脸庞，正是他呼喊的风伯、雨师。

风伯、雨师二话不说便将应龙蓄积的洪水变成狂风暴雨，如同17级强台风一般刮向黄帝大军。异常猛烈的风雨把很多将士刮飞了，黄帝军就要扛不住了。

在这关键时刻，黄帝召唤出了旱魃。虽说旱魃是女神，可美艳的外貌、不俗的气质、曼妙的身材她一样也没有。确切地说，她是一具丑陋无比的僵尸！头顶上长着眼睛，头发都是蛇，浑身覆盖着白毛，走到哪里哪里就要赤地千里，大旱三年。

蚩尤万万没想到黄帝竟召唤出如此恐怖的"大杀器"，硬是把一场人神大战打出了生化危机的感觉。风伯、雨师一见到旱魃立刻吓得魂飞魄散，飞快逃走，生怕跑得慢了会被旱魃烘干。暴风雨随即停了下来，而旱魃所到之处，地面的积水也瞬间消失。

黄帝大军趁机反攻，杀死蚩尤，获得全胜。

涿鹿之战后，东夷族与华夏族开始融合。蚩尤虽死，但后世很多王朝依旧把他当作战神，每次打仗和军事演习时都要祭祀一番。

这就是神话故事里的涿鹿之战。

史书中的逐鹿之战又是什么样的呢？司马迁在《史记》里只短短写了一句话："于是黄帝乃征师诸侯，与蚩尤战于涿鹿之野，遂禽杀蚩尤。"显而易见，接地气得多。

我们再来看看黄帝打完涿鹿之战后接着干啥去了。

《史记》中记载，黄帝很有劳模风范，一生兢兢业业，从来没有休息过。他亲自征讨不归顺的地方，之后又去各地视察，逢山开路遇水搭桥，走到哪里就在哪里安营扎寨。他的足迹遍布天下，东到大海，登上丸山与泰山；西至崆峒，登上鸡头山；南到长江，登上熊山、湘山；向北驱逐蛮族，到釜山与当地部落首领核验符契，在涿鹿建立城市。同时，他还设置了左、右两名大监，让他们督导检查各地工作，天下从此安定。

有一天黄帝收获了一个宝鼎，这个宝鼎具有强大的计算功能，他便观测太阳运行规律，然后通过宝鼎计算出历法。有了历法，黄帝就能按照时节教人种植各种农作物，教人养殖有经济价值的鸟兽虫蛾，身体力行地教导百姓勤劳致富。他经常晚上不休息，进行天文观测，并收集土石金玉等矿物进行研究，帮助人们正确认识和使用各种自然资源。他又任命风后、力牧、常先、大鸿四位大臣分管各项民生工作，百姓从此安居。

古人认为，金、木、水、火、土这五种自然元素代表五种高贵的德行，简称"五德"，而一个正统王朝必然要占据其中一个，五德循环交替就像朝代兴亡更迭。黄帝之所以能成为天下共主，是因为他占据着"土德"。因为土的颜色是黄色，他才被人称为"黄帝"。

司马迁把黄帝的故事放在《史记》的开头，笔者想，他是想向世人展示一个完美的帝王形象，作为后世帝王学习的榜样。所以在他的笔下，黄帝不能有一点瑕疵，他勤政、正直、亲民、聪慧、果敢，拥有世间一切美德。这样一来，后世任何一位帝王翻开《史记》的第一页时，都知道黄帝是自己效仿的对象，哪怕自己能力达不到，也要尽量向他靠拢。

不过，如果你以为这只是在给帝王塑造学习的榜样，那就太低估"史圣"司马迁了，他还为中国人塑造了一个宏大的世界观，一个明确的起点：中国人的老祖先追根溯源就是炎黄。

黄帝的两面

血脉相连的一家人

"究天人之际,通古今之变,成一家之言!"这是司马迁人生的终极追求。于是在西汉太初元年(前104),也就是汉武帝在位的第37年,身为太史令的司马迁开始著述皇皇史学巨作——《史记》。

就在司马迁创作《史记》之时,他所处的大汉王朝如同一个蓬勃而出的太阳,光芒万丈,辐射四方。汉武帝刘彻对外征战,连战连捷,南伐百越、北击匈奴、东并朝鲜、降伏西域,大汉王朝的声威在他手上达到了历史顶峰!

可通晓古今的司马迁内心却有着深深的忧虑。

此时,天下真正完成统一的时间并不长,百姓的内心并没有统一的概念。你是你,我是我,一个大一统的王朝和我有什么关系,关起门来过自己的小日子不是挺好的吗?

仅仅百年前，天下还处于分裂状态，春秋战国几百年的混乱直到秦始皇时才得以统一。秦始皇废分封、设郡县，耗费心力，可他万万没想到，自己打算流传千秋万代的王朝短短十几年便土崩瓦解。秦始皇死后，秦王朝的东半部分立刻陷入混乱，曾经的六国百姓纷纷揭竿而起。后来楚汉相争，泗水亭长刘邦胜出，建立了大汉王朝。

天下在名义上再次统一了，可是大汉王朝的东半部其实还属于诸侯国。虽然这些独立小王国的国王都是老刘家的子弟，可只要有独立小王国存在，国家的安定（尤其是朝廷的统治）就会受到威胁。

公元前154年，西汉的第六任皇帝汉景帝刘启决定削藩——不管是不是亲戚，先干掉了再说！危机当头，东方的七个诸侯王为了自己的荣华富贵团结起来，准备推翻中央。然而与擎天巨人一般的王朝中央相比，这七个诸侯就像七个小矮人，仅仅三个月就被灭了。此后，大汉王朝中虽有残存的东方刘姓诸侯，但已经名存实亡。

公元前127年，汉景帝的儿子汉武帝刘彻颁布推恩令。他表示，过去诸侯王只把王位和土地传给嫡长子（正妻的长子），这习惯很不好，没有顾及其他儿子的感受，我刘彻作为大汉天子要主持公道，让诸侯王的每一个儿子都拥有继承权，大家平分诸侯国。就这样，诸侯国越分越小，最后分没了，分散在诸侯手中的权力就这样全都归于中央，中央的命令终于能够通畅抵达国家的每一个角落。

现在，大汉王朝在政治上已经做到了真正的统一，可是速度太快，以至于天下人的观念还没有完全跟上。这个问题要如何解决呢？

司马迁想出了一个答案：我们是血脉相连的一家人，当然要其乐融融成为一体！

《史记》开头第一篇文章是《五帝本纪》。所谓"本纪"，就是帝王传记，而"五帝"指黄帝、颛顼、帝喾、尧、舜，他们都是上古时期天下著名的部落联盟首领。读完这篇文章你会惊奇地发现，原来五帝是爷孙几代人啊！黄帝是老祖宗，颛顼是孙子，帝喾是曾孙，尧是玄孙，舜是八世孙。

这还仅仅是开始。接着往下看夏、商、周、秦四朝的本纪，这四朝王室的祖先竟然都可以追溯到黄帝身上：

夏朝的开国之君是禹，他的祖上是颛顼，而颛顼的祖父是黄帝。

商朝王室的祖先叫契，他是帝喾的儿子，黄帝的四世孙。

周朝王室的祖先叫后稷，他也是帝喾的儿子，黄帝的四世孙。

秦国王室的祖先叫女修，她是颛顼的后代。

细细看下去，春秋战国时期大小诸侯的祖先也都是黄帝一脉：一直被中原视作南蛮的楚人，他们的祖先是颛顼；断发文身的越人，祖先是大禹；甚至大汉王朝的死敌匈奴人，他们也是夏朝王室的后裔。倒是有一个例外，齐国诸侯姓姜，所以他们被归同为姜姓的炎帝的后代。

因此，在写作《史记》的过程中，司马迁同时也为汉人编写了一个宏大的族谱：不管你身在何处，都能追根溯源将炎、黄奉为自己的祖先。

可是司马迁没有写自家老板的先祖是谁，毕竟汉朝开国皇帝刘邦出身不高。我们普通人能搞清祖上几代叫什么名字就已经相当不错了，至于先祖是谁，根本不清楚。为了弥补这个缺漏，东汉的史学家班固按照司马迁的逻辑，立项搞了个名为"汉高祖刘邦的先祖是谁"的课题。通过深入的研究与分析，班固得出结论：刘邦的先祖是尧的后裔，在夏朝时掌握驾驭神龙的技术。不管这事是真是假，都可以看出那时的汉人已经在心理上完全认同了自己炎黄子孙的身份。

过去数千年的相互仇视、杀戮到此结束，无论你身在何处，都和其他人一样是炎黄子孙，大家有着共同的家族史，血浓于水、手足情深，凝结成一个伟大的民族。

第一章 | 五帝

黄帝是人，不是神

"史圣"司马迁通过手中的笔，把黄帝塑造成历代帝王效仿的标杆和汉人的人文祖先，可是他的意图不止于此，他有更大的格局——要把传说中的黄帝拉下神坛变为普通人，以此去挑战朝堂中的怪力乱神！

司马迁之所以这样做，是因为对于年老的汉武帝刘彻来说，皇帝已经成了副业，修仙才是主业。

那是天汉二年，即公元前99年，汉武帝在位的第42年。

还在编纂《史记》的太史令司马迁，因为替投降匈奴的将军李陵说了几句话触怒了汉武帝，随即以诬罔[①]之罪被判死刑，后来改判腐刑[②]。

一声惨烈的叫喊响彻长安大狱。

在汉武帝看来，改判腐刑是网开一面，司马迁应该跪拜谢恩，但对于司马迁来说并非如此，他的身心饱受摧残。自己为之奉献一生的国家和自己敬重的帝王成为迫害自己的凶手，他愤恨、悲痛，可又无可奈何。

被阉割后的司马迁没有被立即释放。就在他被关在牢里的时候，天汉三年（前98），汉武帝再次搞起了劳民伤财的泰山封禅。

泰山是五岳至尊，在这里封禅，举行祭祀天地的大典，意在向上天展示这一届的人间帝王工作干得很好，在他的治理下国富民强、四海升平。这原本只是一场具有纪念意义的礼仪活动，可是汉武帝的封禅大典变了味，成了宣扬迷信的大会。

堪称千古一帝的汉武帝在位期间功绩累累，他扫平四海，强盛国力，已经达到

[①] 诬罔，即诬陷造谣。
[②] 腐刑，又称蚕室、宫刑、阴刑、椓刑等，指对男子或女子的阴处施刑。

了历史上绝大部分皇帝都难以企及的高度。然而对于以往的成就他感到不满足，于是有了新的追求——长生不老。

西汉时，人们对传说中黄帝的崇拜甚嚣尘上，黄帝成了风靡全国的高人气神仙。汉武帝同样把黄帝当成偶像，想和黄帝一样，成为一名有法术、能升天、能永生的神仙帝王。

帝王虽然掌握着人间的最高权力，但在其他方面和普通人一样，都要吃喝拉撒。要想长生，不用担心生老病死，光靠人力可不行，所以汉武帝准备找上天来帮忙。

如何让老天爷看得上自己呢？

封禅！

封禅就是向上天展示自己是个优秀皇帝，上天看到了这么优秀的人，可不得赶紧给个成仙的机会呀！

可是封禅只能让自己有成仙的可能，要真正升天，还得有前辈神仙助攻。神仙不好找，这就需要"专业人士"充当中介，于是一群装神弄鬼的方士登场了。

其实此前已有一位千古一帝封禅泰山，他又是寻找神仙，又是招募方士，最后发现上当受骗了，便活埋了骗子。这位皇帝当然没有长生不老，49岁就驾鹤西游，以死亡的方式升天了，他就是秦始皇嬴政。

秦始皇的失败没有让汉武帝吸取教训。在汉武帝看来，秦始皇之所以没有成功，是因为做得不到位。

只封禅一次，上天哪能知道呢？要多封禅几次，在上天那里混个脸熟！简单的仪式哪能体现诚心？当然要越隆重越好！所以，汉武帝先后封禅八次，可以说他不是在都城长安办公，就是在去泰山封禅的路上。

此外，汉武帝还重金聘请方士，虽然招来的难免有骗子，但不要紧，只要方士不灵，该杀的杀，该埋的埋，再换下一个。为了对神仙显示自己的诚心，他不光要派人去找，还给神仙预留好住处，在名山大川新建豪华仙宫。

汉武帝为了自己的成仙梦大把大把地烧钱，再加上常年对外征战，到他晚年，大汉王朝已经处于破产的边缘。

就在这时候,司马迁被释放了。

出狱的司马迁用诧异的目光看着皇帝的荒唐行为。方士们随便一句话就把皇帝骗得团团转,而自己只是替人说了句公道话却惨遭腐刑,这真是小丑在朝堂,君子被遗弃。

昏君!

有的人面对命运的打击会一蹶不振,有的人则会激发内心的"小宇宙",越战越勇。司马迁是后者。满朝文武对汉武帝的荒唐行径熟视无睹,而他作为史官选择秉笔直书,决不向皇权低头。

他要用自己的笔告诉汉武帝:你是人,不是神!

他要用自己的笔还原史实,警示后世!作为大汉王朝的太史令,他写的书将会是有史以来最伟大的史书,里面的每个字都将影响后世千秋万代的历史观!

这样的诉求,让司马迁在写黄帝的故事时面临巨大的挑战。

黄帝故事的发生时间距汉朝极其遥远,经过代代流传,里面本来就夹杂着不少光怪陆离的幻想和神异色彩。可如果真的把黄帝写成神,那么后世将有无数人因此迷信修仙,追求长生不老,到时候百姓将陷入愚昧,帝王将不做正事,国家将陷入万劫不复的境地。

黄帝必须被拉下神坛,脱下神的外衣,成为一个踩在大地上的贤明君王样板!

黄帝只能是人,不能是神!

于是,后世人在《五帝本纪》里看到了黄帝作为人的完整的一生。他有年少时,有成年时,也有死的时候;有妻子,有孩子;要种田吃饭,要带兵打仗,要管理天下。从职务上来说,他是天下的领袖;从生理上来说,他只是一个普通人,和你我别无二致。

写完黄帝的故事之后,司马迁没有罢休,反而又写下一篇针对汉武帝的"战斗檄文"——《封禅书》。

不过，吃了几年牢饭的司马迁还是学乖了，他已不是那个可以随心直言的人，而是将自己对汉武帝的批判隐藏在字里行间。

鲁迅在其文《骂杀与捧杀》中说过："骂，倒未必会骂死人，但捧，却是可以致人死命的一法。"大概是英雄所见略同，在《封禅书》的开篇，司马迁没有破口大骂，而是历数封禅史，力赞封禅的好处，明显是把汉武帝往高处捧。不过接着他便话锋一转，讲了这样一个故事：

有一次，人们挖出一个大鼎，当地官员禀报汉武帝。一个叫公孙卿的人听闻此事跳了出来，他是当世著名的神棍，忽悠界的翘楚。

面对汉武帝，公孙卿大言不惭："这鼎是黄帝铸造的，有了这个鼎就能见到神仙，所以得赶紧去泰山封禅。"

一听到能成仙，汉武帝两眼放光。

公孙卿再接再厉，绘声绘色地说："传说，当年黄帝铸完鼎后从天上飞下来一条神龙，黄帝明白这是上天派神龙来接他升天成仙了，二话不说就骑上龙背。黄帝身边的大臣和嫔妃觉得这是成仙的好机会，也跟着做，有70多人一起坐到龙背上，其余的人骑不上去了，就抓住龙须，结果龙的胡须被揪掉，他们在神龙起飞的过程中摔了下来。"

汉武帝已经被迷得五迷三道，立马表态："我要是能像黄帝那样成仙，会把老婆孩子像扔鞋子一样扔掉。"

显而易见，《封禅书》里的汉武帝离明君形象有十万八千里，在司马迁笔下，他成了追仙皇帝的反面典型，被讽刺得体无完肤。至于黄帝呢，虽然《史记》里他有两个版本的形象，一个存于《五帝本纪》，另一个存在于《封禅书》，但任何一个人在看完《史记》后都会明白，他是一个脚踏实地的人，而不是虚无缥缈的神。

天下是天下人的天下

三苗与洪水

讲完了黄帝，我们再来说说五帝中剩下的四位。

传说黄帝的正妻叫嫘（léi）祖，她为黄帝生了两个儿子，一个叫玄嚣，另一个叫昌意。这两个儿子资质平平，黄帝对他们并不是很满意。

黄帝是一个坚信天下为公的人，在他看来，天下是天下人的天下，因此继承他帝位的不一定是他儿子，但必须是一个具有以下能力的"五好青年"：

品德好。作为天下之主要有高尚的品德，这样才能让天下人臣服。

智力好。只有聪慧的人才能制定出合理的政策。

身体好。管理天下是一件很累人的事，要满世界地跑，有时还要和农民一起下地种田，根本就没有休息的时候，所以一定要有极好的身体素质，否则分分钟就要猝死。

军事能力好。军事能力不行的话，先别说开不成疆拓不了土了，自己都会随时有被入侵者消灭的危险。

天文基础好。天文学得好就可以推算历法，只有掌握好时令节气，在合适的时间安排耕种，老百姓才有饭吃，天下才能安定。

这样的高要求，黄帝的儿子们显然达不到，不过他还有孙子呀！

黄帝之子昌意有一个儿子叫高阳，年少时就成熟稳重，资质不凡。他从不仗着自己的爷爷是黄帝就骄奢淫逸，反而经常下田与农民一起耕种，更厉害的是他数学、天文学得很好，可以准确推算出什么时候适宜耕种。

黄帝十分喜爱高阳，觉得这孩子具有多项专业技能，很像年轻时候的自己，各个部落的首领也认为高阳未来必是能够统领天下的领袖。果然，在黄帝死后，经过选举，高阳高票当选新任天下领袖。

高阳即位为帝，他就是五帝里的第二位——颛顼。

颛顼发扬劳模精神，和爷爷黄帝一样满天下跑，深入群众，走访调研。他也开疆拓土，凡是日月照过的地方都被他平定过。

颛顼也有老的一天，他同样按照"五好青年"的标准找接班人，最后发现自己家没有合适的，叔叔玄嚣有一个孙子却是不二人选，他叫高辛。高辛出生没多久就能叫出自己的名字，长大后仪表堂堂，又很仁德，经常对身边的人施加恩惠，深受百姓的爱戴。

颛顼死前推荐高辛继承自己的帝位，此事获得部落首领们的一致同意，高辛于是成为五帝里的第三位——帝喾。

帝喾在位的时候，做的是和黄帝、颛顼一样的工作。由于工作勤勉，他在百姓中拥有极高的声望。

帝喾有两个儿子，大儿子叫挚，小儿子叫放勋。帝喾死后，挚接了父亲的班，可是没有干出什么成绩，大家都不待见他。后来，放勋被大家推选为新的天下领袖。

放勋就是五帝里的第四位——尧。由于尧是陶唐氏的人，所以他又被称为唐尧。

尧没有架子，身为新任天下领袖经常下地与百姓一起干活。他还在天下四方安排观测天文的官员，制定适应农业的历法。

历史的车轮滚滚向前，挑战接踵而至。尧处在前所未有的大变局时代，当政难度远超之前的黄帝、颛顼、帝喾。他面临的挑战一个是三苗，另一个是洪水。

我们先来说说三苗。

"三苗"是华夏族对南方苗蛮部落联盟的称呼。这群人居住在洞庭湖与鄱阳湖之间，鱼米之乡的优越地理条件让他们的粮食产量巨大。另外，在那个生产力落后的时代，青铜器可是珍稀名贵物件，广大人民群众手里使用的绝大多数都是石器，而三苗人制作石器的工艺水平处于当时的领先水平。

家里不愁吃喝，手里又有可靠的家伙事儿，下一步行动必然是扩大地盘谋发展。三苗夺下了南阳盆地，在南方无人能敌，大有进军中原、席卷天下之势。

收到军情的尧皱起眉头，他深刻意识到三苗的实力远在当年蚩尤之上，想靠一战就打败他们几乎不可能。与其打打杀杀，不如和平共处，尧与三苗缔结和平盟约，约定双方各自在自己的地盘上好好发展，互不干扰。

理想很丰满，现实很骨感。

为了更广阔的生存空间，三苗终于还是不顾盟约，浩浩荡荡杀向北方。《尚书》中说，三苗"民兴胥渐，泯泯棼棼（fén），罔中于信，以覆诅盟"，意思是三苗的百姓喜爱欺诈，混乱不堪，毫无诚信可言，经常撕毁盟约。从尧时代的故事看，这份记载有其根源。

诚实善良的尧傻眼了。

"三苗，我一向以诚信为本，没想到你们跟我耍花招！"

愤怒的尧统率大军征讨三苗，双方在丹水边上交战，经过激烈的厮杀，他打败了三苗。

不过，尧当初的判断十分正确，伐苗战争没有就此停止，而是刚刚开始。战败后，民风彪悍的三苗蛰伏起来，他们暗暗积聚更多的力量，伺机卷土重来。就这样，三苗如同打不死的"小强"，历经了尧、舜、禹三代的持续打击，才最终被降伏。

三苗对于尧来说是可以通过武力解决的挑战，可下一个问题却超越了当时人力所能对抗的范围，让尧感到有亡族灭种的危险，它就是当时全地球人都搞不定的大洪水！

现代气候学家与地质学家研究发现，大约在距今4000年前，北半球气候发生了突变，季风雨带的北撤致使偏北地区降水量大幅增加，降水时间也在延长，河水暴涨，许多土地被淹没。后来，世界各地很多民族的传说中都出现了相似的内容：上古时期，祖先遇到一场毁天灭地的大洪水。

如果单单是洪水泛滥也就算了，可偏偏在中原大地上泛滥的是黄河水，它不光水量大，还会改道！

中原土质松软，黄河流经这里时河水便会带上泥沙，泥沙在水道宽阔、流速变缓的地方很容易淤积起来，渐渐地，原河道被堵得走不通，河水只能变道。黄河变道可不像汽车变道那么简单，而是横冲直撞，把人与房屋卷得无影无踪。

《尚书·尧典》中记载了尧时洪水泛滥的恐怖场景："汤汤洪水方割，荡荡怀山襄陵，浩浩滔天。"（汹涌的洪水把大地分割开来，浩浩荡荡的洪水冲上山陵，波浪滔天。）

遭受水灾的地区变成了无人区，良田被毁，野草疯长，野兽成灾。尧一出门就看见家门口的洪水，水里面漂着数不尽的尸体，内心极其痛苦。他虽然打败了三苗，但是搞不定大洪水，再这样下去，自己和百姓都要成"两栖动物"了。

后世历代封建王朝投入巨大的人力物力治理黄河，都没什么效果，甚至有的王朝因为没治好黄河直接关门打烊。在上古时期，生产力极端落后，老百姓手里的家伙事儿还以石器为主，想要驯服黄河，难度可想而知。

但不管能不能治理好黄河，总得有人先顶上！

尧在位的第19年，终于有一个人被推荐上来担任天下的水利总工程师，他叫共工。

共工信心满满："请大家放一百二十个心吧，我对天发誓，一定能治理好大洪水！"

尧对共工寄予厚望，没想到收获的却是失望。共工在原来居住的地方口碑非常好，深受老百姓的爱戴，可是人品好不代表治水能力强。他天天往治水工地跑，忙得灰头土脸，洪水也没有要退却的迹象。

时间就这样在人们的忧心中慢慢流逝。人都有老的时候，尧也不例外，他开始给自己找接班人了。

在一次部落首领大会上，尧问人们："大家想想，谁能接我的班？"

一位部落首领说："我觉得你儿子丹朱挺好的。"

尧听后摇了摇头："选谁也不能选他啊！我的儿子我还不清楚？他性格顽劣，接班人绝对不可能是他。"

另一位部落首领说："共工不是挺好的吗？"

提到共工，尧看了看门外的大洪水，愤怒地说道："共工只会讲漂亮话，心术不正，欺骗上天，绝不能用！"

话音落下，所有人都沉默了。

尧只能转变话题："继承人的事先不谈了，眼下大洪水要紧。我看共工是不行的，谁有治理洪水的合适人选推荐？"

"鲧（gǔn），他是一个很贤能的人，让他去试试吧。"

于是鲧走马上任，可惜他治水9年，天下依旧洪水滔天。

尧感觉自己有生之年怕是不能看到洪水消退，便准备赶紧把接班人的事给办了。他又一次召开部落首领大会，询问众首领："我在位70多年，年事已高，你们当中有谁能接我的班？"

众首领听了连忙摇头，他们说："我们的德行不够，难以胜任天下首领这一职务。"

尧问："大家看看，有没有其他合适的人？"

这时大家异口同声地回答："民间有一位口碑很好的单身男青年，他叫舜。"

尧舜禅让

舜名为重华,是黄帝的八世孙。他是有虞氏的人,因此又被称为"虞舜"。

虽说舜是黄帝之后,可中间隔了七代,再加上那时没有皇亲国戚一说,所以他只是一个农民。

其实如果能安安稳稳当一个种地的农民也不错,可惜舜的亲人一个个都是蛇蝎心肠,想尽办法要搞死他,让舜不得安宁。

舜的爹叫瞽①叟。舜的生母死得早,瞽叟娶了继妻,两人又生下了一个儿子,名叫象。瞽叟觉得大儿子舜是个多余的人,只有小儿子象才是自己的心头肉,便一直想杀掉舜,没想到舜有主角光环护体,一直没死。

舜心地良善,任凭老爹陷害也依然孝顺他,对其他家人也一直关爱有加。群众的眼睛是雪亮的,在大家眼中,这样的舜就是道德的标杆、时代的楷模。

舜的名声传开了,全天下都知道他是新时代的好青年,他自然而然地进入尧的视野,成为候选接班人。

为了考察舜是否如传言那样,尧把两个女儿嫁给舜,再让9个儿子居住在舜的周围,想通过零距离的观察来判断舜的真实为人。

舜品德高尚,尧的两个女儿不会仗着自己出身高贵而怠慢舜,尧的9个儿子把舜作为道德学习的榜样。其他人也是一样,只要一靠近就会被舜感化。渐渐地,很多人都搬到舜的附近居住,几年之后舜住的地方竟变成了一个城邑。尧对舜很满意,赐给他衣服和一把琴,派人给他建造了仓库,还送给他一些牛羊。

瞽叟听说大儿子舜越过越好,再想想自己疼爱的小儿子象,一副烂泥扶不上墙

---

① 瞽(gǔ),这里是眼盲的意思。

的样子，心中更加憋气。

"算了，为了小儿子过得好，只能老爹亲自出马。这次一定要把大儿子干掉！"

瞽叟虽然看不见，干起坏事来却顺手得很，一条毒计很快在他心中孕育。

这天，瞽叟一把抓住舜的手，诚恳地说："舜，家里库房的房顶坏了，经常漏雨。我的眼睛看不见，你爬上去修缮一下吧。"

舜是孝顺长辈的好青年，当然一口答应。他爬上屋顶，开始了修缮工作，瞽叟趁机让象在屋中点起火来，妄图烧死舜。

舜长期生活在父亲的迫害中，早就增长了防害经验，知道父亲让自己干活准是又想害死自己，所以随身携带了一些工具。他将两个大斗笠固定在自己的胳膊上，从屋顶空降到地面，毫发无伤。

瞽叟的毒计没有成功，小儿子象动动脑筋，又想出一条毒计。

象说："大哥，听说你无所不能，我们家每次打水都要去河边，麻烦得很，不如你帮我们打一口井吧！"

舜又一口答应："好的，没问题。"

打井打到一半，瞽叟和象把挖出来的土全部倒入井里，誓要把舜活埋，顺便毁尸灭迹。好在舜早就料到弟弟不怀好意，所以在挖井的过程中另挖了一条暗道通往地面。

看见井被填平，象和瞽叟以为舜真的死了，开始讨论如何分配舜的家产。好色的象说，自己只要舜的老婆和那一把琴，牛羊可以都归父亲瞽叟。

象冲进舜的房间，看到尧赐下的琴，内心十分激动，立马弹了起来。弹完一曲，他还陶醉在美妙的琴声中，一抬头竟看见舜就站在面前。

"啊，你是人还是鬼？你不是死在井里了吗？"

舜答道："我不是挺好的吗？怎么会死呢？"

一再的失败让瞽叟和象彻底丧失了信心，他们只能与舜和睦相处，狗血的家庭伦理剧宣告剧终。

舜忍辱负重，靠自己的宽容和爱把家人再次凝聚在一起。尧听说了这些事，觉得舜是做首领最合适的人选，决定把他接到身边悉心培养。舜不负众望，在尧身边三年，处理任何政务都游刃有余，赢得四方赞誉。

第四年的正月初一，舜接受了尧的禅让，成为五帝中的最后一位。

尧死后，舜服丧三年。然后他便躲了起来，想把帝位让给尧的儿子丹朱，可是天下部落首领们都去了他那里朝拜，而不去丹朱那里。最后他接受了天下人的请求，正式即位。

舜接位后，任命有才能的人分管各项工作，不过有两项工作不好分配，一是平定南方三苗的叛乱，二是治理终尧一生都没搞定的大洪水。这两件事的处理难度都是史诗级的，先集中力量解决哪一件呢？

走路有个先后次序，处理问题也有个轻重缓急，需得先把眼前最危急的事解决了，才有精力去解决其他事。舜选择先处理大地上泛滥的洪水。

舜一继位就往鲧治水的工地上跑，只见鲧领着工匠在工地上忙得四脚朝天，把堤坝建得比以前更高——他想用封堵的方法阻止水患。可是事与愿违，水越积越多，丝毫没有消退的迹象，新的堤坝也岌岌可危。

"一位不行就换另一位，总有人是真正的英雄，能治水成功。"舜这样想，"这么多年水患还没有治理好，只能换人了。"

鲧被舜撤了职，流放到羽山，最后死在外地。两任水利总工程师都被撤职查办，这个位子一下子变成了高风险职位。

第二章 夏

由于生产力落后，部落里的人们需要一起吃大锅饭，那时候还是人人平等的。随着生产力不断进步，财富不断累积，部落里逐渐出现了贫富差距，这时有才能的人便占据了顶端的位置，大的部落便可以统领小部落，直至号令天下。慢慢地，部落走向了国家。

家 天 下

天选之子

治水这件事，舜决定让禹试试。

禹是鲧的儿子，姓姒（sì），名文命，属于夏后氏部落。面对治水这个长期奔波在外的高风险苦差事，禹毫不犹豫地接受了。他要为父亲争回名誉，也为天下人消除水患。

那个时候谁也没想到，禹竟是一位运气好到爆的福将。

为了方便治理水患，禹把天下划分成九州，准备分区域进行有效治理。这九州分别是冀州、兖州、青州、徐州、扬州、荆州、豫州、梁州、雍州。之后他带着两名助理工程师——伯益和后稷翻山越岭，亲自测量水文，丈量山体高度。在野外工作13年，他数次从家门口路过，都没有进去看一看。

至于治水的办法，禹也和前人不同："既然父亲用堵的方法治水不成功，那我就用疏导的方法，让河水全部流入大海！"

史书《国语》有这么一句话，简明扼要地说明了大禹的所作所为：

"高高下下，疏川导滞，钟水丰物，封崇九山，决汩九川，陂鄣九泽，丰殖九薮，汩越九原，宅居九隩，合通四海。"

根据地势的高低去疏通河道，清除阻塞的淤泥，让流水滋养万物生长，保护九州的高山，疏通九州的河流，围住九州的湖泽，保护九州的湿地，治理九州的土地，安抚九州的百姓，沟通四海之境。就这样，禹平定了水患，成为百姓们心目中的英雄，被大家尊称为"大禹"。大，就是伟大的意思。

然而大禹不知道，其实在他努力治水的过程中，老天爷也暗中帮了他。

什么叫命好？有的人不管付出多少都没有回报，而有的人付出了十倍的努力，却能得到百倍的回报。

老天爷帮你的人生，谁都挡不住。

就在禹开始治水的时候，地球北半球的气候开始变好，降水逐渐正常化，洪水开始消退，大地上的植物慢慢恢复生长。

即便是不相信有所谓君权神授的人，看到大禹也要感慨一句"天选之子"，觉得他运气好到爆。

不过话说回来，即使气候没有变好，即使大禹治水失败，后面也一定会有第四位、第五位乃至无数位英雄去治水。在中国人眼里人定胜天，没有任何困难是人战胜不了的。

在禹治水逐步见到功效的时候，舜的年纪也渐渐大了，他自己的儿子商均是烂泥扶不上墙的，于是他选择了禹，准备死后将部落首领之位交给他。

水患治好了，继承人也安排好了，舜准备着手解决另一个心头大患——三苗。

三苗在南方犹如擎天一柱，根本不把舜放在眼里，时不时就要前来侵扰。为了让境内安宁太平，年迈的舜燃烧了自己最后的精力，以至于"南征三苗，道死苍梧"（在南征三苗的时候，死在了去往苍梧的路上）。

舜死后，大禹服丧三年。服丧结束，他想把帝位让给商均，于是跑到阳城（今河南登封）躲了起来。各部落首领当然都不同意，他们不朝拜商均而去朝拜大禹。

公元前2070年左右，大禹在阳城即位。大禹的姓是姒，氏是夏后，他以自己的氏为国号，简称"夏"，这就是我们所说的夏朝。

新继位的大禹一如既往的运气好——他赶上三苗遭灾了。

《墨子》中记载："昔者三苗大乱，天命殛（jí）之。日妖宵出，雨血三朝，龙生于庙，犬哭乎市，夏冰，地坼及泉，五谷变化，民乃大振。"意思是当初三苗家里遭了大难，这是老天要灭他们。太阳作妖晚上出来，下了三天血雨，龙出现在祖庙里，市场上有犬的哭泣声，夏天结冰，泉水从开裂的土里渗出，五谷歉收，苗民心惊胆战。

这个描述虽然很夸张，但三苗所在的地区遭了天灾是事实。这是上天赐给大禹剿灭三苗的大好时机，他果断率领大军讨伐三苗，一箭射死了三苗的首领，三苗就此被彻底平定。

没了洪水和三苗，天下大定，万邦臣服。大禹决定召开一场大会，让全天下的部落团结在一起。他命令各地的部落首领来到涂山（今安徽蚌埠）参加大会，史称"涂山之会"。

这场大会盛况空前，据《左传》记载："禹合诸侯于涂山，执玉帛者万国。"也就是说，大禹召集部落首领们在涂山开大会时，有上万人手拿朝拜用的玉帛前来。

这次大会有个小插曲：有一个人来晚了，他是防风部落的首领。其实也不能怪他，防风部落在太湖一带，离得比较远，那时又没有汽车和飞机，人们只能靠两条腿赶路，迟到情有可原。可是大禹的面子挂不住了。大哥喊你来，你敢迟到，大哥的权威还要不要？于是这个倒霉蛋被砍了脑袋。

涂山之会，大禹让九州各地进贡铜，他将这些铜熔化铸成九个鼎，这九鼎象征着九州，更代表着大禹统治天下的无上权力。从此，九鼎成为镇国之宝，延续夏、商、周三代。

第二章 | 夏

大禹也有老的一天，他要为自己选定接班人。有一个叫皋陶的大臣很不错，大禹把他立为接班人，没想到没几年皋陶就去世了。

实在没有好的人选，大禹想起了当年和自己一起治水的伯益，决定自己死后将帝位禅让给他。可是伯益诚惶诚恐，在大禹死后，他服丧三年，期满后便把帝位让给了大禹的儿子启，自己隐居起来。

帝位像击鼓传花一样，传了一圈来到大禹的儿子启的手中。启没有推脱，全天下的部落领袖也都去朝拜他，他便成了新的天下领袖。

继位后的启不再以"帝"为称号，而是称"后"，所以如今我们才会看到很多夏代君主名前面会加个"后"字，比如夏代的最后一任君主桀，就被称为"后桀"。

虽说就实际而言，禅让是将帝位在黄帝的众多子孙里传继，但当时并没有一定要传位给子孙的说法，贤能才是继承帝位的唯一标准，而且最终人选还得在部落首领大会上得到大家的一致认可。

可是由于启继承了父亲大禹的帝位，禅让的美好时代结束了。从此，天下领袖位置的继承不再是全天下人都能参与的事，而是夏后氏家族的私事。

天下不再是全天下人的天下，而是夏后氏的天下。

家天下从此开始！

平行时空的暗黑故事

禅让时代的故事讲完了，接下来要讲的是这段历史的另外一个版本。

众所周知，尧、舜、禹三位作为上古明君，都是通过禅让得到天下的，他们高尚的品德被传颂了千秋万代。然而在另外一段鲜为人知的史书记载里，人物还是这些人物，时间也是这个时间，故事情节却完全不同了，充满了暗黑与狗血、杀戮与仇恨。

尧、舜、禹三位是通过篡权得到帝位的！

公元前296年，战国后期，魏国国君魏襄王去世了，随他一同下葬的有魏国史官编纂的史书。

公元279年，西晋武帝司马炎在位，一个叫"不准"的盗墓贼意外打开了魏襄王的大墓，这部魏国史书历经500多年的掩埋后重见天日。它被人称为《竹书纪年》，以编年体的形式详尽记载了黄帝时期到战国时期的众多历史事件。

让人万万没想到的是，这部史书里记载的上古历史和世人已知的故事截然相反，儒家学者看后差点口吐鲜血倒地不起。

关于尧、舜、禹的继承故事，书里是这样记载的：

"尧之末年，德衰，为舜所囚。"（尧年老的时候，道德退步，被舜关了起来。）

"舜囚尧于平阳，取之帝位。"（舜把尧关押在平阳，夺取了他的帝位。）

"舜囚尧，复偃塞丹朱，使不与父相见也。"（舜把尧囚禁，阻止丹朱与父亲见面。）

"后稷放帝子丹朱于丹水。"（舜的大臣后稷把尧的儿子丹朱流放到丹水。）

"益干启位，启杀之。"（伯益干扰启继位，启杀了伯益。）

哪有什么岁月静好的禅让，分明是一出出狗血的嗜血篡权大戏！

可能很多人会说这是编造的，因为破案都讲究要多个证据一起才能形成完整的证据链。既然如此，那就再举三条证据。

第一条证据出自《韩非子》。

韩非子是战国时期的法家集大成者，他在自己的书里写有这么两句话：

"舜逼尧，禹逼舜。"（舜逼迫尧退位，大禹逼迫舜退位。）

"尧为人君而君其臣，舜为人臣而臣其君。"（尧作为君主推荐自己的臣子为国君，舜作为臣子却把自己的国君贬为臣子。）

他告诉我们，尧确实把帝位传给了舜，可舜却等不及，提前下手逼迫尧让出君位。后来的大禹也同样逼迫了舜。

第二条证据出自《孟子·万章章句上》。

在万章向孟子询问尧、舜禅让一事时，两人之间发生了这样一段对话：

"万章曰：'尧以天下与舜，有诸？'孟子曰：'否。天子不能以天下与人。''然则舜有天下也，孰与之？'曰：'天与之。'"

儒家是高度赞赏上古时代禅让行为的，孟子作为儒家的二号人物，必然拥护禅让之说。在孟子看来，帝位是由上天授予的，尧、舜禅让是顺天而为，舜得帝位是天命所归。但他也知道当时存在尧、舜、禹篡位的故事版本，所以才会在后面驳斥这一离经叛道的说法：

"而居尧之宫，逼尧之子，是篡也，非天与也。"（如果舜居住在尧的宫殿里，逼迫尧的儿子，这就是篡夺，他的帝位就不是上天赐予的。）

孟子认为，靠篡夺得来的帝位完全不合法，既然现实是舜安安稳稳登上了帝位，那么舜篡权的说法就完全不成立。虽然是否定态度，但我们也可以从孟子的这句话里捕捉到一个信息——一直以来确实有舜占据了尧的宫殿并逼迫丹朱的传说存在。

第三条证据出自《战国策》。

这本书里写道："禹授益而以启为吏。及老，而以启为不足任天下，传之益也。启与支党攻益，而夺之天下。是禹名传天下于益，其实令启自取之。"意思是大禹向众人推荐伯益,并任命自己的儿子启为伯益的下属官吏。到老的时候,禹以启能力不足为由,将帝位传给了伯益。启带着自己同党攻打伯益,这才夺取了天下。其实,大禹只是名义上把帝位传给了伯益,实际是想让儿子自己动手把帝位抢过来。

通过以上列举的种种线索,我们可以大胆还原篡权版本的故事了:

尧觉得舜不错,把他立为接班人。后来尧越来越老,人开始糊涂,舜等不到尧死的那一天,干脆发动政变,占据了尧居住的宫殿,篡夺了尧的帝位。

鉴于尧曾是天下领袖,贸然杀了尧和丹朱对自己不利,所以舜决定将尧囚禁于平阳,并把丹朱流放到丹水,让父子俩再也无法相见。

舜老的时候,继承人大禹也效仿舜当年的作为,提前篡夺了舜的帝位。

大禹指定伯益为自己的接班人。大禹死后,伯益继位,禹的儿子启发动政变。伯益与启发生火并,最后启获胜,成为新的天下领袖,彻底终结了禅让制。

历史有时像个爱捉弄人的孩子,它留给后世两个截然不同的故事版本,每个版本都想证明自己才是真的。真真假假,假假真真,让人分辨不清。

舜禹之事,吾知之矣

中学的政治课上会讲到辩证法,其中有一句话非常经典:"要全面地看问题,不能以偏概全;要联系地看问题,防止孤立的观点;要发展地看问题,不能静止地看问题。"

其实读历史也是一样,我们应该把历史人物的所作所为放在当时的历史环境下去审视。

五帝处于原始部落联盟的民主推选向王权世袭的转变过程中，那个时候社会急剧变化，新旧观念冲突不断。

最开始，部落联盟是由各部落一起民主推选领袖的，然而随着部落联盟的势力不断扩张，领袖的权力越来越大，他的野心和私心也会日趋膨胀。可是人的观念一旦形成，想要立马转变绝非易事。在当时根深蒂固的"能者上，庸者下"的禅让制观念影响下，想要不经选举直接传位给自己的后代谈何容易，唯一的方法就是披着合法的外衣，达到自己的目的。

举个例子就能明白了。

汉末三国时，汉献帝就是一个傀儡皇帝，早被曹操架空了。曹操死后，他的儿子曹丕想把汉献帝废掉，自己当皇帝。汉献帝也知道自己只是曹家的傀儡，如果继续赖在皇帝的位子上，迟早有杀身之祸，还不如识相点，趁早把位子让出来。可是汉朝有数百年的历史，在天下人心中还有些人气，贸然改朝换代必然遭到反对。怎么办？

对于曹丕来说，解决这事很简单——禅让呗！

为了表明汉献帝是诚心诚意让出位子，自己不是篡位的，曹丕亲自操刀，集导演、编剧、主演于一身，制作出了一部禅让大戏。

先是群臣数次劝曹丕称帝，曹丕死活不同意。之后汉献帝三次提出要禅位给曹丕，曹丕也毫不犹豫地拒绝了。到了第四次，见"推拒不过"，曹丕才装作勉为其难的样子同意了。

不只曹丕，还有王莽篡汉、赵匡胤陈桥兵变……历史上很多禅让都是这么一个套路，其本质其实就是仗着实力逼正牌君主主动让位，同时还得装出纯真忠善的样子，"迫不得已"接下重任，以堵悠悠众口。

于是，王莽、曹丕、赵匡胤等人就能对世人这样说：我是个忠臣，哪能干篡位这种大逆不道的事？王位是前朝皇帝主动禅让给我的，我本来不同意，可前朝皇帝和大臣他们逼我,我没办法啊!

多么义正词严,多么冠冕堂皇!

这么看来,我们可以做出大胆的假设:舜逼尧,禹逼舜,都有武力胁迫甚至火并的成分。为了表示自己是合法继承,他们才没有直接要了前任的命,而是逼迫前任老板"心甘情愿"地把帝位禅让给自己。

大禹死前,禅让的思想依然有市场,大禹虽然想把帝位交给自己的子孙,却没办法直接做到,所以他才表面上把帝位禅让给伯益,又默许儿子启动手夺回帝位。启用武力杀死了伯益,撕下了禅让制最后的遮羞布,用鲜血开创了"家天下"。

多么熟悉的味道,多么熟悉的配方!

真正道破玄机的人是曹丕。

曹丕接受了汉献帝的禅让后,对身边人说了一句意味深长的话:

"舜禹之事,吾知之矣。"

舜、禹禅让的真实情况是怎么一回事呢?在曹丕看来,那就是通过武力逼迫,让前任君主乖乖把位子交出来。

看到这里也许有人会问:既然真相如此,为什么后世会出现两个版本?

因为记述什么样的历史往往意味着需要宣传什么样的思想。

在儒家眼里,禅让是贤明君主的作为,值得称颂,所以历史上记载禅让最多的是儒家经典。记载禅让情节的《史记》虽不是儒家经典,却也带有浓厚的儒家思想印记,因为作者司马迁正是儒家信徒。

墨家也高度赞扬禅让,因为巨子[①]的传承和帝位的禅让一样,是传给有才能的人,而不是传给前任巨子的儿子。为了门派的生存、稳定和发展,墨家必须在著书立说时对历史事件的情节进行取舍,适合自己门派的予以保留,不适合的予以删除。换句话说,禅让的情节要保留,篡权的情节要舍去。

---

① 巨子,墨家学派的领袖。

第二章 | 夏

《竹书纪年》是魏国的史书，而战国时最早实施变法的就是魏国。主持魏国变法的人是李悝（kuī），他和韩非子都是法家的代表，他们看待问题更多的是站在法家的立场上。因而在魏国的记录中，为了警醒后世，提醒君主加强中央集权，避免篡权事件的发生，上古时期篡权的情节需要保留，禅让的情节都要舍去。

两个不同版本的流传反映了人们不同的价值观，没有对与错，它们都是建立在现实基础之上的，而现实往往更残酷。

考古学家是文科生里的工科生，他们挖掘出来的文物不仅可以还原历史事件，还可以颠覆人们的认知。20世纪70年代，陶寺遗址的发现就让人第一次感受到了上古时期政权更迭的恐怖。

在山西省临汾市襄汾县陶寺村，考古工作者发现了一处占地280万平方米、距今约4300年的城市遗址。在这里挖出了一个陶壶，上面画有两个近似甲骨文"文尧"的字符。传说尧都位于平阳（今山西临汾），依据陶寺遗址的位置、年代与"文尧"二字，学者推测这里极有可能就是尧的都城。

陶寺的城市建造得气势恢宏，城墙长7000米，宽8米，士兵巡逻一圈需要走一个小时。如今我们去故宫参观，在宏伟壮观的午门前会看见左右两边有往外伸出的阙楼，而陶寺遗址城内有宫城，宫城内竟然也有阙楼。

古人有严格的等级制度，精美贵重的日用器皿和礼器只有贵族才能使用。陶寺墓葬区里出土了精美的彩绘盘龙纹陶盘，还有鼍[①]鼓、石磬[②]，可以想见这里应该是贵族墓。

《史记》在讲述五帝的故事时，经常会提到作为天下领袖一定要掌握天文知识，否则无法正确算出节气，导致老百姓不知道什么时候耕种。令人惊愕的是，陶寺地

---

① 鼍（tuó），扬子鳄，皮可做鼓。

② 磬（qìng），一种打击乐器。

区的人们竟然真的有发达的天文学，他们建立了巨石阵来观测时令。

一切都在告诉我们，这里就是上古时代的中心！

可是从留存的痕迹来看，陶寺遗址中曾发生一场惨绝人寰的政变。在城市末期，宫城被攻破，大量贵族被斩杀分尸，众多的残肢头颅被扔到沟里。其中有一具女尸的状况让看到的人全都毛骨悚然：她嘴巴大张开，脖子被扭断，阴部被插入一根牛角。

这些遗迹仿佛在诉说着上古时期政权更迭的血腥与残忍。

对于尧、舜、禹三位是怎样传位接班的，笔者提出了自己浅薄的看法，但一千个人眼里有一千个哈姆雷特，你也可以构建自己的答案。面对一个历史问题，本身就应该持包容开放的态度。

不过不论你的答案如何，社会的发展总是按照这样一条轨迹：由于生产力落后，部落里的人们需要一起吃大锅饭，那时候还是人人平等的。随着生产力不断进步，财富不断累积，部落里逐渐出现了贫富差距，这时有才能的人便占据了顶端的位置，大的部落便可以统领小部落，直至号令天下。慢慢地，部落走向了国家。

美好的禅让时代就这样结束了，"家天下"的大幕徐徐拉开，中国历史出现了第一个朝代——夏朝。

如果让吃惯了中餐的我们天天吃西餐，肯定会不习惯。同样，习惯了禅让制的古人对"家天下"也很不习惯，夏朝即将迎来一个个巨大挑战。

——乾坤未定，一切皆有可能

击败有扈氏

大禹建立夏朝时，天下分为无数个邦国，夏朝只是其中一个体积比较大的。

那时候交通基本靠走，通信基本靠吼，一个邦国的统治地域非常有限。为了更有效地统治辖区，为了让自己的势力可以扩张得更远，担任夏朝总设计师的大禹花了不少心思。

过去，部落首领之间没有高低贵贱之分，大家地位平等，共同投票选出一个领头的，而这个被选出来的天下领袖则要带着大家一起发展。但大禹觉得这样不好，他认为只有体现出自己的权威，让所有人臣服于自己的脚下，夏朝才能高效运转起来。

怎么才能抬高自己的地位？面对这个全新的问题，大禹没有作业可抄，只能靠自己。

建立一个朝代，首先要确定首都，这是君主住的地方，风水一定要好。大禹曾治水多年，走遍各地，在他看来，河洛之地就是帝王州！

翻看一下卫星地图，你就能明白大禹的选择是多么明智了。

河洛之地是黄河与洛水交汇处的一大片区域，周边群山环绕，雄伟的嵩山屹立其中，这里还有大大小小数个富饶盆地，可以养育众多人口。不光有山有水、适宜居住，更重要的是它位于"天下中心"，君主的权威可以很方便地辐射四方。

综合条件这么好，难怪不光大禹觉得好，后来商朝、周朝的君主也这么觉得。司马迁在《史记》里就有这么一句话："昔三代之居，皆在河洛之间！"（过去的夏、商、周三代，都曾在河洛之地定都。）

大禹把夏朝的首都定在了河洛之地的阳城（今河南登封）。现代考古工作者曾在嵩山脚下的登封王城岗地区发现了占地34万平方米的夏代早期城市遗址，他们推测，这里很可能就是禹都阳城的遗迹。

住的地方选好了，接下来要如何管理广袤的疆土呢？大禹再次搞起了分区划片。他以首都阳城为中心，以500里为半径，将土地划分成5个区域——经专家研究，上古时，250米为一里，500里相当于现在的125千米。

首都以外500里的区域叫"甸服"，由君主直辖，这里的一草一木都是君主的，不允许他人染指，这里的百姓都要向君主纳粮。

甸服之外500里的区域叫"侯服"，这片区域住着众多服从夏朝管理的部落，他们建立的小邦国要定期向君主朝贡，以示自己的臣服。

侯服之外500里的区域叫"绥服"，该区域远离夏朝的中央核心区，住在这里的人只要遵守夏朝的规章制度，愿意保卫夏朝，不朝贡也可以。

绥服之外500里的区域叫"要服"，这里已是夏朝控制范围的极限，君主希望当地诸侯不造反就行。

要服之外500里的区域叫"荒服"，离中心区这么远的地方，具体是什么样谁都不知道，应该很荒凉。

第二章 | 夏

历史上夏朝的疆域就在今天河南省的中西部,而这些地域都包含在以阳城为中心、由夏朝君主直辖的甸服范围内。

大禹在涂山开的天下大会距离阳城有 400 多千米,属于要服地区,可见大禹在此开会的目的是要震慑那些远离夏朝中央、以为夏朝管不了自己的诸侯。

因迟到被大禹砍了的防风部落首领来自太湖地区,距离阳城有 700 多千米,属于荒服地区。这块区域对于夏朝来说鞭长莫及,如果那里的人不守规矩,很容易发生叛乱。为了震慑那里的人,大禹才必须杀了防风部落首领。

一个伟人可以建立一个朝代,成为历史的创造者,但他的朝代要想寿命绵延数百年,就必须建构一套完整的组织框架,方便日后的管理与运营。大禹按照夏朝的实际控制力与影响力由远及近地划分统治区域,为的就是这个。这种做法在之前是没有过的。

夏朝存世 400 多年,历经 14 代共 17 位夏后。如此长寿,可见由大禹搭建起的框架是多么有效,大禹的管理能力绝对是 MBA 级别的。

大禹年老后,表面把位子禅让给了伯益,实际却让儿子启依靠自己留下来的庞大势力迅速推翻了伯益,天下终究变成了"家天下"。此后,夏后主宰着天下,这个至高无上的位子将在姒姓子孙的手中代代相传。

看起来似乎天下太平了,背地里却是暗流涌动。

"家天下"对于全天下人来说是一个极其新鲜的玩意。从前的禅让制是风水轮流转,谁都有可能当老大,现在老大的位子被垄断了,这势必让曾梦想成为天下领袖的人心理失衡。于是,在新继位的启请各部落首领聚餐时,有扈氏拒不前来。

在有扈氏看来,既然现在变成了谁的实力强谁就可以当老大,那凭什么让启上位?只要实力强,我也可以!

乾坤尚未确定,一切皆有可能!

有扈氏作为当时实力强劲的部落,带着一群不服启的部落发起一场声势浩大的行动。

对于此次造反，有扈氏充满信心，因为距离近啊！

有扈氏的地盘在今天郑州的北面，距离夏都阳城不到100千米，他要攻打阳城，就像去邻居家串门一样轻松。

可惜成功是不可复制的，别人成功了并不意味着你也能成功。

启的位子还没坐热，就看到一大帮人想学自己，靠武力夺得权力。启很镇定，他是大禹的儿子，当年大禹无论是面对人力难以抗拒的洪水还是凶狠彪悍的三苗都未有过畏惧之心。

面对汹涌来犯的敌人，启也如同父亲一般沉着冷静，临危不惧，果断地召集大军迎战来敌。双方在甘地（今河南洛阳南）遭遇。

望着对面黑压压的军队，启对手下的将领与士兵大声喊道："今日，我们与有扈氏有一场生死之战！并不是我们贪图有扈氏的人口、土地、财物，而是有扈氏背离道义，无视夏后的存在，我是替天惩罚有扈氏！所有人要听从我的命令，打得好我会赏赐，如有不服从者就地诛杀，家人罚为奴隶！"

话音一落，夏军将士发出山呼海啸般的呐喊，朝着有扈氏的军队冲杀过去。这支军队曾在大禹的率领下治过洪水、打过三苗，以坚韧善战著称。他们如同一把利剑，瞬间击穿了有扈氏的部队。最终有扈氏被诛杀，启赢得了战争。

有扈氏虽然被灭，想扭转乾坤的却仍大有人在。很快，"家天下"的夏朝将迎来亡国的危机。

第二章 | 夏

太康失国

启死后，他的儿子太康继位。

也许是因为大禹和启忙着治国理政、开疆平叛，从而忽视了对后代的教育，太康显然不是一个合格的君主。

太康继承了爷爷和父亲打下来的大好江山，从没经历过创业艰辛的他很快便沉迷玩乐，他班也不上，文件也不批，隔三差五就带着人出去打猎。

老板不干活，公司离倒闭就不远了。从未遭受过社会毒打的太康即将迎来一个能把他毒打一遍的人，此人战斗力超群，在传说里是神一样的存在，他叫后羿。

小的时候，我们应该都听过后羿射日的故事：

传说天上原本有10个太阳，它们轮流上岗照耀大地。但太阳们渐渐厌烦了这份工作，有一天竟一起出动，于是整个世间就像进了烤箱，河流全部被烤干，庄稼全部被烤死。

妖魔鬼怪趁机齐齐出来为害人间。在南方的大沼泽里有一个叫凿齿的妖怪，嘴里长着像凿子一样的牙齿；在北方的河里有一个叫九婴的妖怪，它有9个脑袋，叫声像婴儿，能喷射水火。还有无数妖怪分布各地，百姓们痛苦不堪。

后羿是一名射箭高手，自告奋勇为民除害。他先是射杀了凿齿、九婴等妖怪，最后用箭瞄准天上的10个太阳，一口气射下来9个，让大地恢复了往日的宁静与和平。

故事终究是故事，现实中的后羿不会降妖除魔，他是东夷族有穷氏的首领。涿鹿之战后，华夏族与东夷族融合，如今的后羿其实也是华夏族的一分子。可是太康不是一个靠谱的领导人，百姓对他失望至极，这让后羿蠢蠢欲动。

作为善射的东夷族领袖，后羿走到哪里都是明星一般的存在。他在发动推翻太康的战争时喊出了"因夏民以代夏政"（依靠夏朝百姓取代夏朝统治）的口号，无数粉丝与不堪忍受太康统治的百姓被他打动，纷纷加入他的阵营。

一次，太康在外打猎已经有100天没有回过首都了，后羿抓住机会，带领军队大摇大摆地进入夏都，轻而易举建立了有穷国，百姓对他夹道欢迎。

得知老家被人强占，太康拖着疲惫的身躯，带着熊猫般的黑眼圈，以火箭般的速度往回赶。可等他来到城门口，看到的却是紧闭的城门。

"快开门，我是太康，我是天下的统治者！"

大门没有打开，城头上只传来一声大喊——

"滚！"

这回不用人劝，太康彻底把猎瘾戒了，然而无济于事，他已经失去了天下。下岗后的太康只能开启东躲西藏的流亡生涯。在洛水北岸，他遇见了被从国都赶出来的5个弟弟和老母亲。

5个弟弟看到太康，脸上写满愤怒。他们来了灵感，一人创作了一首咒骂太康的歌曲，这5首歌被称为《五子之歌》：

皇祖有训，民可近，不可下。民惟邦本，本固邦宁。予视天下愚夫愚妇，一能胜予，一人三失，怨岂在明，不见是图。予临兆民，懔乎若朽索之驭六马，为人上者，奈何不敬？①

训有之，内作色荒，外作禽荒。甘酒嗜音，峻宇雕墙。有一于此，未或不亡。②

---

① 祖先大禹对子孙有明训，亲近百姓，不可远离他们。百姓是国家的根基，善待百姓国家才能安定。我看天下的愚蠢的人都能战胜我们。你太康一人多次失去民心，等到民怨沸腾时才发现。我们治理无数百姓，小心翼翼地如同用烂绳索驾驶六匹马。作为国君怎么能不谨慎呢？
② 大禹告诫我们，迷恋女色，游猎过度，嗜酒、沉迷音乐，住着豪华宫殿。作为君主只要有一项沾边，国家就会灭亡。

惟彼陶唐，有此冀方。今失厥道，乱其纪纲，乃厎灭亡。①

明明我祖，万邦之君。有典有则，贻厥子孙。关石和钧，王府则有。荒坠厥绪，覆宗绝祀！②

呜呼曷归？予怀之悲。万姓仇予，予将畴依？郁陶乎予心，颜厚有忸怩。弗慎厥德，虽悔可追？③

由于《五子之歌》文辞优美，朗朗上口，饱含了对太康的愤怒和国破家亡的哀伤，一下子成了当时的热门金曲。后来它们被收录到《尚书》里，而《尚书》又成为儒家经典，更是后世科举考试的教科书，于是数千年来，太康被一代又一代学子熟知，挨了一代又一代人的骂。

太康和亲人来到了斟鄩（zhēn xún，在今河南洛阳偃师区），这里是夏后氏的传统势力范围，住在这里的都是与太康血缘相近的族人。斟鄩后来成了夏朝的新国都。

流行歌曲《五子之歌》广为传唱，伤害性不大但侮辱性极强，太康受到的精神攻击可想而知，换谁都得内心抑郁。没多久，在位仅仅四年的太康就死了，他的兄弟仲康继位。可惜苦命的仲康没几年也去世了，他的儿子相继位。

夏后氏的政权快速更迭，与此同时，后羿那边也出了问题。

后羿手下有一个叫寒浞（zhuó）的大臣，此人聪明能干，深受后羿器重。渐渐地，后羿把所有的政务都交给寒浞来办，自己天天出去打猎。可后羿哪里知道，寒浞是一个有理想有抱负的员工。他一直把后羿当作自己的学习楷模，只不过他学的

---

① 过去的尧帝，拥有冀州广袤的地方。现在太康失道，朝纲混乱，导致国家灭亡。
② 我们著名的老祖先大禹，他是王邦之君。制定典章，并传给了子孙。向百姓征收时要平均，国库充盈。你现在废弃祖宗的传统，这是让我们断子绝孙哪！
③ 现在我们无处可归，心里十分悲伤。老百姓恨死我们了，谁可以让我们依附呢？我感觉得了抑郁症，老脸都丢光了。自己不愿遵守道德准则，现在还有后悔药吃吗？

不是打猎，而是造反——他想自己当天下领袖！

老板长期不在岗，寒浞说起来是员工，实际上已经成了代理老板。他在暗中培养自己的势力，顺带与独守空闺的后羿老婆偷情，而后羿完全被蒙在鼓里，依然只顾着打猎玩耍。

寒浞真是充分学习了后羿的经验，等到时机成熟，他趁老板外出打猎成功发动政变。除了学习经验，还有个人发挥。寒浞这次痛下杀手，将打猎回来的后羿和他的儿子们全部杀死，杀了人还不够，还要把后羿的尸体放在锅里煮。至于后羿的老婆，在神话故事里她名叫嫦娥，因偷吃仙丹升天做了仙女，可现实中她并没有升天，而是与寒浞做了真正的夫妻。

为了坐稳自己的位子，寒浞准备将夏后的势力斩草除根。

论起对夏朝统治的破坏力，寒浞绝对是后羿的升级版。他率领大军打败了相并将其杀死。按理说，夏朝应该就此亡国了，可是相怀有身孕的老婆逃了出来，并生下一个遗腹子。正是这个孩子扭转乾坤，凭一己之力将夏朝复国，为其续了200多年的国祚。

遗腹子的逆袭

少康中兴

相的老婆逃回了娘家有仍氏的地盘，随后遗腹子出生了，他就是中兴夏朝的少康。

少康虽出身贵胄，少年时却没有过上一天富贵日子。对他来说，夏后氏的身份只会给他招来杀身之祸，像普通人一样生活成了他可望而不可即的梦。

少康在有仍氏的部落里默默干着畜牧工作，然而天下没有密不透风的墙，寒浞听说有仍氏敢收留夏朝余孽，立刻派兵前来攻打，有仍氏哪里是寒浞大军的对手，瞬间被屠戮殆尽。

侥幸，少康逃过了大屠杀，但已是孤身一人。回望燃着熊熊烈火、陷入血海之中的有仍氏部落，少康终于明白，天下之大竟没有他的藏身之处，唯有奋起反击方能获得一线生机。

"我是大禹的子孙，夏后氏的族长，我要成为未来天下的后！"

从此，少康开启了无敌模式，虽是白手起家，却开创了属于他的时代。

俗话说技多不压身，多一门手艺多一条生路，饭做得不错的少康跑到有虞氏的地盘上做了个厨师。民以食为天，厨师在哪朝哪代都是热门职业，不过上古时期尤甚。由于菜做得好，有虞氏的族长竟把自己的两个女儿嫁给了少康，还划出10里地和500人交给少康，让他管理。

这就是少康的创业启动资金，少是少了点，但总比没有好。

要恢复夏王朝的往日荣光，就得有更多支持自己的人。少康开始四处招贤纳士，很多曾经为夏朝效力的老员工被他招至麾下，其中就包括伯靡。

伯靡曾是夏朝的臣子，后来跟了后羿，等后羿一死，他就被寒浞开除了。失业在家的伯靡收到少康的招聘信息，便立刻前来应聘。他知道，虽然如今少康的员工寥寥无几，但毕竟是夏朝的合法继承人，未来可期，只要自己干得好，就可以拿原始股，未来肯定大有收益。

因为曾在敌人内部工作过，伯靡知道不少重要信息，他把自己所知的全都告诉少康，给了少康不小的帮助。

后来，在少康的号召下，与夏后氏有血缘关系的各个部落纷纷加入，队伍像滚雪球一样壮大。时机成熟，人心所向的少康率军攻打寒浞，最终大获全胜。少康杀死了寒浞，夏朝成功复国，这一段历史被称为"少康中兴"。

满血复活的夏朝变得比以往更加强大，后续的君主们不断开疆拓土，直至万邦来朝。

一个伟大的朝代正在冉冉升起。

第二章 | 夏

第一个被规划设计出的都城

因为距今久远，有人曾提出质疑：夏朝究竟是一个什么样的朝代？它是否真实存在？

我们可以通过一处遗址一窥究竟，那就是著名的二里头夏朝都城遗址。

二里头是个小村子，但不要小看它，20世纪50年代，这里曾发掘出一座震惊世界的城市遗址。这座城市存在的时间大约是公元前1800年至公元前1500年，在夏朝后期与商朝早期之间。

史书《国语》上有这么一句话："昔伊、洛竭而夏亡。"（很久以前，洛水与伊水枯竭，夏朝因此而亡。）说明夏后期的都城就在伊水与洛水附近。《竹书纪年》里则记载："太康居斟鄩，羿又居之，桀亦居之。"说明太康之后夏朝首都名为

夏朝都城位置图

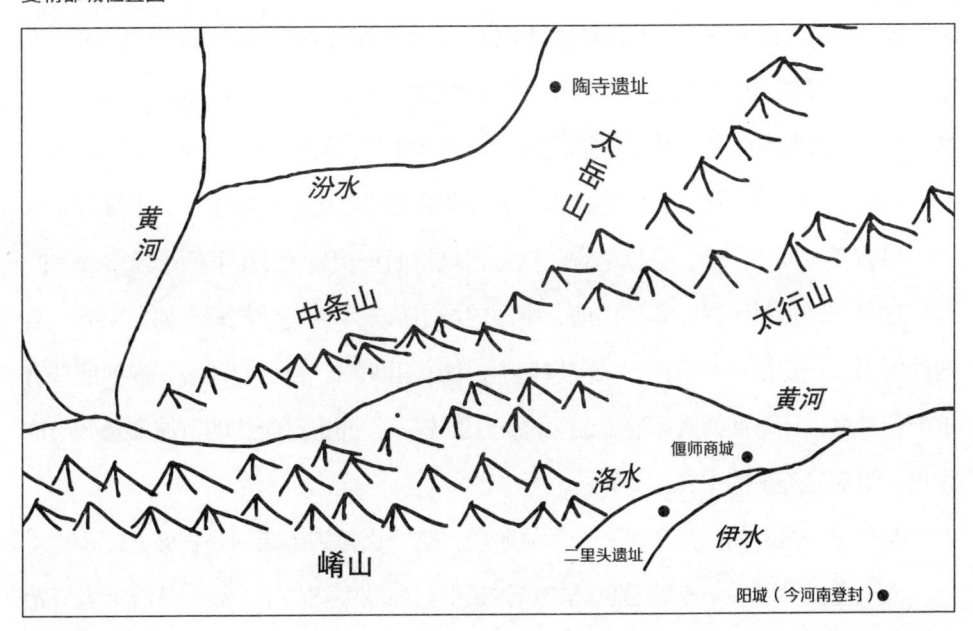

斟鄩。根据这些证据，专家推测，这座位于二里头的城市极有可能就是夏朝后期的首都——斟鄩！

现在很多大城市建设新城区，都会选择位置好、环境好的地方进行规划，新建楼盘、学校、商超、企业，以此吸引大量人口前来居住。二里头就是这样一块风水宝地。

二里头属于今河南洛阳偃师区，位于洛阳盆地东部，四周群山环绕，附近有黄河、洛水、伊水。在中国古代，凡是风水好的地方，不是修都城就是建大墓，而在洛阳定都的朝代至少有13个，附近还有数百个王侯将相的大墓，足见其位置之优越。

在公元前1800年前后，一座辉煌的大城市在二里头兴起。这座新建的城市面积超过100万平方米，人口稠密。城里人用牲畜的肩胛骨来占卜，那些有钱的人身上会佩戴绿松石和贝壳做成的饰品。城内还有一些手工作坊，可以制作简单的青铜器。

过了100年左右，城市迎来第二次发展，面积扩张到了300万平方米。随着面积的扩大、人口的增多，交通势必变得拥挤，于是道路就要拓宽。这座城市当时的道路宽度令人震惊，在10到20米之间，俨然是巨型马路，而这样的路在城中不止一条。

整座城市像切蛋糕一样，被两条纵向、两条横向的道路切成井字形，在井字形交通网的中央，是一座面积超过10万平方米的宏伟宫城。要知道，一个现代足球场也只有7000平方米，也就是说，这座宫城的面积相当于14个足球场那么大！

这是一个创举。在二里头之前，中国的城市从来不曾设计规划得如此整齐。当时的统治者一定是一名优秀的城市规划师，他心里明白，自己要建设一座前所未有的宏伟都城，让来此的人都感受到至高无上的权威，而自己所住的宫城要是城市的中央，更应是天下的中央！

又过了一段时间，到了第三个发展阶段，这一次得到翻新的是宫城。

人们总是会想着不断改善自己的居住条件。在城中住久了，新一任统治者开始觉得自己的宫殿太小了，应该建造一座更大的。于是，宫城内的一些老建筑被拆掉，无数人在宫城内的工地上挥汗如雨，两座宫殿在尘土飞扬中拔地而起。

位于宫城南边的一号宫殿规模最为壮观，它包含一个1万多平方米的大广场和一座900多平方米的主殿，广场可以容纳数千人。想象一下，当统治者坐在大殿正中间的宝座上，俯视殿内外数不清的大臣与子民的时候，场面会是何等的威严壮观！

主殿与一号宫殿的大门、宫城的大门都在城市的中轴线上，统治者在主殿坐北朝南，可以穿过宫殿大门一眼望至宫城大门。在中国，这种中轴线设计象征着庄重、威严，更是统治者合法性的体现。直到明清时期，皇帝居住的紫禁城都是这样设计的。如果你去到今天的北京故宫就能发现，从天安门一直到太和殿，所有建筑物的大门都在一条线上。

城市的第三个发展阶段恰好处于夏朝末年，而根据《竹书纪年》记载，夏朝末代君主桀在位时大兴土木，"筑倾宫，饰瑶台"，这正好与二里头遗址第三时期宫殿的新建相吻合。

夏桀属于倒霉悲催的君主，他在位期间发生了地震，洛水、伊水相继枯竭，加上他自己玩命搞大工程，老百姓怨声载道。于是天下风云激荡，商汤革命轰轰烈烈地爆发了，崛起的商人推翻夏朝的统治，建立了商朝。

到了公元前1500年前后，位于二里头的这座城市进入了第四个发展阶段，此时正是商朝早期。

在大动荡中，二里头地区发生了巨变。辉煌的一号宫殿被弃用，但宫城仍在，城市的规模也没有缩小，老百姓的日子过得欣欣向荣。然而在繁华的背后，这座城市已经进入了倒计时——离二里头7千米处，一座巍峨的新城开始建造，在那里，我们发现了著名的偃师商城遗址。

很多专家推测，商人推翻了夏朝统治后，在一段时间内继续使用了原来的夏都。可这里毕竟是夏人的老家，于是商人最终选择在离夏都不远的地方新建了属于自己的都城。

夏都就此没落，直至埋于黄土下，留下遗址和无数器物向后人诉说它曾经的辉煌。

在宫城内的一座贵族墓里，考古工作者挖出了号称"中华第一龙"的绿松石龙形器，它身长65厘米，由2000多片精美的绿松石石片组成，宛若一条活灵活现的神龙。我们常说自己是龙的传人，而这一文物历经几千年的尘封告诉我们，这里曾是华夏儿女的家园。

大禹建立的夏朝是中国历史上第一个朝代，它第一次让天下人知道，大家身处的是同一个天下、同一个文明圈。然而这个伟大的王朝终于还是亡在了一个败家子的手中，东方商部落的领袖成汤推开了新时代的大门。

第三章 商

成汤率正义之师推翻夏桀的残暴统治，顺应民意建立了商朝，史称"商汤革命"。商朝建立之前的改朝换代，不管有没有武力胁迫退位的因素，走的都是禅让的老路子，而商汤革命开创了一个新模式。

这是革命，不是造反

天命玄鸟，降而生商

商朝是中国历史上的第二个王朝。提到它，很多人就会想到神魔乱战的《封神榜》，或是满坑满谷、让人看得头皮发麻的人殉祭祀坑。

但是抛开人们脑海中的刻板印象，商朝其实在夏朝的基础上开创了一个更加恢宏的盛世，它强而有力地统治着天下，它的工匠铸造出硕大精美的青铜器，它战无不胜的军队横扫四方，它的百姓为祭祀祖先可以不计成本进行人殉。

伟大的商朝不是一下子从石头里蹦出来的，在成为一个王朝前，它经历了数度变迁。

商的历史并不比前任夏朝短。

传说，在上古的五帝时期，帝喾有一位妃子叫简狄。一天，简狄在河里洗澡，突然从天上飞来一只玄鸟。玄鸟落在她面前，下了一颗蛋，然后飞走了。看见超自然的神奇一幕，简狄觉得老天肯定是选中了自己，于是她把那颗蛋吃了，立马就怀了孕，之后生下一个男孩。这个男孩名叫契，是商人的老祖先。

传说故事不能当真，不过商人倒真的一直把玄鸟当作自己的图腾，这也是《诗经》里《玄鸟》一诗的开头"天命玄鸟，降而生商，宅殷土芒芒"的由来。

契长大了，一表人才。当时正逢洪水泛滥，舜命令大禹治水，契自告奋勇前去帮忙。由于治水有功，舜把"商"这块地方赐给了契，并赐他姓"子"。后来，契的后代便称自己为"商人"，历代的商人领袖则都姓"子"。

商人属于东夷族，活跃在今天的河南、河北地区，那里土地肥沃，物产丰富。由于环境好，吃得好，加上自身努力，商人迅速成长为一个强大势力。

虽然商人势头强劲，但在当时夏才是天下的老大，面对夏，商人还得老老实实。原本这样的格局还能延续，可夏朝偏偏出了一个败家子——太康！"猎瘾"少年太康沉迷打猎，赖在外面不回家，后羿趁机夺取了夏都，夏朝亡了国。

太康失国后，天下大乱。此时的商人领袖名叫相土，他抓住机会，带领商人开始野蛮发展。此后，商人的势力就如同一棵突然迎来阳光雨露的小树，一个劲儿地猛长，对此《诗经》里写道："相土烈烈，海外有截。"（相土把事业搞得轰轰烈烈，四海之外无不臣服于他。）

不久后，少康复国，这时少康忽然发现，曾经夏朝的跟班小弟商人已经变成了东方一霸，作为天下领袖的少康不得不重新审视自己与商人的关系。好在商人的势力在今天的河南以东地区，夏朝的核心区域则在河南中西部，双方各自发展互不打扰，暂时相安无事。

对于新兴的势力，与其对抗不如拉拢。少康任命商人的新任领袖祖冥为水正，负责治理水患。祖冥作为水利总工程师，充分发扬了劳模精神，最后累死在工作岗位上。

随着时间推移，商人的杰出领袖层出不穷，而夏朝却不断涌现不着调的君主。

历经数百年，夏朝在传到第 14 位君主孔甲时已经是一个超级老店了，然而人们看到继位的孔甲时却丝毫感受不到老店的安心，而是都感到慌张。孔甲从小就是不良少年，现在国家落入他的手中，不衰败才是见鬼了。

其实，孔甲本该与君主之位无缘。孔甲的父亲不降是夏朝的第 11 位君主，他在位期间战功赫赫，是一个明君。然而"老子英雄儿好汉"这句俗语不适合不降，他发现儿子孔甲是一个问题少年：不爱学习、性情乖僻。如果把国家交给孔甲，肯定要乱套！为了天下百姓，为了国家，为了夏后氏，不降最终决定把位子传给自己的弟弟扃（jiōng），孔甲就这样失去了继位的可能。

扃死后，他的儿子廑（jǐn）继位。孔甲内心愤怒又憋屈，几乎处于疯狂的边缘。

熬了多年，廑终于病入膏肓。传说廑临死前有十日并出，天气异常炎热，就是在这种异象出现的时候，孔甲继位了。

熬死了父亲、叔叔、堂兄弟，隐忍了那么多年，孔甲终于登上最高位。他兴奋、得意，开始拼命地放纵，祭祀神鬼、淫乱宫廷都是他的宣泄方式。

传说天上降下两条龙，一公一母。孔甲认为这是祥瑞的征兆，得把绝世神兽好好养起来，为此他找了一个叫刘累的饲养员，赐名"御龙氏"，让他贴心照顾神龙，千万不能让神龙饿了病了。

之前从来没有人养过龙，作为养神龙第一人，很多饲养技术是要刘累自己摸索的。刘累没想到，摸索着摸索着他竟养死了那条母龙！

刘累内心无比慌张，如果让孔甲知道母龙死了，下一个死的恐怕就是自己！为了讨好孔甲，刘累偷偷把母龙的肉做成肉酱，献给孔甲品尝。

俗话说，地上驴肉，天上龙肉。从未吃过龙肉的孔甲为肉酱疯狂点赞，表示还想再吃一顿。刘累慌了，没想到孔甲是一个吃货，现在只剩一条公龙，如果孔甲一直想吃，自己去哪里弄那么多条龙？为了保命，刘累跑了。

时间在孔甲胡闹中飞速流逝。老板不干活，公司要倒闭；君主不干活，天下会大乱。果然，之前归附夏朝的诸侯们不满孔甲的统治，纷纷伺机叛乱，天下动荡不安。

不着调的孔甲把夏朝祸害了个透，夏朝从此进入倒计时，史书上把这段历史称为"孔甲乱政"。

孔甲死后，其子皋继位。皋死后，其子发继位。发是一位有作为的君主，他继位时，各个部落首领前来朝拜并在他面前翩翩起舞。

人死之前会回光返照，王朝灭亡之前大概也不例外。不过对于行将就木的夏朝来讲，再贤明的君主也救不回了。

发死后，他的儿子桀继位。

这个人在历史上赫赫有名，是古代昏君排行榜上的第一名，第二名则是商朝的末代君王纣，所以后世人在骂昏君时，都会说："你和桀、纣一样！"

人不会天生是坏种，桀早年也曾是一个有理想有抱负的君主，还率军打败来犯之敌。有一次，桀在攻打岷山一带的部落时俘获了两名当地女子，这两个姑娘不光貌美如花，而且名字也好听，一个叫琬，一个叫琰。桀被这两位姑娘深深吸引，陷在她们的温柔乡里不能自拔。为了追求爱情的自由，打破婚姻的牢笼，桀甚至义无反顾地把原配妻子末喜氏（又被称为妹喜）无情地抛弃了。

在任何时代，抛弃结发妻子都会受到舆论的谴责。对于桀来说，爱两个人更是需要勇气来面对流言蜚语的。

为了纪念这段轰轰烈烈的爱情，桀拿出了稀世珍宝苕华之玉，他把两位新欢的名字刻在上面，想要让自己的爱情故事永远流传。

都说美色如狼似虎，如果桀只是自己一人沉迷于美色，那他只会掏空自己的身体，可他偏偏要为美色大兴土木。倾宫与瑶台开始修建，这两座富丽堂皇的宫殿耗尽了夏朝的国力与天下的财富。

桀就这样在亡国的路上不停狂奔，可他对自己的统治颇有自信。有一天，桀把老百姓们召集起来，他手指着太阳，询问众人："大家看到天上的太阳了吗？"

百姓答："看到了。"

桀说："天空之中只有一颗光芒万丈的太阳，而我作为夏后拥有天下，统领万民，至高无上。太阳是我，我就是太阳！太阳怎么可能有毁灭的一天？！"

百姓们听了觉得十分恶心，可慑于桀的淫威，也只能忍耐。只不过从那以后，很多人都会指着太阳骂："毒辣的太阳，我愿和你一同灭亡！"

可惜，人一旦张狂起来就很容易迷失自我。桀和后世的众多亡国之君一样，都有三大错觉：

一、我是合法的天下领袖，任何人对我不忠都是大逆不道！

二、即使有人敢造反，效忠我的人也会来救我！

三、我实力强悍，在任何危急时刻都能力挽狂澜！

桀的确有狂妄的资本，因为不管天下人如何咒骂，他都是合法的"后"，有着众多效忠于他的部落，这些部落与夏后氏通婚数百年，是夏朝的铁杆同盟，被称为"九夷之师"。然而随着桀越来越荒唐，这个同盟其实已经不再牢靠了。

如今的桀就如同一个越吹越大的气球，明眼人都知道，他迟早要完蛋。

在王朝大厦将倾的时刻，总会有不畏生死的大臣挺身而出怒斥昏君，为天下生民伸张正义。一位叫关龙逢的大夫冒死劝谏："天下危机四伏，你却大兴土木，刮取民脂民膏，这样下去国家迟早要亡！作为一国之君，你怎么能安心睡得着觉？"

这可触了桀的霉头。"来人啊，把关龙逢拉出去砍了！"他反感地喊。

劝谏的重臣被杀，有良知的人寒心，桀彻底成了孤家寡人。不过在桀看来这都不重要，爱情才是第一位，而他的爱情注定只能是以悲剧收场的风花雪月——你不要天下，有的是人要！

来收取天下的人已在路上，他正是新一代的商人领袖——成汤！

鸣条之战

商人领袖从契到成汤已经传了 14 代,商人的聚居地也已经换了 8 次。现在的他们住在亳(bó),在成汤的带领下实力越发强悍,大有取代夏朝的势头。

有一次成汤出去打猎,看到田野里一位农夫支起了四面大网,并祈祷道:"天上地下东南西北所有的猎物,全部钻到我的网里来。"

成汤觉得农夫支起的四面大网会抓捕太多猎物,做法过于残忍,就让农夫撤去三面网,只留下一面,之后也祈祷起来:"想往左跑的就往左跑,想往右跑的就往右跑,不要被网给网住。不听我劝告的,就往网里跑吧。"

跟随成汤出来打猎的人们都称赞他是一位仁善的君主,而这个故事也被称为"汤网"在天下流传,成汤由此收获了一群粉丝。

天底下竟然出现了一个风头盖过自己的政治明星,嫉妒心爆棚的桀派人把成汤抓了起来。可是无论桀怎么审问成汤,都抓不住他的把柄,再加上他的粉丝遍布天下,迫于舆论的压力,桀最后只能把成汤给放了。

这一放,就是放虎归山!

清汤寡水的牢饭不但让成汤清了肠子,也让他开始思考未来。桀残暴不仁,失去民心,这正是自己夺取天下的大好时机!

想要夺取天下,靠武力蛮干是不行的,还要有人才的帮助,就像后世的周武王有姜子牙,刘备有诸葛亮,朱元璋有刘伯温。然而此时的成汤却很苦恼,因为他的手底下没有一个亮眼的能臣。

就在成汤苦寻天下英才的时候,一位旷世奇才主动找上门来,他叫伊尹!

传说伊尹不光有治国之才,烹饪技术也是一流,只是一直怀才不遇。他听说成汤是一位贤明的国君,想要投靠,又苦于没人引荐。正逢有莘氏和成汤联姻,为了能有机会向贤明的君主施展自己的满腹才华，伊尹自愿做了给有莘氏陪嫁的仆人。

到了成汤宫里，伊尹凭借自己高超的烹饪技艺为成汤做了一桌宴席。成汤吃完赞不绝口，于是召见伊尹。伊尹终于见到了自己朝思暮想的君主，赶紧向他阐述自己的治国理念，成汤听了非常高兴，立马将伊尹收归麾下，予以重用。有了伊尹的助力，商人的势力不断扩大。

为探听夏朝内部的虚实，伊尹决定深入虎穴，当一次间谍潜入夏都刺探情报。

真是不去不知道，一去吓一跳。随着不断深入夏朝核心统治区域，伊尹发现眼前竟是活生生的人间地狱：房屋成片成片倒塌，夏都斟鄩附近的洛水、伊水枯竭，大地上裂开无数道巨大的裂纹，饿殍遍野。

伊尹找到一个当地百姓询问情况，那百姓说道："你可不知道啊！桀昏庸无道，天天又和两个女人鬼混。老天爷震怒，于是金木水火土五星连珠，扫把星从天空划过，大地震摧毁了一切，伊水、洛水也断了流！"

伊尹内心被震撼到了。墙倒众人推，鼓破万人捶，不光百姓唾弃桀，就连老天爷也想置他于死地。

走着走着，伊尹在干涸的洛水边上发现一个哭泣的女子，只见她气质脱俗，一看就不是普通人。伊尹好奇，上前询问女子是谁，才知道她正是桀的原配夫人——末喜氏。

末喜氏对桀无比仇恨，看着桀与琬、琰两个美女天天在全国人民面前秀恩爱，她的内心燃烧起一团复仇的烈火。知道此事的伊尹可高兴坏了，他没想到自己刚搞地下工作，上天就送来一个如此重要的人物。他成功地把末喜氏发展成了线人，而作为曾住在夏朝核心区的人，末喜氏把自己知道的夏朝的内部情况全部告诉了伊尹。

潜入夏都后，伊尹又秘密进行了情报搜集工作。经过缜密的分析，他判断夏朝已经外强中干，此时正是灭夏的最佳时机。

伊尹回到商人的大本营亳，向成汤汇报了此行的所见所闻。成汤赞同伊尹的看法，准备抓住时机，举兵灭夏。

第三章 | 商

夏都周边有不少效忠于夏的诸侯国,他们拱卫夏都,被称作"九夷之师",其中为首的是葛国。成汤的目标是灭夏,并不想与葛国有过多纠缠,于是他送给葛国国君牛羊,命令他祭祀以示屈服,结果葛国国君无惧成汤,直接把牛羊给吃了。

软的不行就来硬的,成汤迈出了杀戮征伐的第一步——商人大军杀到,葛国瞬间灰飞烟灭。

接下来,成汤瞄准其他效忠夏朝的诸侯国。他打了一场场大胜仗,彻底剪除了夏朝的外围势力。史书上记载道:"十一征而无敌于天下!"

可以救援桀的诸侯国都被消灭了,成汤威震天下。反观陷入重重危机的夏朝,已经如同秋风中枝头的树叶,随时会落入黄土。但桀始终有着迷之自信,哪怕盟友全被干掉,也依旧觉得自己能力挽狂澜。他带着军队出了都城,与成汤的大军在鸣条遭遇,一场决定历史走向的史诗级大战一触即发。

成汤手下有70乘战车、6000名精锐战士,还联合了诸多部落,众人齐齐面朝夏桀的军队列阵。

上古的人在打仗前都要召开誓师大会,发布战前动员令,成汤灭夏时也遵照传统发布了《汤誓》。

成汤驾驶战车疾驰在阵前,高举手里的剑不停地鼓舞士气。他站在战车上,大声喊道:

"所有的将士们,请大家听我说!我没有造反的心,可是夏桀作恶多端,上天命令我灭夏!战前有人问我成汤:'我只是一个耕田的,为什么让我放下手上的农活,跟随成汤去打夏桀呀?'将士们,我们打夏桀是顺应上天!夏桀罪孽深重,压迫天下百姓,百姓们恨不得与他一起毁灭。只要你们跟随我,代表上天惩罚夏桀,我一定会奖赏你们的!但如果有人违抗我的命令,我也会严厉地惩罚他,永远不会赦免!"

话刚说完,军中便爆发了一阵山呼海啸般的呐喊。见军队士气被自己调动了起来,成汤剑指夏桀,率大军冲杀过去。

桀不得人心，军心早已涣散，刚一交锋夏军就被成汤的军队冲散了。

失败的桀只能逃走，他后悔当初没有杀掉成汤，可惜世界上没有后悔药吃。后来他逃到南巢（今安徽巢湖），没多久就抑郁而终了。

这场被称为"鸣条之战"的大战，以商军大获全胜而告终，延续近500年的夏朝正式退出历史舞台，赫赫大商亮相在世人面前。

革命

成汤率正义之师推翻夏桀的残暴统治，顺应民意建立了商朝，史称"商汤革命"。

商朝建立之前的改朝换代，不管有没有武力胁迫退位的因素，走的都是禅让的老路子，而商汤革命开创了一个新模式。

只要这个模式可复制，就会有人效仿。于是500多年后，一个成汤的粉丝依葫芦画瓢推翻自己的偶像成汤建立的商朝，建立了周朝，他就是周武王，而这件事史称"周武革命"。

在近现代语境中，革命是指被压迫的阶级打破旧制度的枷锁，创造一个新的社会制度。但古代的革命不同，它是指当一个王朝的统治者倒行逆施、激起全天下人的愤怒时，如有愿意铲除暴政、体恤百姓的领袖出现，他可以用武力推翻旧君主，创建一个新朝代。换句话说，其核心目的是改朝换代。

那么问题来了：一个新王朝革了上一个王朝的命，新王朝的统治者是否会害怕有人打着革命的旗号，学商汤周武的作为，来造自己的反？

答案是肯定的。但如果当朝统治者否定汤武革命，杜绝后世居心叵测造反的可能，也等同于否定自己改朝换代的合法性。

是不是感觉很搞笑？很多统治者会故意回避这一自相矛盾的问题。可是这问题又是秃子头上的虱子——明摆着的，于是总会有人试图解决。

当汉高祖刘邦通过造反获得了天下，推翻了秦朝，建立了大汉王朝，他身边的谋士陆贾便给他提供了足以论证革命合法性的理论支撑："汤武逆取而以顺守之。"（成汤与周武王通过武力夺取了天下，他俩顺应民心，把天下治理得很好。）

实际上，"革命"两字本就出自《周易》里的一句话："天地革而四时成，汤武革命，顺乎天而应乎人。"意思正是指商汤与周武王的革命顺应天命，符合民意。

到了刘邦的孙子汉景帝刘启在位，他举行了一次关于汤武革命的辩论赛。汉景帝刘启本人作为裁判，两名辩手都是大学问家，一位叫辕固生，另一位叫黄生。

黄生说："成汤与周武王两人本是臣子，却造反夺天下，简直是大逆不道！"

辕固生说："夏、商末年各出了桀、纣两个暴君，天下百姓全都向着成汤与周武王。汤武二人只是顺应民意除掉暴君，从而获得天下。"

黄生又说："帽子哪怕再破旧，它也是戴在头上的；鞋子再破，那也得穿在脚上。帽子与鞋子上下有别！桀、纣哪怕再残暴，那也是君主，汤、武再贤明也是臣子。臣子可以通过劝谏的方式将君主引上正道，哪能造反弑君呢？这不是大逆不道吗？"

聪明的辕固生觉得黄生是个死脑筋，只能用现实来堵他的嘴："请问黄生，我大汉高祖皇帝是如何取得的天下？如果按照你的说法，我们高祖皇帝夺取暴秦的天下，是大逆不道的吗？"

黄生说不下去了。自己否定汤武革命，说他们是反贼，结果自己现任老板的爷爷就是造反起家，再说下去可就等于在说汉朝是靠谋朝篡位得来的！

汉景帝也发现这问题不能再聊下去。认同汤武革命，后面的造反者就有造反的合法性，而不认同汤武革命，汉家天下则得位不正，这可怎么办？

只能和稀泥！

汉景帝说："两位爱卿！俗话说，没有吃过马肝，不算不知晓什么肉好吃。做学问的人不谈论汤武，也算不上愚昧无知。"言下之意，大家都闭嘴吧，以后不要再谈论此事。

虽然皇帝不准大家谈论，但是公道自在人心，天下人都认同汤武革命，认为一旦暴君失去民心就应该被推翻。正如孟子所说："桀纣之失天下也，失其民也；失其民者，失其心也。"人民才是历史的主宰者，任何一个统治者忽视了人民，必将被滚滚向前的历史车轮碾成齑粉。

不过，虽然很多朝代的灭亡原因都少不了末代君主昏庸无道，但恐怖的自然灾害也有可能是因素之一。

不少史料记载，夏朝末年暴发了大地震和严重旱灾，河水枯竭，粮食减产，民不聊生。在那个生产力极度低下的时代，遇到如此大的灾害，国家离灭亡的深渊本来就只差别人推一把了。

这场大旱灾持续了很久，直到商朝建立时也未停止。史书记载："大旱七年，洛川竭。"

这对商人来讲可不是好事。好不容易建立了新朝代，却一直闹旱灾，一个搞不好，夏朝前脚刚走，商朝后脚就得跟上。为了彻底解决大旱问题，着急上火的成汤用了商人解决问题的万能办法——人祭！

商人迷信鬼神，经常通过祭祀来解决生活中出现的大小问题，效果貌似不错，副作用就是很费人。这一次，为了商人的未来，成汤决定将自己一把火烧了祭天。

也许是成汤的疯狂感动了上苍，在他点火前，老天下了场大雨，甚至之后整个商代都气候温润，喜欢在热带气候环境中生活的大象在中原地区经常出没。宜人的气候，为商朝变成一个强大的朝代打下了基础。

商朝建立后君主称"王"，在商代甲骨文里"王"字就像一把斧钺，象征着主宰权力的王权。商王死后升天，称为"帝"。

有适宜的气候,又有贤臣伊尹的辅佐,商王成汤带领商朝渐渐走向强盛。等他死了,由于他的大儿子太丁死得早,王位只能传给太丁的弟弟外丙,但是外丙继位才三年也死了,于是外丙的弟弟中壬继位,中壬在位时间同样很短,只有四年。这个时候,成汤的儿子辈已经死光,伊尹决定让太丁的儿子太甲继位。

讲到这里,你会发现两个非常有趣的现象。

第一个有趣的现象是,商朝前期的王位继承顺序不是父死子继,而是兄终弟及。也就是说,商王死了,继任者不是他的儿子,而是他的弟弟,等到这一辈都死光了,才会轮到儿子继承。

世界上很多原始部落首领位置的继承方式都采用兄终弟及。在国家制度不健全的情况下,上阵杀敌、指挥生产等很多事都需要首领亲力亲为,再加上四周强敌环伺,如果让年幼的孩子继承领导位子,军政事务要由谁处理?所以,兄终弟及是商人最好的选择!

不过,选择兄终弟及也给商朝国家机器的运转留下一个大问题:当兄弟这一辈都死光了,兄弟们各有很多儿子,该让谁来继承王位呢?

面对权力的诱惑,想当王的儿子们必然掀起血雨腥风,这是后话。

第二个有趣的现象是,几代商王分别叫太丁、外丙、中壬、太甲,怎么都是按甲、乙、丙、丁排序编号呢?

传说上古时代天上有十个太阳,十日轮流上岗照耀大地,人们把它们的一个值班周期称为一旬,一个月里有三十天,便分为上旬、中旬、下旬。为了区分,十个太阳依次叫甲、乙、丙、丁、戊、己、庚、辛、壬、癸,这十个字被称为"日名",也叫"天干"。

讲到这里是不是就恍然大悟了?对喽,这十个字常常与另外十二个字——子、丑、寅、卯、辰、巳、午、未、申、酉、戌、亥——一同出现,组成中国历法里著名的"天干地支"。

天干地支其实就是编号,可商王的名称为什么要用编号呢?搞得跟学生上学用学号、员工工作用工号一样,并不像正经名字。

搞编号当然是为了方便管理,只是商人管理的不是活人,而是死去的商王。

商人迷信鬼神,隔三差五就要大搞祭祀活动,可是列祖列宗那么多,分不清祭错了可怎么办?给他们标上号码不就没问题了!

商王如同天上的太阳,他们死后升天,便用太阳的名字来命名。当一个商王过世,人们会通过占卜得到他的日名,再根据日名来确定祭祀这位商王的日子。

日名只有十个,不够用怎么办?那就在日名的前面加上一个区别字,于是我们看到的商王名号通常都是两个字。比如成汤,他死后的名号就是"大乙",其中"大"是区别字,"乙"是日名。

需要注意的是,商王的这种名号都是死后采用而生前不用的,类似于后世皇帝死后才有的庙号。

伊尹的黑白往事

伊尹在商朝早期是可以左右国家政治的重量级人物，被后世视为贤臣楷模，不过接下来关于他的故事，会让我们看到黑白两个极端。

其实伊尹只是商朝的大臣，但是他位高权重，再加上辅佐过三代商王，还是参与过商汤革命的老一辈，所以说的话分量十足。在他的帮助下，商朝的新王太甲登上王位。

年迈的伊尹看着这个年轻的孩子，决心让他成为祖辈、父辈那样贤明的君王。为此伊尹专门写了三篇关于君王思想教育的文章，分别名为《伊训》《肆命》《徂后》，让太甲认真阅读并写读后感。

和夏朝初期一样，也许是因为前任商王们忙于政务，对后代疏于管教，年轻的太甲十分叛逆，他放任自流，在位仅仅三年就干了不少混账事。对于总是约束自己的伊尹，太甲极其反感，对他的劝谏总是左耳进右耳出。

对于伊尹来说这可不是好事。刚推翻一个残暴的夏桀，自个儿家里似乎又要冒出一个昏君了，更何况还有前朝太康的前车之鉴。

"太甲，我当年和你爷爷成汤打天下的时候，你小子还不知道在哪里！我们辛辛苦苦打下的天下，不能毁在你手里！"

经过周密的部署，伊尹下令将太甲流放到成汤的埋葬地桐宫，让他在那里好好反省。商王不在位不要紧，伊尹可以代行国政！

住在桐宫，太甲天天以泪洗面，不停地忏悔。伊尹看到太甲彻底改过自新，决定把他迎接回来。

在流放太甲的第三年十二月朔日，伊尹穿着华丽的礼服，举行盛大的仪式把太甲接回亳都。

太甲阔别亳都已久，此时他不再是曾经的狂妄青年。他来到城门前，看见在那里迎接自己的伊尹，不由自主地朝他跪了下来。

伊尹语重心长地告诫太甲："百姓没有了君主的管理，就没法正常地生活；君主失去了百姓，也没法治理天下。感谢上天眷顾商朝，你能改过自新，是件大好事啊！"

太甲慨叹道："当初是我道德败坏，对国家与百姓造成了不可挽回的伤害。感谢您的良苦用心，让我幡然悔悟。"

从此太甲与伊尹和睦相处，过上了君圣臣贤、幸福快乐的日子。

历史发展到这里有了一个圆满的结局，然而让儒家弟子三观尽毁的《竹书纪年》里记载着另外一个版本的故事。

"仲壬[①]崩而立太甲，伊尹放太甲于桐，乃自立。"（商王仲壬死后，太甲即位为商王，伊尹把太甲放逐到桐宫，自立为王。）

"伊尹即位，放太甲七年，太甲潜出自桐，杀伊尹，乃立其子伊陟（zhì）、伊奋。命复其父之田宅而中分之。"（伊尹即位，太甲在被放逐七年后从囚禁地桐宫潜逃出来，发动政变杀死了伊尹。之后太甲任命伊尹的两个儿子伊陟、伊奋为官员，并

[①] 仲壬，即商王中壬的另一个称呼。

将伊尹的田宅平分给他们。）

两个版本的故事,一个是商王改过自新,一个是大臣篡位夺权,哪一个是真的呢?

很多人认可改过自新版。首先,先秦的很多典籍里都是说伊尹放逐太甲让他思过,唯独《竹书纪年》里说伊尹是篡位,孤证不立。其次,从出土的商代甲骨文里可以看出,伊尹即便在死后也颇有人气,商人经常把他和商王放在一起祭祀,有什么大事小事都祈求他的保佑,而伊尹的子孙还与商王家族世代通婚。如果伊尹是乱臣贼子,那他死后应该被商人踩上一万只脚,永世不得翻身,怎么还能受到爱戴呢?

不过也有人说,改过自新版就像被人加工过的童话故事一样,大团圆的结局非常生硬。应该没有哪个君王在被废黜后会不选择通过武力,而是靠和平方式再度回归王位的。至于与废黜他的人和睦共处,更不可能!

其实,世间的事情哪有非黑即白那么绝对,太极图里还阴中有阳、阳中有阴呢!有句话说,小孩子才分对错,成年人只看利弊,确实如此。现实中的人往往很复杂,很多事情难判断是非曲直,人做出的抉择都是根据当时的利弊的结果。

我们不妨往后世看看,寻找一个参照。

李显是唐朝的第四位皇帝,武则天为了大权独揽把他废掉,后来自己当了皇帝。在武则天临死之前,李显发动政变,逼武则天退位,重得帝位,史称"神龙政变"。由于武则天是李显的母亲,又是一位有威名和功绩的女皇帝,李显在政变中没有对她下死手,在她死后也依然尊重她,甚至允许武家人继续参政。

到了近代,天王洪秀全建立的太平天国在今天的南京定都后出现内讧,爆发了著名的"天京事变"——洪秀全指使手下干掉了起义军的二号人物东王杨秀清。之后有趣的一幕出现了:洪秀全给死去的杨秀清平了反,搞出一个名为"东王升天节"的法定节日以示纪念,还让自己的第五个儿子认死去的杨秀清为爹,继承"东王"称号。

杨秀清与洪秀全没有血缘关系,所以洪秀全可以毫无顾忌,对威胁自己地位的杨秀清进行肉体毁灭。但碍于杨秀清曾在太平天国的发展过程中做出难以磨灭的贡献，拥有很高的人气，所以洪秀全又必须在杨秀清死后去纪念他，缓和内部矛盾，避免政权分裂。

通过李显与武则天、洪秀全与杨秀清的恩怨纠葛，我们可以看出掌权者的心思：产生威胁的人可以除掉，但是为了王朝的稳定，被除之人的功绩又是可以承认甚至褒扬的。

高！实在是高！

根据这个心理，我们不妨对伊尹和太甲的关系做一个大胆的猜测。

伊尹辅佐了三代商王，年迈的他权倾朝野。新的商王太甲即位后与伊尹发生了激烈的冲突，伊尹利用手中权力把太甲废掉并放逐他，之后自立为王。太甲蛰伏数年，趁伊尹年事已高，对政权的掌控力下降，发动政变夺回了王位。太甲与伊尹并无血缘关系，所以他干脆地将伊尹杀死，但鉴于伊尹对商朝有重大贡献，人气极高，为了王朝稳定，太甲及后世商王决定把伊尹当作重要的祭祀对象，并善待伊尹的后代。

当然，猜测只是猜测，当事人究竟是怎么做、怎么想的，过了数千年，我们已无法知道了。

盘庚迁都

太甲浪子回头，向明君的方向努力，商朝渐渐走上正轨。不过千万别以为商人能够就此进入长久的和平发展时期了，因为一场更大规模的动乱还在等着他们。

到了第十位商王仲丁在位时，商朝已经发展到了中期，这个伟大的王朝如同人一样遇到了中年危机。

商朝的兄终弟及王位继承制终于暴露出了弊端！

哥哥死了弟弟继位，可若是兄弟这一辈都死光了，在他们的众多儿子里，又该由谁来继承王位？伊尹能够凭强权扶植太甲，但如果没有这样一位人物，要想得到王位就只能凭实力说话了。

于是著名的"九世之乱"爆发了。从仲丁到阳甲，九代商王都诞生在王室内部的斗争中，为了争夺王位，他们把亲人当成敌人，举起屠刀时毫不手软。

到了第十九位商王盘庚继位时，王位争夺战终于消停了，可这时候历经九世动乱的商朝早已国力大衰，四方诸侯不再臣服于它。再这么下去，商朝就要把自个儿玩没了！

国家发展遇到了"瓶颈"。看着宫外因战乱而破败不堪的都城，想想城内还有觊觎自己王位的亲属，盘庚的内心十分抑郁。

"搬家！"

他脑中突然动了这个念头。

搬家要是搬得好，王朝就能活得好！更何况，搬家对于商人来说并不是什么新鲜事。成汤之前，历代商人领袖就带着族人搬了八次，商朝建立到盘庚之前，历代商王也搬了四次家。所以对于达成搬家一事，盘庚还挺有信心。

也许有人会好奇，商人怎么这么喜欢搬家？针对这一问题，历史上有很多种解释。

第一种说法是为了躲避黄河水患。当时生产力水平低下，面对时不时就泛滥的黄河，人们无法抵御，只能在洪水冲毁老家后进行搬迁。可是商人每次搬的新家都靠近黄河，如果是为躲避水患，就应该彻底避开黄河，怎么又在黄河边上选址呢？这个解释显然有点说不通。

第二种说法是出于游牧民族的生活方式。一些人认为，商人是游牧民族，需要逐水草而居，所以才多次进行搬迁。可是游牧民族需要在一年之内经常搬迁，而商人在商朝建立后往往数十年才搬一次，这种说法显然也不合理。

第三种说法是因为迁移农业的经济模式。商代早期农业技术水平非常低下，频繁耕种一块土地会将土地的肥力耗尽，再也种不出庄稼来，于是只能换一块地重新开垦，这便导致商人频繁搬家。盘庚迁都后，商人步入了精细化耕种阶段，土地肥力得以维持，搬家就不是必须的了。笔者认为这种解释比较合理，而且也有证据支持：在出土的商朝中后期甲骨文中能看到商人用大粪肥田的记录，甚至施肥时他们能根据土壤的不同特性施用不同动物的粪便。

无论搬家的原因是什么，搬家的关键在于选址。地段选得好，交通才方便，赚钱才轻松，房屋才能增值，生活质量才能提高。挑来挑去，盘庚选中了殷地（今河南安阳），这个地方土地肥沃，水分充足，气候宜人，实在是一块难得的风水宝地。

有了目的地，盘庚迫不及待想拉着全体百姓去到那里，从此奔向幸福之路，可是意料之外的问题出现了：除了盘庚，绝大部分人竟然不想搬家！

如果你搬过一次家，就知道搬家有多累多麻烦了，家具、衣服、电器还有杂七杂八的各种东西都要搬走。在交通便利、有搬家公司帮忙的现代尚且如此，商朝时期搬家绝对是一个大工程，更何况这是一个王朝要换首都！

可不搬又是不行的，没办法，盘庚只能拉下脸面去做游说工作。

一个聪明的领导，面对手下人全都投反对票的境况应该采取分化瓦解、各个击破的策略。盘庚深知这一点。他先把贵族元老、大臣、将领召集起来开会，脸上堆满了笑容，深情地说："数百年来，我的先祖与大家的祖先一起工作，我们王室世世代代念着大家的好，与大家有福同享，有难同当。作为一国之君，即使你们犯错了，我也不敢施以重刑。国家治理得好是大家的功劳，国家治理得不好是我的错。如今已经到了决定商人未来的关键时刻，为了商朝的未来，请大家随我迁都。"

盘庚的言辞非常诚恳，几乎是在恳求王公贵族们跟他走，但面对平民百姓时，他又是另一番说辞了："大家都听好了！既然我是商王，大家就应该服从我。有人幻想不会迁都，我告诉你们，迁都的计划不会变！如果谁不听从我，我不光会杀了他，还会对他的后代斩尽杀绝！"

威逼加利诱，商人终于还是搬了家。从后来商朝的发展来看，我们不得不说盘庚的眼光很独到。此后直到商朝灭亡，足足 273 年里，商朝的首都一直是殷，所以商朝又被称为"殷商"。但要注意，商人并没有自称"殷"的习惯，他们始终称自己为"商"，赞美自己的首都是"大商邑"，而"殷"的说法来源于灭了商朝的周人，在周人语言中，"殷"是蔑视、敌忾的意思。

人终有一死，盘庚死后，他的两个弟弟小辛、小乙先后继位。小乙死后，他的儿子武丁继位。

武丁是商朝武力值最高的君王，他和他的老婆妇好一起把商朝推向顶峰。

中国第一女战神

如果你是一个对文字敏感的人,一看到"武丁"两个字,就应该能猜到这位商王是个战功赫赫的人。

事实确实如此。武丁执政期间商朝几乎年年爆发战争,但武丁从不畏惧。《诗经·商颂》里有一首《殷武》,全诗都在歌颂商王武丁,开头四个字非常霸气:"挞(tà)彼殷武!"(商王武丁神勇无敌!)

为什么会有这么多仗要打?

商朝发展到武丁这一代国力达到鼎盛,中原地带已经没有可以与之匹敌的敌人了,商人理所当然地将目光投向了更远的地方,比如南方的楚地。

商朝青铜冶炼技术发达,制造出来的青铜兵器可谓独步天下。由于武器技术含量高,每次大战对于科技落后的敌人来说都是降维打击。这让武丁越发看重青铜制造业,他坚信,只要拥有丰富的铜矿资源,就可以让国家实力如虎添翼。

楚人脚下的土地里就蕴藏着丰富的铜矿,此时他们仍处于蛮荒时代,离他们的黄金时代春秋战国还很远。武丁派出大军远征楚地,大胜,商朝的势力触角从此伸入长江流域。这是件大事,所以诗歌《殷武》在"挞彼殷武"后会紧跟一句"奋伐荆楚"。

玩过即时战略类游戏的玩家都清楚,自己老家周边的都是小怪,很容易就能够清除,越往外扩张,就会碰到越多难打的敌人。这么多敌人让武丁一个人对付,非得把他累死不可,于是他找来许多帮手。

为了获得人才,武丁从来不拘一格,不在乎对方的身份。在内政问题上,他大胆起用出身卑微的傅说(yuè),傅说也不负众望,成为武丁治国理政时的左膀右臂。

至于武丁手下最能打的是谁呢?

武丁会骄傲地回答你:"我的老婆妇好!"

是的,你没有听错,武丁的老婆妇好可以算作商代第一女战神。

商人热爱求神问卜,他们会对大小事务进行占卜,然后将吉凶结果刻在乌龟的甲或者牛的肩胛骨上,这些刻在甲骨上面的文字便是大名鼎鼎的甲骨文,又称甲骨卜辞,这些文字是后人研究商朝的重要资料。妇好的事迹也被记录在甲骨卜辞中。一块出土的甲骨上刻的卜辞就写道:"辛巳卜,登妇好三千,登旅万,呼伐羌。"意思是妇好率领1.3万人攻打与商作对的羌人。通常情况下,商朝军队出门打仗也就出动几千人,妇好领兵却动辄上万,她大概是商朝统率军队人数最多的将领。

妇好是武丁在战场上的撒手锏,多次深度参与到商朝的对外战争中。有一次,商朝与南方的巴国交战,武丁在东面迎战巴国军队,妇好就在西面埋伏。两军打得正酣,妇好从敌军背后杀出,一举包了敌人饺子。

在针对商朝北边大Boss的战斗中,妇好也出力很多。这个Boss级别的敌对势力有一个让人听了闻风丧胆的名字——鬼方。这是当时对北方游牧民族的统称,他们不仅能歌善舞,而且战斗力也十分强悍,非常难对付。

攻打鬼方是武丁时期规模最大、时间最长的战争,从武丁在位的第30年一直打到第32年年底。开打的第一年战况尤其惨烈,武丁前后投入的兵力多达2.3万人,这在商朝历史上是空前的。

这场战争关乎商朝的存亡，更关乎华夏文明的存亡。生死关头绝不能马虎，重要的事当然要交给可以信赖的人去做，所以武丁调拨精锐和猛将戉（yuè）给妇好，妇好率领大军最终打败了鬼方，迫使北方部分游牧部落远遁。

中国历史上很少能见到女性带兵，更没有哪个女性能有妇好这般显赫的战功！

妇好虽然很能打，却也是被武丁捧在手心呵护的。

有一年戊辰日，商王武丁找来贞人①进行占卜，这位贞人叫彀（què）。

贞人彀将龟腹甲削平，打磨光滑，在腹甲的一面使劲钻，但并不钻穿，然后将一束枝条点燃放进钻孔。火苗的光照在武丁眉头紧锁的脸上，过了一会儿，只听见一阵噼里啪啦的声音传来，龟腹甲上出现了裂纹。这些裂纹就是"兆"，贞人彀会根据"兆"来解读祖先神灵透露的信息。

贞人彀仔细端详着腹甲上的裂纹，旁边的武丁已经按捺不住了，他着急地问："我的妻子妇好能够顺利生下孩子吗？"贞人彀将目光从腹甲上移开，对武丁说："会顺利生产的。"随后，贞人彀将武丁占卜问妇好是否能顺利生产的事刻在兆旁，涂上朱墨，以待印证。丁丑日，妇好果然顺利产下一个儿子，贞人彀又将占卜应验之事刻在兆旁。

千年之后，这块龟腹甲重见天日，上面的甲骨文将这段故事讲给了我们听。

武丁爱占卜，还寿命超长，在位时间长达58年，放眼整个古代中国都是相当亮眼的数据，因此他在甲骨卜辞里是一位重量级人物。研究商朝的学者会看《甲骨文合集》，这套书由研究甲骨文的著名学者郭沫若主编，里面收录的甲骨文都是精品，而这些精品里关于武丁的内容就有一半。妇好集武丁万千宠爱于一身，武丁生怕她受到半点伤害，她出个门、做个梦，哪怕是牙疼，武丁都要占卜一下，于是甲骨文里有关妇好的就有250多条。

武丁和妇好把国家搞成了夫妻店，在我们现代人面前着实撒了一把狗粮，不过

---

① 贞人，即负责占卜的官员。

商人对此并不在乎。在他们看来，只要对国家有利，一切都无所谓。

然而越辉煌就越有人嫉妒，总有人对这种情况看不过眼。

公元前1046年，在牧野爆发了一场改朝换代的大战——周武王兴兵讨伐商纣王。在两军对阵之前，周武王向周军将士高声历数商王罪行，其中有一句话就是在抨击后宫干政："牝鸡无晨。牝鸡之晨，惟家之索。"

母鸡怎么能干公鸡打鸣的事呢？如果母鸡打鸣，这个家就要衰败。言下之意，商王听信女性，让女人当家作主，国家必然走向灭亡。

如果商人能够听到这句话，一定会说："我当是咋回事，你们周人真是少见多怪！在咱们商朝，女性能顶半边天，不仅参与政事，还能带兵打仗，横扫四方。曾经的商朝第一战神就是个女的！"

可惜商朝第一战神的神话没能延续很久。妇好30多岁就死了，这对武丁来讲是一个巨大的打击，他把她埋葬在王宫的大殿旁，希望还能日夜相伴。有时候，思念过度的武丁会通过占卜了解妇好在阴间过得好不好。不过匪夷所思的是，武丁生怕死去的妇好寂寞空虚，还搞起了冥婚，把妇好嫁给了自己的先祖。

如果故事就此结束，也算不错的结局，可真实情况总是那么跌宕起伏。

也许你会以为武丁对妇好的爱是忠贞不贰的，其实不然。武丁有60多个女人，仅正式的妻子就有3人，分别是辛（这是妇好死后的庙号）、癸、戊。

后宫佳丽那么多，天天上演宫斗剧也不稀奇。虽然武丁后宫的宫斗剧情没有很多的文字记载，但我们依旧可以从一些蛛丝马迹中窥探一二。据出土的甲骨卜辞记载，妇好生过几次病，而武丁在找人占卜时会问，是不是自己死去的妃子龚的鬼魂在害她。这已然不是"宫斗剧"，而是升级到了"聊斋"。

宫斗并不止步于争宠，还有争权。母凭子贵，让自己儿子登上王位才是这些后宫女人的终极目标。

武丁的大儿子叫孝己，孝己是个优秀的孩子，聪明好学，孝顺父母，很有明君之相。有一次，武丁正在祭祀先祖，一只野鸡突然飞到鼎上。看见这一幕的武丁被吓到了，孝己借此机会劝谏武丁，说这是上天的启示，以后举行祭祀要节俭一些。后来孝己的母亲死了，作为王位接班人的孝己受到继母的嫉恨。继母每晚给武丁吹枕边风，听信谗言的武丁把孝己流放，老实孩子孝己最终在流放地抑郁而死。

辛、癸、戊三位谁是孝己的母亲？

不知道。

辛、癸、戊三位谁是孝己的继母？

不知道。

不过有一点可以推断得出：最后登上王位的极有可能是戊的儿子。

1939年，在河南安阳这个3000多年前曾是商朝首都的地方，出土了震惊世界的巨型青铜器——司母戊大方鼎①。这鼎重832千克，是中国古代现存最大的青铜器，其铸造放在商朝绝对是一项超级工程，需要动用全国之力，只有商王才有这个能力。

司母戊大方鼎的主人叫妇妌（jǐng），她是武丁的正妻之一，"戊"正是她死后的庙号。

1976年，还是在河南安阳，一座沉睡了3000多年的殷商王室墓被发现。很多殷商时期的古墓都被盗墓贼光顾过，而这一座却从未被打扰。这座古墓里面出土了众多精美的青铜器和女性用品，最令人震惊的是，它简直就是一个武器库！墓里有青铜兵器134件，其中有两把精美的大铜钺，一把重9公斤，一把重8.5公斤。这么重的武器显然不是战士手里拿着使用的，而更像是在礼仪与祭祀场合用的。在这两把铜钺上均刻有墓主人的名字，正是"妇好"。与武器一同出土的还有一个与司母戊大方鼎外观类似，体积却很小的司母辛方鼎②——"辛"是妇好死后的庙号。

古人讲究死后也要葬个好地段。妇妌的墓在王陵区，那里埋葬着历代商王，而

---

① 一说名为"后母戊大方鼎"。

② 一说名为"后母辛方鼎"。

妇好的墓则只在宫殿区，从位置看，妇妌墓的规格远高于妇好墓，墓里两个一大一小的鼎也说明了这一点。

大方鼎刚被挖出的时候，史学大家郭沫若先生认为鼎上的铭文是"司母戊"三字，其中"司"是祭祀，"母"是母亲，"戊"是妇妌的庙号，合起来即是"祭祀母亲戊"的意思。

随着研究的深入，专家们发现商人写字不分左右，而在甲骨文里，"司"和"后"是两个笔画相同、结构相反的字，于是有人提出，将鼎上铭文认作"后"比"司"更好，其意思是"伟大的、了不起的、受人尊敬的"，与"皇天后土"的"后"同义，而"后母戊"即是"将此鼎献给敬爱的母亲戊"的意思。2011年3月，当我们再在国家博物院看到这个大方鼎，就能发现它的名字已被改为"后母戊大方鼎"了。以此类推，原来的"司母辛方鼎"也可以改名叫作"后母辛方鼎"，意思是"将此鼎献给敬爱的母亲辛"。

无论这两个历经数千年的鼎叫什么名字，应该都是后来做了商王的儿子献给母亲的，饱含了儿子对母亲深沉的爱。而既然司母戊大方鼎要比司母辛方鼎大很多，在那个母以子贵的时代，这大概就意味着戊与后代商王的关系比辛更亲近。武丁死后，先后继位的是祖庚与祖甲两兄弟，他们俩的母亲很有可能就是戊，也就是妇妌。

埋在土里的信史

历史的千层饼

历史滚滚向前,关于殷商的一切都被埋藏到黄土之下。随着世事沉浮变幻,人们逐步将它遗忘,以至于后世之人怀疑殷商的历史是否真的存在过,直到殷墟被发现,尘封已久的故事才重现世人眼前。

在讲殷墟的故事之前,先要提一个人。

1913年的一个下午,一位叫顾颉刚的学生急匆匆地奔向戏园。他课也不上了,作业也不做了,只为了听一场京剧。

顾颉刚是苏州人,这一年刚满20岁,在北京大学读预科。刚到北京他就被国粹京剧深深地吸引,沉迷其中无法自拔,甚至到了上瘾的程度,学习成绩因此直线下降。这样的状态持续了两年。在别人看来他是荒废学业,然而他却从京剧中发现了一个惊天秘密。

京剧里的很多剧目都取材于历史上真实发生过的事情，可是随着时间的推移，为了迎合观众们的口味，故事情节大多被改写，人物、内容被不断丰富。

比如我们熟知的孟姜女，其原型是春秋时的"杞梁之妻"。杞梁是齐国大将，在对外征战时光荣牺牲，国君带着杞梁的尸体回国都，在城外遇到了等候丈夫的杞梁妻子。国君当下向杞梁的妻子表示慰问，她拒绝了，并说："杞梁是为国战死，国君理应到家里来吊唁。"到了战国，为了更生动，故事里的杞梁妻子在听说丈夫的死讯后会用优美的哭腔唱出自己的悲痛。到了汉朝，又增添了杞梁妻子把城墙哭塌的情景。到了唐朝，整个故事的主人公和地点都换了，杞梁的妻子变成了孟姜女，被哭倒的城墙也变成了长城。

再如著名的《三国演义》，它是根据三国历史写成的一部小说，故事情节虽精彩，但"草船借箭""借东风""捉放曹"等都是在真实的赤壁之战基础上虚构的，只不过由于《三国演义》写得太好，很多人都把这些当作真正的历史。

故事会被一代代文艺工作者不断改进，每改一次，其曲折程度就跃上一个新台阶，离原来的版本也会越远。

想到此处，顾颉刚年轻的大脑中闪现出一簇火花：史书里的一些人物与事迹，是不是也经过了人们的不断修改和加工呢？

由这个问题出发，顾颉刚不断地深入研究，最终提出一个石破天惊的学说——"层累地造成的中国古史"。

历史是一个族群的集体记忆，它往往要经过数代人不断的加工，每一版本都是在上一版本基础之上形成的，就像一层一层的千层饼，最后才变成了人物鲜活、故事精彩的现版本。换句话说，为现代人所知的历史，其实是由数个版本逐层积累而成的。

这一学说如同一颗原子弹轰炸了中国史学界，在人们心中掀起惊天波澜，打破了人们的传统认知。

顾颉刚的这颗学术原子弹有三大观点利器。

第一，"时代愈后，传说的古史期愈长"。

在周朝，人们提到最早的君王是大禹。到了春秋，在孔子的著作里出现了尧、舜。战国时，出现了黄帝的传说故事。秦王嬴政统一六国，觉得自己"德兼三皇（天皇、地皇、泰皇），功过五帝"，于是采用"皇帝"的称号——这时才出现了"三皇"的概念。汉朝时，出现了盘古开天辟地的传说。传说中的很多人物离我们非常遥远，但是他们的故事丰满立体，十分详尽，可见这些大都是后人根据需要不断艺术加工后的产物。也就是说，朝代距今越久远，经过艺术加工的工序就越多。

第二，"时代愈后，传说中的人物愈放愈大"。

很多历史人物往往被传得神乎其神，与飞天遁地的超级英雄有的一拼。这一点上最典型的就是三国时期的历史人物。诸葛亮被后世无限放大，成为无所不能的"神"；关羽也被后人称为"关帝"，甚至被当成财神供起来。换句话说，朝代距今越久远，历史人物被放大的可能性就越大。

第三，"我们即使不能知道某一件事的真实情况，但可以知道那件事在传说中的最早的状况"。

现今的人不能知道东周时的东周史，也至少能知道战国时史书里记载的东周史；不能知道夏商时的夏商史，也至少能知道东周时史书里记载的夏商史。这就意味着，我们即使不知道一些朝代的真实情况，但至少可以通过后世对这个朝代的最早记忆、记载，知晓最接近这个朝代的状况。

这些还不是最带劲的观点。顾颉刚最具颠覆性的一句话是："东周以上只好说无史。"

很多人听后会觉得自己的历史算是白学了，已有的知识体系土崩瓦解。因为按照顾颉刚的说法，五帝、夏、商、西周的历史都不可靠。有人想过反驳顾颉刚，但顾颉刚只用两句话就将对方拍死在地上：

"旧有的文献经典不足征信。"

"实物材料及其他相关学科的发展不够充分。"

言下之意，东周以前的历史文献记载很不可靠，如果想辨别其真假，就要像破案一样有实际的铁证！

顾颉刚提出的这一学说正是史学界著名的"古史辨派"。

由于顾颉刚出身崇尚学术自由的北大，老师是著名的胡适，又身处宣扬打破旧思想的禁锢、追求新思想的五四运动大背景下，天时地利人和全部凑齐，这个学说被人们迅速接受，顾颉刚本人也成为历史学界一颗冉冉升起的巨星。从此，研究历史的学者都会强调"信史"的重要性。信史，即指真实可信的历史，如果史书上记载的历史毫无根据，那就如同虚无缥缈的神话传说。

"古史辨派"石破天惊，但并非全无问题。它的确摧毁了陈旧的古史体系，但它只管摧毁，不作建设，徒留一片废墟。近代欧美史学界通过考古的方式将人类的历史越推越远，而"古史辨派"则一下子把中国历史砍去了两三千年，所以鲁迅先生才对"古史辨派"评价道："有破坏而无建设。"

要如何在被"古史辨派"轰炸过的废墟上重建东周之前的历史呢？

与其围绕书本里记载的历史争吵不休，不如少费点口舌，多干点实事。考古学者们拿起锄头往下挖，终于挖出了能证明那段历史的遗迹与文物。

其实历史已经悄悄留下一些线索，只待世人自己去慢慢探寻真相。

殷墟

清朝末年,河南安阳的一些农民发现土里有刻了字的骨头,这些骨头被称为"龙骨",可以当作药材卖给药商。药商把这些"龙骨"贩卖到各地,其中一部分流入了北京药铺。

某天,一个叫王懿荣的国子监祭酒①去药铺抓药,无意中发现了刻在骨头上的文字,学识渊博的他断定这是商代的文字,这一发现轰动世界。原来所谓"龙骨"正是殷商时用来占卜的乌龟甲或者牛的肩胛骨,而刻在甲骨上面的文字被后世称为"甲骨文"。

确定了商朝的文字,又要如何证明史书上记载的商朝历史是真实的呢?

很多文学爱好者读过文辞优美的《人间词话》,它的作者是一生留着辫子的国学大师——王国维。王大师在文、史、哲领域全面开花,他提出的"二重证据法"威震学界。

什么是二重证据法?

举个不恰当的例子。犯罪嫌疑人承认自己杀了人,可是光凭写在纸上的供词难以将其定罪,还得找到作案凶器,提取上面的指纹,验证指纹是否为犯罪嫌疑人的。如果确认,便同时有了物证和供词,基本就可以定罪了。

同样,探寻历史真相也需要实际的"物证"和纸上的"供词"。

由于很多历史据今很遥远,史书上的记载经过无数次传抄流转,内容的可信度已经被打上大大的问号。如何印证史书上写的是真的呢?只有出土文物了。文物是历史的亲历者,是无言的百科全书,更是无法用笔纸篡改的铁证。

---

① 职务类似于现在清华、北大的校长。

第三章 | 商

王国维的二重证据法，就是让传世的史书与出土的文物相互印证，从而得知史书里写的是否真实。

记载商朝历史最为详细的就是"史圣"司马迁所著的《史记·殷本纪》，而王国维从已发现的浩瀚甲骨文中复原了商王世系，发现竟然与《史记》里的商王世系大体一致，司马迁记载的真实性得到了部分印证。

初步确定商朝是真实存在过的，接下来就要向发现甲骨文的源头进发，去发现更多实证了。

1928 年，傅斯年（后来的北大校长）成立了赫赫有名的中央研究院历史语言研究所，之后不久便派出考古队伍前往河南安阳，作为先头部队的董作宾等人发现了商朝后期都城殷的遗址。此后，考古工作在李济的主持下正式拉开大幕，他曾在哈佛大学读到博士，回国不久便从事考古，被人尊称为"中国考古学之父"。

不挖不知道，一挖吓一跳，沉睡了 3000 多年的殷都慢慢揭开神秘的面纱，惊艳世人。安阳殷都从盘庚迁都到纣王灭国历经 273 年，它的遗址被称为"殷墟"，其恢宏程度超乎人们的想象。

殷墟中，最让世人印象深刻的有三样东西：青铜器、甲骨文、人殉。

从殷墟挖出了无数精美绝伦的大小青铜器，让人眼花缭乱。青铜的叫法是相对于红铜的。红铜就是我们常说的纯铜，质地偏软，不适合做物件，而青铜是纯铜与锡的合金，坚固耐用，既可以做兵器，又可以做餐具、炊具，还能做成祭祀用的大鼎。青铜器原本是金灿灿的，由于埋在土里的时间太长，表面才泛起绿色的铜锈，所以被称为"青铜"。影视剧里，君王经常用绿色的青铜器，这是完全错误的。

殷墟中出土的最著名的青铜器就是前文提到的司母戊大方鼎（后母戊大方鼎）。经专家考证，铸造这个大鼎需要两三百人同时协作，只要有一道工序出现问题，全部活都白干。

要证明一个古老文明的存在，最有利的证据就是发现它的文字。国外很多学者不承认夏朝的存在，其中一个原因就是目前还没有找到夏朝时期的文字。

青铜器之外，殷墟中还先后出土了10多万片甲骨，甲骨上的文字便是甲骨文。甲骨文从象形文字演化而来，是一套成熟的文字，在殷墟发现了它，说明在盘庚迁都前甲骨文就已经出现并被使用了。

甲骨文是我们中华民族伟大智慧的结晶，它的出现让汉字走向了表意的道路。虽然你没有学过甲骨文，但是仔细看的话也能猜出很多字的意思，因为现代人所用的汉字就是从甲骨文一步步演变而来的，两者一脉相承，从未中断。目前，被发现的甲骨文有4000多字，已破译的有1300字。

甲骨文记载的内容又被称为"卜辞"，它向世人展示了商朝历代君王的身份信息，事无巨细地向世人讲述殷商的故事，还原了一个鲜活的殷商时代。可以说，它是刻在骨头上的历史书！

商人在生活中除了吃饭睡觉，还有一件事就是占卜。只要遇事不决，不论事大事小，都要占卜一下才能安心。占卜一事虽说是迷信，但是商人对它格外严肃认真，还有专门负责占卜的职业人士，他们就是贞人。

卜辞由叙辞、命辞、占辞、验辞组成。贞人把占卜的时间和自己的名字刻在甲骨上，这是叙辞。命辞是需求占卜的人向祖先神灵提的问题。占辞是占卜的结果，多数记载是凶或吉。一段时间后，等事情尘埃落定，贞人会将占卜结果是否应验也刻下来，这就是验辞。它们就和我们小时候写作文时老师强调的时间、地点、人物、起因、经过、结果六要素一样。

以武丁时期的一段卜辞为例："庚子卜，争贞。翌辛丑，启？㹜贞？翌辛丑，不其启？王曰：今夕其雨，翌辛丑启。之夕允雨，辛丑启。"

叙辞："庚子卜，争贞。"（贞人争在庚子日这天占卜。）

命辞："翌辛丑，启？㹜贞？翌辛丑，不其启？"（第二天是辛丑日，天气会放晴吗？第二天是辛丑日，天气会是阴天吗？）

占辞："王曰：今夕其雨，翌辛丑启。"（商王武丁看了骨头上的裂纹显示出的兆，表示今天傍晚要下雨，第二天辛丑日会是晴天。）

验辞:"之夕允雨,辛丑启。"(果然傍晚下了雨,第二天天气放晴。)

青铜器和甲骨文虽然重要,可如果参观殷墟博物馆的话,最让人印象深刻的其实是另一个——人祭!

那场景实在令人毛骨悚然,简直是人间炼狱。

有这么一句话:"夏尚忠,殷尚质,周尚文。"它精练地概括了先秦时期三个朝代的特点,意思是夏朝崇尚忠诚,殷商崇尚鬼神,周朝崇尚礼乐制度。

商朝确实处在一个强烈的鬼神崇拜氛围中。在商人看来,只要祭祀祖先神灵的工作做得好,国家就能兴旺发达。这本来也没什么,就像清明节时我们也会祭奠死去的亲人,可我们最多烧点纸钱,烧个纸人,而商人却很"实诚",生怕死去的亲人在阴间寂寞,或是高贵的神灵没有人伺候,所以总要杀个大活人给他们送过去。献给祖宗神灵的活人叫人牲,他们在商人眼中如同牲口一样。

商人一次人祭杀三四百人是常态,有的时候甚至一次可以杀千人以上。单单在出土的甲骨文的记载里,因人祭而死的人总数就有1.4万人。专家做过一个测算,这意味着武丁在位期间商朝平均每天要少0.6个人!

商朝人祭的数量巨大,这意味着需要大量活人。如何获取数量如此庞大的人牲呢?奴隶显然是不够的,那就通过打仗来抓俘虏,用这些俘虏来祭祀。不过如果你以为用来祭祀的都是奴隶或者俘虏,那就大错特错了,因为商人也没有放过自己人。地位高贵的人死后常常舍不得自己身边的亲人、侍从、奴隶,于是便会要求他们随自己一起到地下去。这些倒霉的殉葬人都是死者生前选中的,他们地位不低,但也难逃一死。

然而无论用多少人去祭祀,商人也不能保证自己的王朝长治久安。在西方,崛起的周人正虎视眈眈,伺机要结果这个逐渐腐朽的王朝!

第四章 西周

武力逼迫永远不能赢得人心，学商人靠武力和杀戮来统治天下，只会让周朝走上覆灭的老路，只有创立大家都愿意去遵守的制度，才能管好天下。于是，周公旦搞出了一套震古烁今的新制度，它就是"礼制"，也被称为"周礼"。

小邦周

文王拘而演《周易》

周人的祖先是五帝之一的帝喾，他们从五帝时期就混迹于华夏大地，历史与商人一样悠久。周人认为自己是夏人的后代，自从夏朝覆灭后，他们就一直有反攻中原、夺回天下的志向。

周人以岐山（今陕西宝鸡一带）为根据地，不断向渭河平原（我们常说的关中地区）发展。随着实力不断壮大，他们越走越远，终于发现东方的中原地区是一个富裕的好地方，决定向那里冲一冲，结果被正处于鼎盛时期的商王朝痛打一顿。

后来，姬昌担任了周人的领袖。姬昌是一个有爱心、人缘好的领导，他关爱百姓，团结周边诸侯，在商朝的西边俨然成了一方霸主，被人们尊称为"西伯"。

姬昌所做的一切被一位叫崇侯虎的商朝大臣看在眼里，他向商王帝辛（纣王）汇报："姬昌是商朝的潜在威胁，应该赶紧把他抓起来，斩草除根！"帝辛觉得很有道理，立刻下令让姬昌前来。

面对帝辛蛮横无理的命令，姬昌既不反抗也不逃走，而是乖乖前往殷都。他果然被下了狱，但和被关在监狱里以泪洗面、渴望自由的普通人不同，他竟然在狱中安心搞起了学术研究，确切地说是数学研究。

传说上古时期，人首蛇身的伏羲观察世间万物的变化，找出了其中的规律。他以"—"为阳，以"--"为阴，把阴阳进行排列组合，就出现了八种结果，即乾（☰）、坎（☵）、艮（☶）、震（☳）、巽（☴）、离（☲）、坤（☷）、兑（☱），这就是我们常说的"八卦"。姬昌对八卦进行变化，把两个卦上下组合，从而推演出六十四卦，在此基础之上著名的《易经》诞生了。

《易经》可是畅销3000多年的现象级书籍，更是后世科举考试的官方指定教材。古人认为，读懂《易经》就能通晓宇宙运行的奥秘，预知未来的祸福。孔子沉迷《易经》不能自拔，日日翻看，甚至把编《易经》竹简的牛皮绳子都磨烂了，成语"韦编三绝"说的便是这件事。

就在姬昌做学术研究的时候，周人展开了营救活动。他们不断向帝辛敬献骏马、美女、珍宝，收了好处的帝辛看到姬昌在监狱里无欲无求，一心搞学术，于是放心地把姬昌放走了。

姬昌一走就是老虎归山，不过现在还是韬光养晦的时候，有惊天修为的人往往善于掩饰自己。为了表示对帝辛释放自己的感谢，他把洛河以西的土地敬献给帝辛。

不光讨好帝辛，姬昌还要讨好天下人。

商朝刑罚严酷，其中一种让人闻风丧胆的叫"炮烙"。发明这项刑罚的人百分之百是从地狱里来的魔鬼。所谓炮烙，就是把一个铜柱烤红，上面浇上油，下面放炭火，然后让受刑的人在铜柱上爬，人被烫得受不了就会掉落炭火中——总之，不是被铜柱烧，就是被炭火烤。

收了河西地区的帝辛心情大悦，在姬昌的请求下大手一挥取消了炮烙。就这样，姬昌在天下人心中树立了良好的口碑，成为人气明星。

吃人嘴软，拿人手短，帝辛也是如此。他不但答应了姬昌的请求，还赐给姬昌弓箭斧钺，让他代表商王管理西方。有了商王西方代理人的身份，姬昌的腰杆硬了，他开始对不服从自己的诸侯展开征讨。

除了打仗树立威信，姬昌也注重提升自身实力，在他的带领下，周人的生产总值以火箭般的速度增长。为了调整国家的发展方向，他把老家搬到了丰（今陕西西安西南），这里更靠近中原，便于日后调动军队进攻商朝。

实力彪悍，人气又高，在众多诸侯推荐下，姬昌正式称王。10年后，姬昌去世，死后谥号"文"，史称"周文王"。

孟津之会

姬昌死后，他的儿子姬发继位，老爹给他留下了殷实的家底和超高的人气，当时甚至有"天下三分，其二归周"的说法，即天下有三分之二的诸侯倒向了周人。姬发并没有躺在父亲的功劳簿上"摆烂"，他同样志向远大。为了达成自己推翻商朝的梦想，姬发任命太公望为太师，自己的弟弟姬旦为辅相。太公望与姬旦都是天下间超一流的人才。

太公望，正是《封神演义》里斩妖除魔的姜子牙的原型。他姓姜，吕氏，名尚，又被称为"吕尚""姜尚""姜太公"。

传说周文王姬昌有一次在出门前算了一卦，卦象显示在路上会遇到一位治国能臣，结果在渭水河畔遇到了正在垂钓的吕尚。经过一番交谈，姬昌对吕尚惊为天人,他想到了自己的老祖宗太公一直说会有一位能力超群的圣人助周,于是感慨道:"您就是我家太公盼望已久的圣人啊,赶紧随我上车一起回去!"这就是吕尚被称为"太公望"的缘故。

传说毕竟只是传说,不过事实证明,吕尚确实能力出众,在后来的一场场战争中展现出了无与伦比的军事才华。

不只吕尚个人,吕尚的姜姓对周人也至关重要。老姬家与老姜家世代通婚,好得能穿一条裤子,每次周人干仗都有姜家助攻。在周朝建立的过程中,姜家起到了关键作用。

另一个人物姬旦,则是我们常提的"周公解梦"里的那个周公,常被人称为"周公旦"。帮人解梦做心理医生都是后世人的附会,实际上,他最拿手的是超强的行政能力。姬旦起草的《周礼》是周朝管理天下的规章制度,可以说中国正是从这里开始成为礼仪之邦的。因为一部《周礼》,姬旦成为孔子最崇拜的偶像,也成了儒家思想的精神源头。

在太公望与姬旦的辅佐下,周人的经济与军事飞速发展。此时,帝辛与东夷的战争打得如火如荼,商朝的西边大门敞开着,对周人处于不设防的状态,似乎就等着姬发上门了。

但是来到大门口并不容易,需要穿过一条天险之路——崤函道。

崤函道是由崤山与函谷构成的一条悠长狭窄的小路,路两边都是高山密林,最窄的地方只能通过一辆马车,真是"一夫当关,万夫莫开"。它是古代关中通往中原的唯一通道,对中国历史上众多王朝的兴衰成败起着决定性作用。也许你对崤函道比较陌生,但如果提到建造在这条道上的一个关隘,你一定如雷贯耳,它就是函谷关!

姬发趁商朝无暇西顾,带人穿越崤函道,占据了伊洛地区。这里曾是夏朝兴起的地方,数百年后,夏人的后代周人卷土重来,他们把触角伸向中原,再次占据了天下的中心,野心随之扩大。

在继位的第二年，姬发开始酝酿灭商。不过心急吃不了热豆腐，他深知想要扳倒商朝还要一步步计划。

周人的力量虽比过去强大，可是与有数百年根基的商朝相比依旧只敢谦称"小邦"。自己实力不济不要紧，多找帮手不就行了？姬发选择先团结一切可以团结的力量。

对于服从商朝统治的诸侯来说，商朝数百年的辉煌史也是他们的血泪史。他们经常被商王征调去打仗，如果不愿意想反抗，就会遭到商王的雷霆暴揍。被揍死了还好，最惨的就是被俘成为人牲，那样就得遭遇各种变态刑罚，直至死去埋入祭祀坑里。

"商王给我们带来了战争、死亡、不平等！我们也是人，不想活在恐惧中！"

"大家都痛恨商朝，不如我们联合起来，一起消灭它！"

姬发不断鼓动，并向想反抗商王的诸侯发送邀请函，邀请他们带兵前来，共讨灭商大计，会盟地点选在了孟津（今河南洛阳北）。

之所以选在孟津，是经过深思熟虑的。孟津是伊洛地区重要的黄河渡口，大军一旦从这里渡过黄河，离帝辛的住所朝歌[1]（今河南鹤壁淇县）便只有不到300里的路程了。而在孟津举行会盟，另一层目的就是进行一场灭商的军事演习。

一场声势浩大的军事会盟拉开大幕。姬发率领战车300乘、虎贲军[2]3000人、甲士45000人前来，他先在毕原祭祀了自己的父亲，然后东出崤函道，奔向黄河边。会集在此的人马已经如同天边的乌云一般，黑压压一片。传说参与会盟的诸侯有800多位，他们来自天下各处，说着各自的方言，但有着同一个目的——跟着姬发灭商朝。

---

[1] 商朝后期，武丁迁都到沫，建立沫都。帝乙即位后改沫邑为朝歌。公元前1075年，帝辛即位，仍以朝歌为都。

[2] 虎贲（bēn）军，军队中的精锐，君主的近卫军。

一阵风吹过,姬发感觉自己如同一条翱翔于天际的巨龙,正在御风而上。他面向800多位诸侯,手指着父亲周文王的牌位,大声道:

"文王的牌位在此,我只敢称太子发,现在我继承父亲灭商的遗志!诸位,请集结好你们的兵马,扶好船桨,随我一起过河,落后的一律斩杀!"

诸侯们于是坐着船渡河,河水仿佛被人群截断了。

传说姬发的船行驶到河中央时,有一条大白鱼跳入船中,为了鼓舞士气,姬发当场杀鱼祭天。联军渡过黄河后休息,又有一团火焰从天而降,砸中了姬发居住的房子,火焰中还飞出一只浑身赤色的鸟,直冲云霄。不论真实与否,这些超自然现象都是在昭示后人,姬发就是天选之子。

从孟津渡过黄河,站在黄河北岸听着滚滚涛声,姬发放眼远眺。他明白自己已经深入了商朝的核心地界,前方不远处就是朝歌,只要夺取它,便可以改朝换代!

所有人都在等待一道向朝歌进发的命令。"可以伐商了!"诸侯们兴奋地喊。

姬发却皱了皱眉头,脸上露出迟疑的表情:"你们不了解天命,现在不是灭商的最佳时机!"

所有人都哗然了,没想到这是姬发说出的话!周文王是何等伟大的英主,他的儿子却没有胆气,让大家白跑一趟!愤怒、委屈、不甘在众人心中蔓延。

"灭商是你们的志向,更是我和先父的志向!相信我,现在还不是最佳时机。"姬发继续劝道。

见领头人都打了退堂鼓,诸侯们只能放弃,悻悻地回家去了。

姬发在等什么?

在等商朝自己四分五裂!

此刻的姬发如同一个耐心的猎人,潜伏在猎物周围,等着猎物送上门来,好不费吹灰之力将其一击毙命!

至于猎物帝辛,他知道周人已经把绞索套在他的脖子上了吗?或许知道,但即使知道,骄傲的他也不会相信数代臣服在自己脚下的小邦周有这个实力与胆量真的反抗，在他眼里，真正的敌人一直是东夷。

孟津之会后两年，姬发盼望的时机终于来了。

确切地说，上天送给周人的时机是两个：一是商人内部分裂了；二是商人的大军还驻扎在新征服的东夷领土上。

周虽旧邦，其命维新

纣克东夷

商王帝辛（即纣王）站在宏伟奢华的鹿台上，一边搂着自己心爱的女人妲己，一边与大臣们饮酒，一边俯瞰着新营造的朝歌城。

站在高处俯瞰城市，帝辛感觉自己如同居住在天上的神明俯瞰人间一样。他的内心骄傲又满足：自己励精图治，受四方诸侯朝拜，让商朝的疆域达到了历史顶峰。在自己的统治下，商人不光遍布黄河沿岸，甚至足迹到达长江以南，连寒冷的北方都有他们的身影！

帝辛收回俯瞰世间的目光，抬头望向遥远的东方，那里不光有一望无际的大海，还有凶悍的东夷。

从帝辛的曾祖父武乙在位时开始，东夷就时不时与商朝发生军事冲突，历代商王不断发兵征讨，可即使大获全胜，没多久他们又会卷土重来。东夷如同打不死的

"小强",让商人不断地流血。

帝辛继位后,决定和东夷死磕。他一面亲自带兵征讨,一面调集众多臣服的诸侯国,兵锋直指东方。这样的远征一次就要耗时两三百天,人力物力耗费无数,可帝辛不计损失,持续不断地向东夷发动猛烈的进攻,一次不行那就两次,两次不行那就无数次。

东夷人刚被打败,以为商人走远了,想出来透口气,没想到第二波、第三波攻击已经来到。东夷人的土地与肉体被商人一次次摧残,已经感觉不到生的希望,终于彻底屈服了。

东夷的土地被商朝收入囊中,东夷人则被押回朝歌,成为商人的奴隶。帝辛并没有慈悲为怀,他看着俘获的东夷人首领无敄,皱了皱眉:"拿他做人牲,祭祀历代征战东夷的商王!"

伴随着无敄的惨叫,征讨东夷的战争正式画上句号。而为了震慑归降的东夷人,避免这片好不容易征服的地区发生叛乱,商朝的大军主力最终驻扎在了那儿。

帝辛把思绪从遥远的东方慢慢收了回来,看着酒宴上推杯换盏的大臣们,他嘴角露出一丝笑意。远离殷都的朝歌城里没有那些令人讨厌的王公贵族,这让他的内心无比舒畅。

一提到王公贵族,帝辛感觉自己就像吃了苍蝇一样恶心想吐!

这群人出生在有着数百年悠久历史的贵族家庭,往往跟商王一家沾亲带故,有的辈分比帝辛还高,见了面帝辛还得恭恭敬敬地喊声爷爷、叔叔。而且他们个个位高权重,很有话语权,每次开会讨论大事,都能驳得帝辛很没面子。

作为天下之主,帝辛想要乾纲独断,把所有的权力攥在自己的手里。为此他大力营建朝歌,将其作为自己的办公地点,同时大量任用出身卑微的人。这些人被称为"小臣",毫无背景,没有任何政治资源,只是凭借商王看中才能平步青云,因此一旦被商王重用必定感恩戴德。

老贵族们逐步丧失权力,他们甚至发现,如今国家在举行大型祭祀活动时只祭历代商王,其他同姓宗族的祖先连个影子都没有,这在以前是从未有过的。愤怒的老贵族找帝辛讨说法,帝辛却只轻飘飘地回了一句话:"文明祭祀,节省开支!"

贵族们彻底暴怒了。

"帝辛作为商人的领袖,却在行为上疏远我们,还剥夺了我们的权势,甚至羞辱我们的祖先。既然他抛弃我们,我们也要唾弃他!"

第一个带头闹事的就是大臣比干。

比干是帝辛的叔叔,辅佐过帝辛的父亲帝乙。帝乙生前曾苦恼于让帝辛还是更年长一些的微子继承王位,正是因为比干的极力推荐,帝辛才能成为新的商王。

仗着自己的身份尊贵,又有拥立之功,比干多次向帝辛进谏。但为了集权,为了王的尊严,帝辛并不将他看在眼里,照杀不误!

另一位叔叔箕子也没有逃脱帝辛的魔掌。由于他经常劝诫帝辛要勤俭节约,帝辛一怒之下把他也关押了起来。

贵族们开始感到恐惧,在表面上表示了臣服,但内里已生叛心。看着形势不对,作为帝辛哥哥的微子决定跑路,他首选的目的地便是周人的地盘。叛逃后的微子给姬发送去大量情报,加速了姬发征商的步伐。

帝辛并不在乎这些,他只看到天下太平、内外臣服,喝得上头的时候还会大喊一声:"我生不有命在天?"这大概是"我命由我不由天"的最初版本。

就在这时,一位大臣闯入鹿台,大喊道:"有敌人来犯!"

帝辛轻轻挑了一下眉,毫不在意:"我大仗小仗经历无数,见过尸山血海,敌人有什么可怕的,无非是不知天高地厚的小毛贼罢了!"

"大王,是西方小邦周的姬发!"

"姬发?你搞错了吧,他能有什么坏心思?他和他的父亲西伯姬昌为我守卫西方,是我信赖的人。"

"没错,就是姬发,他联合了众多诸侯正向朝歌杀过来!"

帝辛的脑袋就像被巨锤敲击了一样，他感觉世界末日仿佛在向他招手。对东夷的长期战争使得整个商朝的军事重心都在东方，没想到狡猾的姬发竟给自己的后背来了致命一刺！

"是我大意了。"帝辛恨恨道，"姬发，你竟辜负我的信任，不自量力地想和这个有着数百年历史的老王朝抗衡！"

牧野之战

拜小说《封神演义》所赐，在许多人的印象中，周武王姬发发动的灭商之战是一场人神大战，各路神仙妖怪粉墨登场，直杀得天昏地暗。实际上，真正的灭商大战没有这么曲折离奇，只用一天就打完了。

姬发在丰都（今陕西西安沣河西）做好了远征的准备，每天观察天象，等待着发兵的好时机。

一天晚上，负责观测天象的官员一路小跑来到他的面前，气喘吁吁地喊道："岁在鹑（chún）火，吉时！"

夜空中，木星来到鹑火位置，姬发精神一振，命令全军出发。无数火把亮起，大军随声而动，一道由火光汇聚而成的河流在地上尽情流淌，蔚为壮观。

到了黎明时分，月亮来到天驷位置，大地与天空的交界线上露出了微微的亮光。过了不久，太阳露出地平线，照亮了人们满含期盼的眼睛。

大军风餐露宿，日夜兼程，木星在东方指引着方向。

有赖于两年前的孟津之会,大家对行军路线都很熟悉。姬发来到老地方,与诸侯会合后渡过黄河,直扑朝歌。

牧野之战示意图

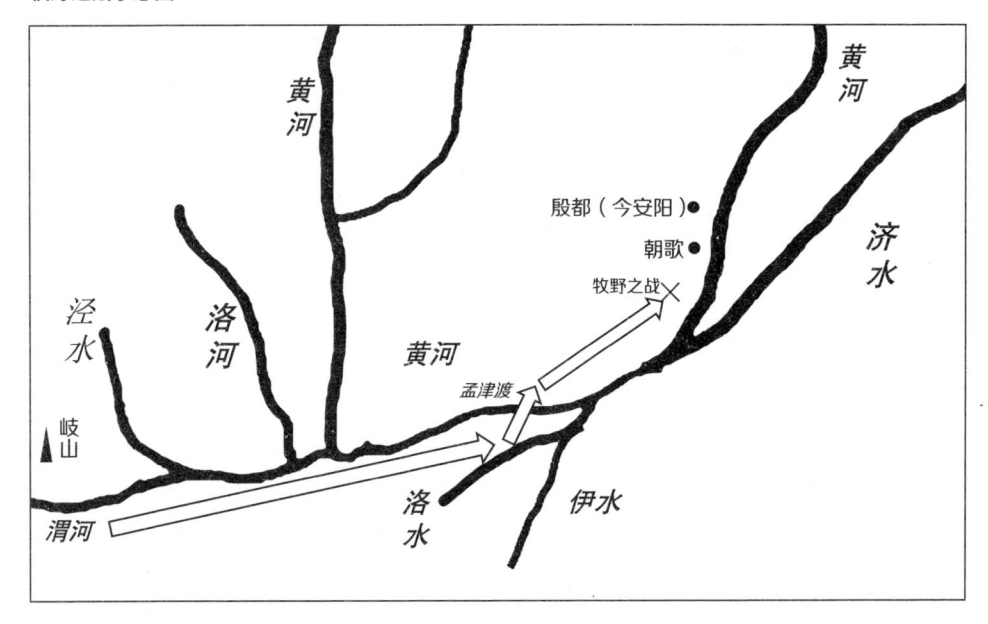

帝辛如同热锅上的蚂蚁。商朝长期陷在与东夷的战争中,其实已经元气大伤,而且现在主力部队仍在东夷,根本来不及回援,现在的朝歌简直风雨飘摇!没办法,他只能去武装城中最被商人看不起的奴隶。

然而,被压迫的奴隶拿起武器后,真的会帮助曾经压迫自己的人吗?

显然不会!

这批武器,成了奴隶们为商朝掘墓的铲子。

公元前1046年的某一天夜里,联军来到牧野,并在这里与商朝军队遭遇。双方并没有迅速投入战斗,而是各自摆阵,等待第二天天亮再一决胜负。

夜晚天气不太好。姬发指挥联军布阵,尚未部署完天上就下起了雨,但将士们士气高昂,没受到天气影响。布阵完毕后,所有人就在自己的战斗位置休息,储蓄能量,准备第二天大战一场。

第二天是甲子日，改变中国历史的牧野之战即将打响。

凌晨时分，夜空中木星正当头，姬发和联军将士们相信这是一个好兆头。黎明到来，太阳缓缓升起，视野逐渐变得亮堂起来，所有人都知道，决战时刻到了。

姬发站在位于阵前的驷马战车①上，左手拿着黄色大斧，右手拿着牛尾巴作装饰的白色大旗，此时的他就是战场上最耀眼的明星。他开始发表誓师演说。

"来自西方的将士们，你们辛苦啦！"

话音刚落，军阵之内爆发出山呼海啸般的欢呼声，这声音如同巨浪一样冲击着在场的每一个人。

"我友邦的国君们、大臣们、将士们，请举起你们的戈，排好你们的盾，竖起你们的矛。让我们一起来宣誓吧！"

一时间，盾如墙，枪如雨。

"古人有这么一句话：'母鸡早上是不报晓的，那是公鸡干的事。如果母鸡报晓，这户人家就会衰败。'商王听信妇人之言，不过问祭祀，抛弃他的兄弟，对来自四方的小人加以重用，纵容这些人胡作非为。现在我要替天行道，灭了商朝！"

说完姬发顿了顿，表情严肃起来，开始讲解战术要领。

"今天的决战，大家要服从指挥，保持队形。前进时，每走六七步就要停下来整理队形。短兵相接时，刺杀动作每做四五次或七八次就要停下来整理队形。希望大家勇猛无敌，如同猛虎下山，具有熊的力量，像豺狼一样凶狠，和蛟龙一样神勇！有前来投降的商朝的将士，大家要宽待他们，让他们成为我们的一员。大家一定要奋勇啊，否则将会遭到敌人的杀戮！"

其实，誓师有点类似于明星开演唱会前的暖场，主要作用就是活跃气氛，为原本肃杀冷清的战场灌入热血和激情，鼓舞己方士气。姬发的演讲词名为《牧誓》，被收录在《尚书》里，成为一篇经典文章。

---

① 即由四匹马拉的战车。

其中值得注意的一点是姬发强调的战术要领。

当时的大战已不是单纯的步战，驷马战车作为古代陆战之王已经登上了历史舞台。驷马战车由四匹马牵拉，动力满满，两个大车轮能带着车身在战场上风驰电掣，冲击力十足。战车上一般会安排一个三人战斗小组，位于车左侧的战士叫"车左"，他是车长，负责指挥与射箭；中间位置的战士叫"车御"，负责驾驶马车；车右侧位置的战士叫"车右"，手持三米多长的戈，负责近战。

一直到战国时代，驷马战车都是战场上的主力，它既能冲杀，又能远程攻击、近战搏斗，是名副其实的人命收割机。驰骋在沙场上，驷马战车隆隆的声音就像在向敌人叫嚣："拿命来！"

驷马战车跑得快，跟在后面的步兵跑得慢，很容易出现跑着跑着队形就散了的情况。车步协同很重要，所以姬发让步兵一定要注意好队形。传说牧野之战中联军一方派出的战车达 4000 多乘，这种情况下只要阵形不乱，军队就能像一台压路机一样碾轧对方。

帝辛带着拼凑起来的军队，号称 70 万人，与联军对阵。他心里虚得很，因为手下都是曾被他欺压的奴隶，跟他不是一条心。这时候，即便他想像姬发那样发表慷慨激昂的演讲，估计也没人会听。

只听姬发又在阵前高呼："文王在上，于昭于天。周虽旧邦，其命维新。"

军中开始击鼓，太公望率领精锐虎贲朝商军直冲而来，刚一交锋就冲破了商军的中军大阵。那些手里握着武器的奴隶毫无抵抗之心，甚至有不少临阵倒戈，掉转武器反过来替姬发做先导，攻打商朝的军队。

战争打了一天，战场上血流漂杵，商军全线崩溃。帝辛知道自己败局已定，逃回了朝歌，在华丽的鹿台上自焚而死。

从成汤灭夏至帝辛亡国，商朝经历了 500 多年的岁月洗礼。如今这幢大厦轰然倒塌，一个新兴的王朝即将诞生，其名为"周"。

帝辛死了。平心而论，他是一个有作为的君主：加强中央集权，打击贵族势力，降低铺张浪费的祭祀开支，打败东夷，开疆拓土……可惜，他忽视了在他身后默默发展的小邦周和其他诸侯，竟然成功让他们偷袭了自己。对于周人来说，获得成功并不是因为所谓的天命，而应该感谢帝辛无意中给他们创造的机遇。

历史是由胜利者书写的，作为前朝的王，帝辛会被胜利者踩上一万只脚，永世不得翻身。帝辛名"受"，人们喊着喊着就变成了"纣"，于是帝辛成了纣王。"纣"是残暴不仁的意思，帝辛就这样被当作十恶不赦的暴君典范，遭到后人无情的唾骂。

然而，历史的真相并未被完全掩盖。

公元前531年，晋国大臣叔向道出了商朝灭亡的原因："纣克东夷，而陨其身。"（纣王征服了东夷，却导致了国家灭亡。）

1958年，伟大领袖毛主席把商亡的原因讲得更加清楚："纣王是个很有本事、能文能武的人。他经营东南，把东夷和中原的统一巩固起来，在历史上是有功的。纣王伐徐州之夷，打了胜仗，但损失很大，俘虏太多，消化不了，周武王乘虚进攻，大批俘虏倒戈，结果使商朝亡了国。"

姬发战功赫赫，推翻商朝的统治从而夺取天下，因此他死后谥号是"武"，史称"周武王"，而这一个历史大事件被称为"周武革命"。

改朝换代是完成了，但牧野之战后商朝旧势力依然很强大，革命并未取得彻底胜利。周武革命仍要继续，它将塑造一个全新的世界，并且深深影响后世3000多年，直至今天。

伟大制度的开创者

周公辅政

细心的读者会发现,"帝辛"这个称呼延续了商王区别名加日名的命名形式,应该是他死后经过商人占卜得出的名号,方便以后商人祭祀。

可商朝不是被周武王姬发灭了吗?怎么还会有"商朝余孽"用以前的方式,为死去的商王占卜祭祀呢?

因为周武革命进行得很不彻底。

周武王的胜利有很大的侥幸成分。商王帝辛死了,朝歌被攻破,但是商人的实力并未受到重创,他们只是蛰伏起来,准备伺机而动。

如果把一个朝代比作一座大楼,那么历史上很多王朝都是把上一任王朝建立的大楼彻底摧毁,然后在废墟之上新建属于自己的大楼。而周武王呢,他并没有彻底摧毁商人的大楼,更没有新建一座属于自己的大楼,只是冲入楼内把楼主人干掉了,可住在这栋大楼里的大多还是商人，产权也还是归商人所有。

对比商朝这个延续 500 多年的庞然大物，周武王深知自己实力有限，路要一步一步走，饭要一口一口吃，想要一口吃成胖子只会引起消化不良，搞不好吃进去的东西也要全部吐出来。

为了制服商人，周武王软硬兼施。

先说说软的。

周只是一个小邦，要驯服众多商人，乃至管理全天下，就绝不能像曾经的商人一样靠武力去征服。于是周武王创造了"天命"的概念，从思想上感化商人。

他对商人说："你们的纣王是独夫（残暴的统治者）！但他是一个人有罪，与其他商人无关。我受命于天，只要你们臣服于我，就都是我的子民。"

如果把天命归于一个族群，很容易引起其他族群的反感，形成不同的势力，不利于团结。可如果天命所归的是一个人，那么他就可以跨越族群乃至地域的限制，在各族群间寻找平衡，让他们平等相处，进而让普天下的人融为一体。

除了思想上，周武王在实际行动上也采取宽大仁慈的态度。他没有残暴地处理战败者，而是把帝辛的儿子武庚封在离殷都很近的邶（bèi）地，让他守护那里的商王宗庙，治理那里的商人。

再说说硬的。

周武王并非"傻白甜"，他也留了一手，特意在武庚周围安插了三名全天候武装监视者，即"三监"。这三监分别是管叔、蔡叔、霍叔，他们都是周武王的弟弟，是他最信赖的人。如此安排，只要商人敢造反，就会被立马扼杀。

人算不如天算，三监原本是用来平定潜在内乱的，可让周武王万万没想到的是，他们后来竟会成为内乱的祸源！当然，这是后话了。

处理了商朝遗民，接下来就该解决国都的问题。

周文王在位时迁都于沣河西岸的丰地，为进取殷商做准备。现在天下初定，原来的丰都作为办公地已经显小了，周武王便在沣河东岸修建了新城，取名为"镐"。

他重新规划，在镐京内修建办公地点与宿舍，在丰京内修建宗庙与园林。因为镐与丰挨得很近，它们被人合称"丰镐"。

周武王本来还打算在洛水与伊水附近修建新都，以便控制商朝遗民分布广泛的中原地区，将周朝的根基深深插在天下中央，确保天下太平。只是事情尚未成行他就去世了，他的弟弟周公旦完成了哥哥的设想，营建了东都，名为洛邑，这就是日后繁华大都市洛阳的前身。

作为周朝的开国君主，周武王每天要处理无数事务，身上担子很重。他有着众多创业老板的通病，睡眠质量极差，半夜经常惊醒。人睡不好身体就容易出问题，周武王因此始终有一个担忧。这天，他把周公旦叫来，想与弟弟谈谈心。

周公在后世以解梦著称，在老百姓心中俨然是一个心理医生。这虽当不得真，但此时此刻，作为国家总理的周公旦确确实实扮演起了心理医生的角色。

武王说："兄弟啊，我晚上老是睡不好觉。"

周公旦问："大王啊，你为啥睡不着？"

武王答："我受命于天，确定天保，依傍天室。可是我怕我的王朝根基不牢，难逃覆灭的危险。"

看着满脸忧愁、日渐消瘦的周武王，周公旦也不知道该怎么安慰他。就在这时，他听周武王又说道："老弟，你很贤能，而现在太子还年幼，万一哪天我走了，你不如接替我的位子，这样我也就放心了。"

周公旦慌忙拒绝："万万不可！大王你的身体不会有问题的！再说了，咱们兄弟之中管叔比我年长，怎么也轮不到我去继位。"

武王只好说："如果你不愿意，还望你好好辅佐太子。"

灭商后的第二年，周武王因积劳成疾去世了，年幼的太子姬诵继位，也就是周成王。周公旦作为托孤大臣，并没有像后世的权臣那样把年幼的君主当作傀儡，而是一心一意地辅佐、教导成王。每逢上朝，或是要接见诸侯，周公旦就会背着年幼的成王出席，叔侄二人关系融洽。

见朝中是这样的形势，负责看管商人的三监兄弟不淡定了："一个小孩能管得了天下吗？再说，凭什么把我们排除在权力核心之外？凭什么是周公旦辅政？明明管叔才是哥哥，怎么也轮不到你掌权！"

还有一个人也淡定不起来，他就是帝辛的儿子武庚："终于迎来反攻倒算的日子了，我要替父报仇！"

心怀不满的三监与一心复仇的武庚一拍即合。就这样，看守与囚徒手拉手、心连心地走上了造反的不归路，东夷大国奄带着不服周人的势力也纷纷趁机加入造反大军。一时间，新生王朝的东方疆域全部失控！

周公旦看得明白，这种局面是周武革命不彻底造成的，二次革命亟待进行，这一次他会以消灭一切反动势力为目的，将革命进行到底！

周军在周公旦的指挥下有序推进。第一年，他们以雷霆之势消灭了三监，杀死了管叔；第二年，他们消灭了以武庚为首的殷商反动势力，武庚率领残部逃之夭夭；第三年，他们平定了东夷的叛乱，灭了奄国。这就是史书里的记载："周公摄政，一年救乱，二年克服，三年践奄。"

在荡平东夷族的奄国后，有一个小小的嬴姓部落也遭了报复。这个小部落和商人关系好到可以同穿一条裤子，是铁杆同盟，周公旦看得厌烦，就把他们当作奴隶，集体流放到遥远的西方，让他们作为周天子的马奴在荒野中驯养马匹。周公旦万万没有想到，这群卑微的马奴经过 800 年砥砺奋斗，竟终结了周朝的国祚——他们正是后来一统天下的秦人！

第四章 | 西周

礼制

敌人被彻底消灭了，天下终于成了周人的天下。周人要如何建立区别以往的新世界、管理偌大的国家呢？

武力逼迫永远不能赢得人心，学商人靠武力和杀戮来统治天下，只会让周朝走上覆灭的老路，只有创立大家都愿意去遵守的制度，才能管好天下。于是，周公旦搞出了一套震古烁今的新制度，它就是"礼制"，也被称为"周礼"。

对于现代人来说，礼制似乎离我们很遥远，但实际上我们的日常生活中就有很多习俗源于礼制，比如婚礼、祭祀礼。礼制具有极强的生命力，对中国人的影响延续数千年，直至今日。任何朝代，上自君王下至平民，所有人都会自觉地遵守，它让一个民族充满了凝聚力。

礼制包含方方面面的内容，上到国家组织架构、外交、战争，下到百姓婚丧嫁娶、衣食住行。有这么一句话形容它："礼仪三百，威仪三千。"意思是礼的总纲有300多条，细分的条目有3000多条，足可见其全面。

在礼制的各项内容里，影响最深远的无疑是周公旦创立的宗法制，而宗法制里最核心的部分是嫡长子继承制。

从前，君王死后并不一定要把王位传给儿子，比如商朝绝大部分君王的继承方式都是兄终弟及，哪怕到了周武王的时候，在死前他也是想过把王位传给弟弟周公旦的。

兄终弟及的继承方式很容易出现王位争夺战，商朝的九世之乱和近来的三监叛乱让周公旦提心吊胆。为了从根源上杜绝管叔这样的不轨之徒窥伺王位，周公旦想出了一个办法——父传子。

可是君王的老婆有很多，孩子也有很多，谁都想继位，怎么办呢？

于是周公旦又提出，君王的大老婆是嫡妻，她生的大儿子就是嫡长子，一生下来就是国家的法定继承人。如果大老婆生的大儿子不幸夭折了，就让二儿子继位。如果大老婆不孕不育，就让所有儿子中最年长的那个继位。总之一句话，有嫡立嫡，无嫡立长。

以嫡长子身份继承王位的君王被称为"大宗"，他的弟弟们被称为"小宗"。虽然是小宗，好歹也是王族身份，所以会被封为诸侯，有自己的封国。诸侯在自己的小王国里依葫芦画瓢，也让嫡长子继承侯位，其他孩子则被封为"卿大夫"，做起高级公务员来。卿大夫的孩子中，嫡长子可以继承卿大夫之位，其他孩子则被封为"士"，是诸侯国里的基层干部。能继承士位的同样只有嫡长子，其他孩子只能做老百姓，连国家编制和贵族身份都没有。

有了明确的规章制度，消除了王位争夺的隐患，周公旦开始着手管理全天下了。

消灭敌人之后的周王室拥有了广袤的土地，但偏偏人口稀少，交通又不便利，想要强有力地统治天下几乎不可能，想让四周部落完全臣服于自己则更加困难。

为了解决问题，分封制隆重登场了！

不管你是自己人还是曾经的敌人，只要你承认我周天子为天下共主，我就封你为诸侯，分给你土地与百姓。诸侯可以在自己的土地上建立独立的小王国，管理自己的人民，一般情况下周天子不会插手诸侯国的内部事务。

分封制和现在的股份制极其相似，公司不是老板一个人的，天下也不属于周天子个人。土地与百姓就像股票，周天子的领土最大、百姓最多，持股比例也就最大，就像股份制公司里的董事长一样。周天子会根据员工与自己的亲疏关系与重要程度，将公、侯、伯、子、男从高到低的五级爵位授予诸侯，然后按爵位分给他们土地与百姓，这样一来诸侯也持有了股份。

当然，天上不会掉馅饼，拿到股份的诸侯不能高兴得太早，因为周天子分封的土地是需要用血汗来交换的！

周朝的四周都是彪悍的部落，周天子分封的土地很有可能就在未开化人的地盘上。诸侯也没得挑选，只能带着自己的百姓来到一块陌生的土地上。他们修建新的城邑，这就是"国"，住在里面的百姓被称为"国人"；城外临近城池的土地被称为"郊"，国人在此耕种；郊以外的土地被称为"野"，居住在这里的多是少数民族或者被征服的当地人，他们被称为"野人"。

不光要开荒建城、肩负为周天子戍卫边境的艰巨使命，周天子如果要打仗，诸侯还有出兵跟随的义务，平时也要定期向天子朝贡。

周公旦总计分封了71个诸侯，其中老姬家有53人，剩下的则是功臣、前朝贵族、降服的少数民族部落等。周公旦很慷慨，他表示，即使你是曾经的敌人，只要你自愿地带着自己的百姓与土地加入周朝的大家庭，周王室会分封给你一个爵位。于是，众多过去不愿臣服于周王室的人纷纷向他提交了入股申请书。

周人原本只是偏居在西方的一个小族群，由于周公旦进行了规模宏大的分封，让天下星罗棋布地遍布着大小诸侯，周朝才如同上市公司一样得到了迅速扩张，势力一直扩张到东方。太公望的封国齐国便是在东方的海边兴起的。

接着，周公旦扮演起管家婆的角色，事无巨细地管起天下人的日常生活。

先秦时代，我们的先人能歌善舞。周公旦觉得不同身份的人所用的乐器与舞蹈应该不一样，如此才能体现出等级高低，于是他这么规定："天子四面，八佾[①]；诸侯三面，六佾；卿大夫二面，四佾；士一面，二佾。"

用现在的话说，天子举办歌舞会时，可以在四面布置乐器，看八行八列共六十四人跳舞；诸侯举办歌舞会时，可以在三面布置乐器，看六行六列共三十六人跳舞；卿大夫举办歌舞会时，可以在两面布置乐器，看四行四列共十六人跳舞；士举办歌舞会时，可以在一面布置乐器，看两行两列四个人跳舞。

如果你去过湖北省博物馆就会知道，其镇馆之宝曾侯乙编钟就是三面的，因为墓主人曾侯乙在周朝是诸侯级别，正是"诸侯三面"。

---

① 佾（yì），古时乐舞的行列。

《论语》的第三章是《八佾》，开篇讲的就是孔子看到卿大夫季孙氏竟然在家里欣赏天子才能看的八佾舞。这是僭越，所以怒发冲冠的孔子才会骂出那一句千古名言："八佾舞于庭，是可忍也，孰不可忍也！"

不仅在乐舞领域，周公旦还对出行、住家也做了规定。

一个人出门，可不是有钱就能随便坐车的，因为拉车马匹的数量有严格限制：天子驾六（拉车的马有六匹），诸侯驾五，卿驾四，大夫驾三，士驾二，庶人驾一。现在的河南洛阳在周朝曾作为首都，这里就曾出土了著名的天子驾六马车。

同样，房子也不是想建就建的，其形制也有规定，比如天子住的宫殿是五个门，诸侯是三个门，依次类推。这规定影响后世，哪怕是明清时期，在建皇家宫殿时也按照这样的规格来。北京故宫，它就有五道大门，依次是大清门（已被拆除）、天安门、端门、午门、太和门。

其他方面诸如此类的规定还有很多，不胜枚举。种种加在一起，就是礼制。

礼制其实就是一种规章制度，更是一种等级制度。一个人不遵守礼制，会受到律法的惩处。

1975年，在陕西岐山出土了一件青铜器，专家将其命名为"偯匜"（yìng yì），偯是青铜器主人的名字，"匜"是用来洗手洗脸的容器。偯匜上面刻的铭文就是中国历史上现存最早的法律判决书。

那是西周中晚期，有一个叫牧牛的低级贵族为了与自己的上级偯争夺5个奴隶，把偯告上了法庭。主持审理此案的法官是伯扬父。伯扬父不管什么是非曲直，在他看来，牧牛状告自己的上级本身就是大逆不道，大大地违反了礼制，于是他按照律法判牧牛受鞭打1000下，并在脸上刺字，不过只要牧牛把5个奴隶归还偯，并赔偿偯黄铜300锊[①]，鞭打刺字就可以免去。最终，牧牛按照伯扬父的判决执行，偯把牧牛赔偿的黄铜铸成了匜。

[①] 锊（lüè），古代重量单位，约合现今的6两。

这封法律判决书告诉我们，在古代礼制社会，每个人都要扮演好自己的角色，不能逾越，更不能以下犯上。

礼制是一种管理天下的规章制度，更是一种凝聚人心的文化。《左传》里有一句对礼制的高度评价：

"礼，经国家，定社稷，序民人，利后嗣者也。"（礼制，可以管理国家，安定社稷，让百姓生活秩序井然，利于子孙后代。）

不管你是否曾与我为敌，不管你是否与我血缘相同，只要你自愿遵守礼制，你就是我们中的一员。

世界历史上有过很多辉煌灿烂的文明，可一旦遇到强有力的敌人，它们便灰飞烟灭，消失在历史的尘埃里。礼让中华文明变成一个包容性极强的文明，即便同样遇到无数强敌，甚至被打败过，但中华文明没有因此而中断，反倒变得越发璀璨。这大概就是世界四大古文明中只有中华文明一直延续至今的终极奥义。

礼制让天下平稳地运行，周公旦居安思危，在周成王继位的第五年于天下的中心修建新城洛邑（今河南洛阳），以便更好地将周人的势力延伸到全国各地。从此周朝出现了两京，西京丰镐被称为"宗周"（周天子是天下宗主，所以有此称呼），东京洛邑被称为"成周"（成周的"成"字就是成王的"成"字，是周朝开国大业已完成的意思）。

周朝前期，天子大多居住在宗周，这一段时期被称为"西周"。200多年后，周平王为了躲避战火，把家彻底搬到了东都洛邑，此后的时期被称为"东周"。

宏伟的新都城拔地而起，里面放置着从殷商缴获来的九鼎，周成王成年后便在这里亲政，处理天下事务。天子在天下之中洛邑处理政务，象征着他就是天下的中央，是天命所归；九鼎居于洛邑，象征着天子坐拥天下九州，而天子说的话就是一言九鼎。

1963年，在陕西出土了一件青铜器——何尊。所谓"尊"，就是盛酒用的酒樽。何尊上面刻了铭文，记载着周成王营建东都洛邑的事，其中有这样一句话：

"宅兹中国，自之乂民。"（周天子居住在天下中心，管理天下百姓。）

这是目前已知最早的"中国"二字！

人世间的一切都在按照周公旦的设计平稳运行。他创造的礼制，已经让所有人明白，大家有一个名义上的共主——周天子，大家拥有同一个天下。可以这样说：是周公旦完成了中国人在思想认知上的统一。

从此以后，才有了《诗经·北山》里的这句话："溥天之下，莫非王土；率土之滨，莫非王臣！"

共伯和摄政

不服周

作为天下宗主,周成王在成年后也召集天下诸侯会盟,这就是岐阳之会。

一位部落首领从遥远的南方大山里赶来,他穿着寒酸,手里拎着滤酒用的苞茅,虔诚地觐见周天子,希望能得到重用。但在众多身份地位显赫、实力强大的诸侯面前,他只是一个地位卑微的地方领袖,并不受待见,后来更是被打发去看守会场里的燎火。

大会结束后,这位部落首领得到了第四等爵位——子爵。

对于别人来说,有一个周天子赐予的爵位简直是天大的荣耀,可是这位首领并不高兴,而且还让他感觉受到了轻视和羞辱。

他恼了,他不甘心屈于人下,但与周朝相比他的实力又很弱小。此时此刻,摆在他面前的选项有两个:要么主动成为周天子治下的诸侯,让周天子罩着;要么成为不服管的地方政权，被周天子联合诸侯围剿。

现代著名作家林语堂说过一句有趣的话："东方文明只两句格言，一句是安分守己，明哲保身；一句是管他妈的。"而这位首领明显是后者的代言人。

"狗屁子爵，我不稀罕！有了这个身份反而要被周天子管，被你们歧视！虽然我现在家徒四壁，但以后我要让你们看看厉害！我只有成功，别无其他可能！"

这位首领名叫熊绎，是楚人的领袖。他回到了自己的根据地荆山（今湖北西部），喊出了"不服周"的口号。之后他带领楚人筚路蓝缕，想要为后代子孙创立一份基业。从此，"不服周"刻在了楚人基因里，即便到了现代，住在原来是楚国土地上的人们，嘴里也经常挂着"不服周"的口头禅。

在周人的不经意间，被视为蛮夷的楚人改头换面，一个即将叱咤风云800年，威震西周、春秋、战国时代的诸侯国逐渐崛起，屹立于南方。

它就是牛气冲天的楚国！

楚国战斗力惊人，打倒一任周天子，爆锤天下诸侯，到后来，无论是周天子还是天下诸侯，只要一提到楚国便浑身发抖，仿佛世界末日来了。楚国在他们眼中如同恐怖的超巨型怪兽一样，堪称"南方巨无霸"！它更是后来秦国统一天下道路上最难对付的敌人，也是将大一统之后的秦朝推倒的力量——刘邦、项羽都是楚人。

如今，楚国即将初现威力，一位周天子就要被他瞧不起的楚人送上西天。

周成王死后，周康王继位。两位都是贤明的君主，史载："成康之际，天下安宁，刑错（刑罚）四十年不用。"

然而天下看似太平，却暗藏着巨大的危机！

楚人在熊绎的带领下走上了创业之路，努力再加上命好——荆山有丰富的铜矿资源，附近又有富饶的江汉平原，楚国很快发展成南方的大国，不断侵扰周朝。

到了周康王的儿子周昭王继位时，楚国已经在南方无法无天，众多诸侯被它打得满地找牙。

周昭王忍无可忍，决定出兵："我必让你楚人血流成河！"

说最狠的话，挨最毒的打，南方的土地将是周昭王的葬身之所，地狱的大门即将为他开启。

礼乐征伐自天子出，这句话可不是白说的。天子是天下的领袖，可以调动天下诸侯的兵马，但他也是一名军人，打仗这种大事需要亲力亲为。

周昭王在继位的第 16 年亲率天子之兵出国都，联合众多诸侯，向南渡过汉水，寻找楚国主力决战。

聪明的楚人自知不是周朝联军的对手，于是避而不战。劳师远征的周昭王在人生地不熟的楚地只能看见一群群大犀牛，连个人影都没有。再这样耗下去，后勤补给会跟不上，最后仗还没打人就先饿死了。无奈，声势浩大的第一次南征变成了楚地远游。

继位的第 19 年，想要毕其功于一役的周昭王亲率宗周六师出征，会同诸侯联军，再次直扑楚国。

周朝有两大方面军：一是驻扎在洛邑的 8 个师，是镇守东方的武装力量，被称为"成周八师"；另一个是驻扎在丰镐的 6 个师，负责护卫周人老家的安全，被称为"宗周六师"。这一次，周昭王把老本儿都拿了出来，看来是发了狠心，誓要把楚人从地球上抹去。

气势汹汹的联军渡过汉水，还没来得及去寻找楚人的下落便停下了脚步。他们惊恐地望向天空，只见原本晴朗的天空突然变得暗淡无光，无数野鸡兔子从树林里蹿出，四下狂奔。异常的天象让所有人内心无比忐忑。

之后的故事，史书上没有更详细的描写了，只有简单的一句："丧六师于汉。"

宗周六师可是精锐中的精锐，这下老本儿全赔光了。周成王如果在天有灵，一定会气得从墓里爬出来，拿着陪葬品痛揍这个败家的孙子。

换作一般人，遇到这样的事就该从哪来回哪去，老老实实地过日子，再也不折腾了，可是周昭王却有赌徒心态，越是输得惨，越想再来一把扳回老本儿。他又发动了第三次南征。

临行前的那个夜晚，一道五彩光线穿过紫微垣，周昭王并不想问它是凶是吉。但从后来的结果看，大概从这一刻开始，他就走上了一条不归路。

灭楚战争打得极其惨烈，客场作战的周朝大军损失惨重，周昭王见实在没有获胜可能，不得不撤军回去。

疲惫的大军来到汉水南岸，他们满怀期待地望着北岸，想着只要渡河到达对面，就能摆脱身后地狱般的战场，却没料到真正的地狱不在身后而在眼前！

给周朝大军造船的人是楚人，他们憎恨周人，故意用劣质胶固定船身，结果船开到河中央就解体了，周昭王与他的将士们全都喂了鱼。

消息传遍天下，人们开始满怀恐惧地看着南方的楚国。它扛住了周天子的三次猛击，顺手报销了周朝接近一半的武装力量，实在太可怕了！

楚人开始穿糖葫芦了，周昭王只是串子上的第一颗，后面还有无数君王、霸主、帝王将被楚人穿死，成为他们手上的纪念品。

周昭王死了，死得窝囊，他的儿子周穆王继位。

按《竹书纪年》中的说法，相传，周穆王东征两亿两千五百里，西征一亿九万里，南征一亿七百零三里，北征两亿零七里，几乎把周围所有能打的地方都打了一遍。

英雄不光要有万里江山，更要有美人相伴。当周穆王一路向西打到昆仑山脚下时，遇到了他一生的挚爱，她就是我们在各种神话、盗墓题材影视剧里看到的西王母。周穆王与西王母谈了一场轰轰烈烈的恋爱，这段故事被记录在《穆天子传》中，给后世创造了不小的谈资。

第四章 | 西周

共和行政

周朝的第 10 位天子是大名鼎鼎的周厉王。

从西周开始,天子、诸侯、大臣死后,人们会选一个字来评价他的一生,这就是谥号。有人这一生混得好,死后会得到一个美谥;有人这一生混得比较惨,死后便得到一个恶谥。周厉王属于后者,"厉"字的意思是杀戮无辜。

周厉王继位时,周朝面临着严重的内忧外患,周边的蛮夷实力不断壮大,威胁着周朝的安全。周厉王决心整治周边,在他的率领下,周朝军队对四方蛮夷发动雷霆般的攻击。曾经不把周天子放在眼里的楚国国君看形势不对,悄悄把自己"王"的称号去掉了,准备避一避风头。

打仗是要花钱的,周厉王虽然是全天下最有权势的人,手握数不清的财富,可是也有花光的一天。当他想彻底扫除外患的时候,突然发现自己没钱了,而自己手下的诸侯经过 200 多年的发展,个个家里都是富得流油。

理论上,作为员工的诸侯应该服从身为领导的周天子,定期向周天子朝贡,可是朝贡都是象征性的,人都有私心,谁会把自家的真金白银无偿献出去?周厉王对这些钱财十分眼馋,可如今诸侯都手握重兵,想要轻轻松松就让他们把财富吐出来比登天还难。

蛮夷不打完,天下就不太平,可是打仗需要花钱,诸侯又不愿意掏钱,怎么办?去哪里搞钱呢?

这是一个严峻的财政问题!

据《史记》记载,为了敛财,周厉王在位的时候对两个大奸臣委以重任,一位是荣夷公,一位是虢公长父。

荣夷公替周厉王发明了一项"专利",这可不是什么发明创造的意思,而是"把天下的利益都专为自有"。在周厉王的支持下，荣夷公将原本被贵族霸占的山林川泽全部收为国有，其上的物产收益也全是国有。从此，老百姓入山林川泽都要交税，生路几乎被断绝。

天下人都对周厉王的这项政策恨之入骨，有的大臣实在看不下去了，向周厉王谏言："利是天地万物生长出来的，本应该归天下人所有，你虽为天子，可一个人把全天下的利益都占去，也必然会触发众怒，搞不好要大祸临头。"

周厉王对劝谏不管不顾。为了让自己耳根子清净，他从卫国找了一个巫师，让他监视百姓，并下令谁要是背后说自己坏话，马上就被处死。街头上的百姓闭嘴了，他们见面后相互使一个眼色就匆匆分开，什么话都不敢说，生怕招致杀身之祸。

周厉王召见大臣召公，对他显摆说："最近可没人来烦我了。"

召公严肃地说："防民之口甚于防川。堵住老百姓的嘴巴如同阻塞河流，河水越积越多，一旦决口，后果不堪设想。作为天子你应该广开言路，听取所有人的建议。"

周厉王不以为然，依旧我行我素。

讲到这里也许有人会问，为什么周厉王不顾反对都要搞"专利"呢？这就不得不提一下西周的经济制度——井田制了。

井田制，顾名思义，就是把一块地像"井"字一样分成九块，老百姓耕种周围的八块地，中间一块是公田。老百姓有义务在公田上耕种，种出的粮食需要上交给公侯。

井田制在设计之初，是为了既让老百姓有饭吃又让公侯贵族有稳定的收入。

可有的时候制度是好的，人心的贪婪却无法遏制。卡尔·马克思在《资本论》中曾有论断："一有适当的利润，资本就胆大起来。如果有百分之十的利润，它就保证到处被使用；有百分之二十的利润，它就活跃起来；有百分之五十的利润，它就铤而走险；有百分之百的利润，它就敢践踏一切人间法律；有百分之三百的利润，它就敢犯任何罪行，甚至冒绞首的危险。"

古代的贵族比起资本家来毫不逊色，他们一样追逐利润。

当时地广人稀，山川林泽都没有被开发，贵族们便驱使自己治下的百姓去开发自然资源，而这些新开垦出来的田地不在井田制的管理范围之内，属于贵族们的私田。

不用交税，产出的东西还全是自己的，贵族们越来越喜欢囤积私田。渐渐地，井田制崩溃了，私田如同生机勃勃的野草在全天下蔓延，周天子越来越没钱，而诸侯家里全都富得流油。

一边是贵族们的私田，一边是周厉王的"专利"，百姓们困苦不堪。几年后，全国上下发生了暴动，史称"国人①暴动"。为了保命，周厉王逃亡到了彘（zhì，今山西霍县）。

天子跑了，天下得有人管理呀，不然就全乱套了！于是召公与周公（不是周朝初年的周公旦）搭档治理天下，号称"共和"，这两人共同执政的行为被称为"共和行政"。14年后，周厉王的儿子太子静长大成人，召公与周公拥立太子静为周天子，他就是周宣王。

"史圣"司马迁所著《史记》里的《十二诸侯年表》，就是以 "共和元年"（前841）作为起始年的，从此古代中国有了明确的纪年。周厉王如果在天有灵，一定想不到自己竟然以这样的方式青史留名。

---

① 居住在城郭内的人被称为"国人"。

共伯和摄政

虽然《史记》中的确记载了召公与周公的共和行政,可是根据其他历史文献和现代发掘的文物来看,历史上这个时期的真实情况,其实应该叫"共伯和摄政"。

前文曾提到过,有一种研究历史的方法叫"二重证据法",即让传世的史书与出土的文物相互印证,从而得知史书里写的是否真实。《史记》写于西汉汉武帝时期,距离周厉王时期已经过去近800年,而战国时魏国官方编写的史书《竹书纪年》距周厉王时期更近,它记录的事件真实性应该更高。

在《竹书纪年》里,有两段这样的记载:

"王既亡,有共伯和者,摄行天子事。"(周厉王逃亡,有一位叫共伯和的代行天子之事。)

"共伯和干王位。"(共伯和篡夺了天子之位。)

共伯和是谁?

这位重要人物是一方诸侯,他是共国(今河南辉县西北)的国君,爵位是伯爵,名字叫"和"。

另一本非常著名的出土文献中也有类似记载,可以当作印证证据,它就是赫赫有名的《清华简》。

2008年,清华大学收藏了一批战国时楚国的竹简,上面记录的很多内容都是此前人们没有见过的,其中关于周厉王的一段是这样写的:

"至于厉王,厉王大虐于周,卿士、诸正、万民弗忍于厥心,乃归厉王于彘,共伯和立。"(周厉王对周朝实施残酷的统治,全国上下从贵族到百姓都有造反的心,周厉王逃亡到了彘,共伯和接管朝政。)

共伯和作为一个诸侯,怎么会有这么大的能量呢?

在出土的西周青铜器铭文里,曾出现过"子龢(hé)父"的人名,这里的"龢"就是"和"。另一个师晨鼎是周厉王时期的青铜器,上面记载的一段话则暴露了共伯和在朝内的地位:

"隹三年三月,初吉甲戌,王才周师录宫。旦,王各大室,即立,司马共右师晨入门立中廷。"

这句话里的"司马共"指的正是共伯和。司马在西周时是主管国家军队的官职,地位很高,相当于现在的国防部长。

周厉王遭遇国人暴动,为了保护自己的安全,他最先应该调动丰镐附近的宗周六师进行镇压,可事实是,周厉王似乎没做什么抵抗,就如同丧家野犬一样被国人赶走了。司马共伯和手里掌握着保卫天子的宗周六师,而这支军队像凭空消失了一样,在国人暴动的前前后后都没有它的影子出现。

想想看,如果你是共伯和,处在这一关键位置,你会怎么做?

带兵平叛,让周厉王继续统治天下,成为他暴政的帮凶?

或是参加叛乱,本是周朝的诸侯却成为乱臣贼子?

还是观望一段时间,如果局势失控再出手?

共伯和是贵族里的一员,周厉王之前的所作所为也侵犯了他的利益,所以他同样很不喜欢周厉王,但是作为臣子,他又不能举兵造反。出于一个老练政治家的判断,共伯和选择了观望。

周厉王被国人赶走了,逃亡到了彘地,这是所有贵族都愿意看到的结果。可是骚乱一旦开始,就很容易朝着失控的方向发展,很快事情就不是贵族们能够掌控的了。太子静遭到暴民的追杀,召公把他藏在自己的家里,让自己的儿子冒充太子静,结果召公的儿子被杀,太子静朝不保夕,国家处于崩溃的边缘。

终于,共伯和觉得时机到了,是时候出手了,他派出军队,很快平定了叛乱。

手握重兵的共伯和立下大功,成为维护国家稳定的重要基石,更重要的是,共伯和人缘非常好。据《吕氏春秋》记载:"共伯和修其行,好贤仁,而海内皆以来为稽矣。周厉王之难，天子旷绝，而天下皆来谓也。"意思是共伯和有好的修养，喜欢有贤能的人，海内的人士都来归附他，周厉王遭难时天子之位空缺，天下人都来朝见他。

太子年幼，天子跑路，天下总得有人管，共伯和手里有兵，众望所归，就是他了！

于是一个奇特的现象出现了：周厉王在彘地躲着，不敢回丰镐，因为一旦回去就可能会被打死；太子静年幼，无法理政，也没人想着让他赶紧登基；共伯和摄政，天下认可，光明正大代行天子之事。

有人说共伯和品德高尚，大公无私；也有人说他是乱臣贼子，篡位夺权。其实看一个人的品行怎么样，应该看这个人的所作所为。

《清华简》记载："十又四年，厉王生宣王，宣王即位，共伯和归于宗。"（国人暴动后过了14年，周厉王的儿子宣王继位，共伯和回了老家。）

按照以往的经验，《竹书纪年》只要能把人写坏就绝不写好，可对于共伯和，它似乎笔下留情了："王徙于彘，周定公、召穆公立太子静为王，共伯和归其国。"（周厉王逃亡到了彘地后，周公、召公立太子静为王，共伯和回自己的封国去了。）

通过两处史料可以得知，共伯和摄政14年，直到周厉王去世，太子静长大成人。周公与召公拥立太子静继位，史称周宣王，共伯和把大权上交给宣王，自己回了老家。

看来事实似乎不像司马迁《史记》里写的那样，是周公与召公"共和行政"。

共伯和摄政期间天下没有大乱，逃出国都的周厉王在生前一直是名义上的天子，周厉王死后周宣王也能够顺利继位。共伯和没有像后世的很多摄政大臣一样，表面还政，实际还大权在握，而是干脆地退休回家，彻底远离政治核心。一切似乎都井然有序，没有出现春秋战国时礼崩乐坏的局面。

不管共伯和是否自愿交还大权，明面上他确实像一个君子。

然而，天下太平的局面只是表象，实际上西周的灭亡之门已经打开了，甚至我们可以这样说:"西周亡于厉王。"

西周的亡国之君虽是周幽王,可真正的祸患是在周幽王的爷爷周厉王时埋下的!

周厉王搞的"专利",其目的是加强中央集权,提高国家财政收入。这样的政策在历史上并非个例,后世春秋时,管仲搞的"官山海"比周厉王更狠,不光山林川泽的出产,盐业矿产也要归政府所有;到了汉朝,汉武帝更是直接对暴利的盐铁行业进行了政府垄断。然而,周厉王的"专利"政策本身虽无过错,却操之过急,变成了急政,得罪了所有人,其结果就是以共伯和为首的诸侯贵族得以上台管理天下,不但集权彻底失败,天子的实力也被削弱,诸侯势力进一步膨胀。周天子这个做领导的无力管控,下面的人就会不服,队伍就会不好带,长此以往,周王朝将迎来灭顶之灾。

烽火戏诸侯的谎言

狼来了的故事翻版

周宣王刚继位时充满了挑战，已经做大做强的诸侯变得不听命令，四周的部族对周朝也虎视眈眈。

沉重的担子压在周宣王身上，他征讨四方，勉强维持住了局面，西周迎来回光返照。这段时期是短暂的，到了周宣王晚年，胜利女神的曙光没有再照向他。在千亩之战中，周宣王败给了姜戎，更要命的是，他派去远征江汉一带的南国之师也全军覆灭了。

在位46年的周宣王在忧愤中去世，西周末代昏君周幽王姬宫湦（shēng）正式登场。

周幽王接手的是一个烂到不能再烂的烂摊子。国家武装力量在他老爹生前就已损失殆尽，他继位的第二年，老天爷很不给面子地直接上演了一场又一场堪比世界末日的自然灾害。从西都丰镐到东都洛邑都在发生大地震，泾水、渭水、洛水被震得干涸，周人的老家岐山也发生了山体崩塌。为了处理这些严重的灾害，周王朝不得不大放血，实力断崖式下跌。

因为天子号称是顺承天命，面对如此惨景，一般的君王都会认为是自己犯了什么错，老天故意惩罚自己，需要赶紧写一个罪己诏，向天下人检讨自己的过错。可脑回路清奇的周幽王不走寻常路，一番操作直接把自己和周王朝送到了火葬场，这里说的就是《史记》里记载的"烽火戏诸侯"。

故事是这样的：

周宣王活着的时候包办了儿子姬宫湦的婚姻，给他娶了西申国的公主——西申国有着彪悍的民风，所以此举应该算是用姬宫湦的婚姻来换取国家的太平。婚后，公主给姬宫湦生了一个儿子，他就是太子宜臼。原本日子在如常地过，然而一个女人的出现彻底改写了历史，她叫褒姒，是褒国敬献给周幽王的美女。

得到褒姒后，周幽王感受到了自由恋爱的幸福，褒姒成为他唯一的挚爱，他们很快生下了爱情的结晶——公子伯服。为了自己最心爱的女人，周幽王做出一个违背祖宗的决定——废长立幼。

要知道，周公旦制定的礼制中很重要的一条就是嫡长子继承制，它让王位继承井然有序，如果废长立幼，打破规矩，必然会酿成一场大乱。

任性的周幽王可不管这么多，他废了宜臼的太子之位，立褒姒为后，伯服为太子。

褒姒并没有为此感到高兴，她是一个高冷的女人，大多时候都不太开心。为了博美人一笑，周幽王带着她来到烽火台，点燃了烽火狼烟。远在外地的诸侯们一看周天子发出报警信号，以为有敌来袭，赶紧前来营救，等他们赶到却是一脸蒙，因为没有看到任何敌人。烽火台下军队乱作一团，周幽王终于在褒姒的脸上看到了一丝微笑。

为了让美人多开心，周幽王又将烽火戏诸侯的把戏玩了几次，诸侯们被戏弄多了，最后干脆就不来了。

另一边，彪悍的西申国国主申侯见自己的女儿和外孙受了委屈，决定给女婿一点颜色看看。他联合犬戎①攻打镐京，周幽王看到大敌来袭，立马点燃烽火，可是诸侯没有一个前来救援。

公元前771年，镐京被攻破，孤立无援的周幽王被曾经的老丈人杀死在骊山脚下，西周灭亡。

天下诸侯见天子没了，决定拥立宜臼继承王位，他就是周平王。为了躲避犬戎的威胁，周平王迁都洛邑，东周时代拉开了大幕。

周幽王烽火戏诸侯就是狼来了故事的翻版，不过里面有很多不合理的地方。比如，为什么所有诸侯能同时来到烽火台前集合？这对部队集结的要求也太高了。

笔者参加过一次集体自驾游，本已约定好某时在某地集合，结果参与的人开着车陆陆续续到达。有的人路上堵车了，有的人中途去加了个油，有的人上了个厕所，有的人孩子在路上不舒服了，有的人车在半道抛锚了……一路上可能出现各种状况，在同一时间到达几乎不可能。

一次小规模的自驾游尚且出现这么多状况，要让诸侯带着大队人马同时到达同一地点，难度之大可想而知。

另外，烽火台在西周已经广泛出现并应用了吗？大概没有。著名史学大家钱穆在《国史大纲》中的《幽王见杀与平王东迁》一章就讲道："举烽传警，乃汉人备匈奴事耳。"意思是烽火报警系统是汉朝人为了防备匈奴入侵而发明使用的。

种种证据表明，烽火戏诸侯是后世人的编造，把西周灭亡的锅甩给一个女人，明显就是红颜祸水的故事套路。

那么，历史的真相到底是怎样的呢？

---

① 犬戎，游牧民族，西周时活跃于今陕西、甘肃一带。

第四章 | 西周

家庭狗血伦理剧

战国时魏国史书《竹书纪年》里是这样记载周幽王的家庭故事的:

"幽王立褒姒之子伯服以为大子。"(周幽王立褒姒的儿子伯服为太子。)

"平王奔西申。"(被废除太子之位的宜臼逃到西申国。)

"伯盘①与幽王俱死于戏,先是,申侯、鲁侯及许文公立平王于申,幽王既死,而虢公翰又立王子余臣于携,周二王并立。"(伯服与周幽王死在了骊山脚下的戏水边。在周幽王死之前,申侯、鲁侯及许文公在申国拥立宜臼为周天子。周幽王死后,虢公翰拥立周幽王的弟弟王子余臣为周天子,史称周携王。周朝出现了两个天子。)

"携王为晋文公所杀。"(周携王被晋文公消灭。)这里的"晋文公"是历史上的晋文侯姬仇,可不是后来的春秋五霸之一晋文公重耳。

从这些文字里我们可以得到两个信息:

一、周幽王战死骊山之前,宜臼已经在外公的西申国得到了支持,成为周平王。

二、周幽王死后,周幽王的弟弟王子余臣同样被拥立为天子,也就是周携王,天下出现二王并立的局面。

再来看看《清华简》,这些写于战国时期楚国的竹简里也有和《竹书纪年》相同的故事情节,另外还出现了一个之前没见过的关键信息:

"幽王起师,回(围)平王于西申,申人弗畀(bì),曾人乃降西戎,以攻幽王,幽王及伯盘乃灭,周乃亡。"(周幽王发兵围困宜臼,申国人不投降,努力抵抗,联合犬戎一起反攻,周幽王与伯服死了,西周灭亡。)

---

① 伯盘就是伯服。

周幽王主动出兵围困西申国，明显是要杀了自己的儿子宜臼。可如果要下杀手，为什么不在镐京动手，却要到老丈人家门口去？

将《竹书纪年》与《清华简》的记载两相印照，我们就可以知道答案了。

周幽王废除了儿子宜臼的太子位，改立褒姒的儿子伯服为太子——此时他还没动杀心。宜臼逃到外公家，并在外公家被拥立为天子。自己还没死，被废除的太子竟然就敢称天子？周幽王感觉自己受到了挑衅。权力面前从来没有亲情可言，对王位产生威胁的人都要死！于是周幽王率兵围攻西申国，结果遭到老丈人申侯和犬戎的联合反击，周幽王与伯服被杀，西周灭亡。

宜臼的天子做得并不顺当。周幽王死后，他的弟弟余臣被虢国国君虢公翰拥立为天子，一时间天下便出现了两个天子。好在最后周携王被晋文侯姬仇干掉，天子之位上又只剩一个人了。

后来周平王东迁洛邑，历史进入东周，它没能重获西周的和平稳定，既辉煌灿烂又战乱频发的春秋、战国成了它的模样。

这是中国古代历史上最具活力的时代之一。中华民族正是个少年，可它一出场就是中国古代文化的高峰，诸子百家如群星闪耀，先贤们构建了中国思想大厦的框架，后世人背诵的"四书""五经"都在此时编写完成。另外，这时的生产力快速发展，各个诸侯国蓬勃发展，人口激增，大一统的王朝在孕育。

不过，这也是中国古代历史上最具破坏力的时代之一。500多年间爆发了无数场战乱，处处是杀人盈野复盈城的惨状，父子反目、兄弟相残更是屡见不鲜，国家之间盛行丛林法则，毫无道义可言。

第五章 春秋

大权没有旁落之前,诸侯都要去周天子那里朝贡,这就是"朝觐制度"。到了春秋时代,礼崩乐坏,天子不管事了,也管不了事,诸侯开始互相征伐。齐桓公召开会盟,作为盟主建立起一套新的天下秩序,开启了霸政时代。

直笔写春秋

多行不义必自毙

东周分为春秋、战国两个时期,而春秋时代的历史要从一个兄弟相残的故事讲起。

公元前757年,郑国国君的寝宫外,郑武公焦急地来回踱着步子,他的老婆武姜正处于难产的危险中。不知过去了多久,孩子终于生下来了。

通常孩子都是头先出来,而这个孩子是腿先出来,武姜为此遭了大罪。她可是一言不合就把西周灭了的申侯的女儿,从小娇生惯养,如今一次分娩差点把自己的命给葬送了,她对刚出生的儿子只有厌恶嫌弃。

过了三个月,按照习俗要给孩子取个名。

郑武公:"武姜,我们的孩子要叫什么?"

武姜:"这孩子害得我差点没了命,就叫他寤(wù)生吧。"

"寤生"是倒着出生的意思。亲妈要给儿子取一个如此雷人的名，郑武公也没有办法，毕竟之前已经有一个女婿惨死在老丈人屠刀之下了。

讲到这里，我们要顺便提一下古人的姓氏名字。

先秦时，人们的姓、氏、名、字是分开的。举个例子，如果你问孔子叫什么，他会说自己姓子、氏孔、名丘、字仲尼。而著名的大诗人屈原呢？他姓芈、氏屈、名平、字原。

姓是上古时代母系社会的产物。在母系社会女性说了算，由于没有婚姻的束缚，一妻多夫普遍存在，常常出现母亲生了孩子也不知道谁是亲爹的情况。孩子都随母姓，住在姬水旁边的姑娘生的孩子就姓姬，住在姜水旁边的姑娘生的孩子就姓姜，这也是早期的姓都带女子旁的原因。为了避免近亲结婚，优生优育，当时发明了同姓不通婚的规则。

这条规则一直延续到父系社会。异姓部族相互通婚，便产生了同盟。比如周武王灭商的时候，太公望的姜姓部落一直跟随，就是因为姬姓与姜姓部落一直相互通婚，天然就是联盟。

随着生产力的发展，人类进入农耕时代，力量上占优势的男人成为主要劳动力，地位得到提升，逐渐超过了女性，母系社会变为父系社会。男人会依照自己的技能、官职、居住地等给自己取氏，并将氏传给自己的孩子。先秦时，做官的会以自己的官职、居住地为氏，诸侯则以国名为氏。

孩子出生后3个月就要取名，名通常比较随意，因为它是父母与长辈喊孩子时用的。春秋时的名大都雷人，"寤生"便是一个著名的例子，另一个例子是晋成公，他的名是"黑臀"。

男孩子长到20岁要举行加冠礼，表示他已经成年。加冠礼上，孩子要把头发盘成发髻，戴上冠，还要取字。字是不能乱取的，它承载着美好的寓意，是同辈称呼或外人表达尊敬时喊的。

寤生虽然是嫡长子，却从来没有得到过妈妈的爱。与他相反的是他的亲弟弟叔段，叔段是武姜顺产生下的孩子，武姜对他疼爱有加，甚至一直想让叔段作为国君继承人。

郑武公临死前，武姜想要他发话，立叔段为继承人。可周幽王废长立幼引发大乱的教训就在眼前，郑武公决定不能违背祖宗的规定。

"寤生就是郑国的储君！"

公元前743年，14岁的寤生继位，成为郑国的新国君，他就是郑庄公。

郑庄公一直怀疑自己是路边捡来的，母亲的抛弃让他内心变得扭曲。母亲与弟弟虽然是他血缘上最亲的人，但在权力面前，他却把他俩视为不可化解的死敌。

主动消灭他们？名不正言不顺先不说，自己还要背负杀害亲人的骂名。所以不如做个局，让他们主动攻打自己，这样自己便可以以正义之名将他们一网打尽了。

郑庄公这样谋划着。

原本武姜和叔段只是有坏心思，却没有作案的条件，就像想入室抢劫的坏人没有撬锁工具，主人家大门也始终紧关着。郑庄公作为屋主人给他们创造了条件，让他们赶紧来作案。

在武姜不停替叔段索要土地的时候，郑庄公虽知不妥也照批不误。叔段搞非法违建，扩大自己的城墙，甚至招兵买马的时候，郑庄公还是睁一只眼闭一只眼。有大臣看不下去了，提醒郑庄公要提防叔段。郑庄公听了只是一笑，说："多行不义必自毙，子姑待之。"（不义的事干多了迟早要完蛋，你就等着瞧吧。）

一切都在郑庄公的掌握之中，蒙在鼓里的只有他傻乎乎的母亲和弟弟。

公元前722年，等了21年的郑庄公终于等来了好消息：叔段造反了，母亲武姜作为内应替他开门。

周历五月，郑庄公率领200乘战车攻打叔段，叔段被打败，逃亡到鄢（今河南鄢陵），可郑庄公紧追不舍。见郑国待不下去了，叔段又逃亡到共国，因此后来他又被人称为"共叔段"。

第五章 春秋

春秋大义

就在郑庄公驱逐弟弟叔段的这一年，鲁国隐公刚刚继位，一位不知名的鲁国史官开始把天下重要的新闻事件写明年、季、月、日并记录在案。

郑庄公的事传到鲁国，这位史官知晓后摇了摇头，心想郑国国君真歹毒啊！他作为兄长和一国领导人，将家里的兄弟纷争变成一场内战，实在是很失职，而他放纵弟弟，摆明了就是要置弟弟于死地！

换作有正义感的一般人大概会破口大骂，可是史官是一个有素质的人，对于郑国内乱这件事，他只是写道：

"夏五月，郑伯克段于鄢。"

简单几个字，却处处蕴含着史官的良苦用心。

为了让大家更好地理解，笔者举个例子：一个女孩与一个男孩相亲，可是女孩没有看上男孩，于是她说："你是一个好人。"男孩听到后就能明白，女孩虽然委婉，未明说两人不合适，但实际上已经拒绝了他。史官就和这个委婉的女孩子一样，没有明着批评郑庄公，但字里行间都对郑庄公进行了正义的鞭挞。

战国时的史官左丘明对"郑伯克段于鄢"几个字进行了详细解读："段不弟，故不言弟；如二君，故曰克；称郑伯，讥失教也；谓之郑志。不言出奔，难之也。"

翻译一下：郑庄公被写作"郑伯"，是史官对他所作所为的批评，说明他没有尽到教导弟弟的义务，对弟弟恶意纵容，想置弟弟于死地。"克"是指郑庄公攻打弟弟如同两国交战一样，说明这是一场平叛的战事，而不只是简单的兄弟相争。没有把叔段写成"庄公的弟弟"，而只简单地用一个"段"字来表述，是在说叔段不友爱兄长，表明史官对叔段起兵造反的反感。至于不写"出奔"，也就是不写叔段流亡的事，是因为实在难以下笔。

春秋时的史官在记史时，大都有心评判是非曲直。在史官笔下，一个脏字没有，就能让犯错的人看得痛苦万分。于是权贵常会要求他们修改记录，可史官铁骨铮铮，从不向权贵低头，可以为了心中的道义坚持秉笔直书，对不义之人进行正义的审判。

"怕死？怕死就不当史官。天王老子来了让我篡改历史，我也不干！"

晋国大臣赵盾权倾朝野，晋灵公与他有矛盾，准备下手除掉他，结果被他溜了，但没有跑出国境。没多久，赵盾的亲属赵穿弑杀了晋灵公。虽然国君没有直接死于赵盾之手，但晋国史官董狐还是写下五个字："赵盾弑其君。"

赵盾对董狐说："事情不是这样的！"董狐怒斥道："你是国家正卿，国君被弑杀时你没有离开国境，就有在国内指挥弑杀国君的嫌疑；返回后你又不惩办凶手，嫌疑更重！你不是凶手，谁是凶手？"面对董狐的这番言语，权臣赵盾也无可奈何。

董狐不是个例，不畏权贵的史官还有很多。

齐庄公被大臣崔杼(zhù)弑杀，齐国太史写下"崔杼弑其君"。崔杼要求他改写，太史宁死不从，最后被恼羞成怒的崔杼杀死。

太史这份职业都是家传的，太史死了，他的二弟上岗，依旧写下"崔杼弑其君"。崔杼杀了太史的二弟，没想到三弟上岗还是写"崔杼弑其君"，杀红了眼的崔杼又杀了太史的三弟。最后只剩下太史的四弟了，崔杼问他改不改，四弟说道："不改，就是'崔杼弑其君'！"

崔杼没想到，自己连杀数人也难撼动史官手下的笔，只能无可奈何地妥协了。

大约写史的人总是惺惺相惜的。200多年后，晚年的孔子在家编修史书，他是鲁国人，手里鲁国史官的记载有不少，看到这句"郑伯克段于鄢"，觉得写得很好，便保留到了自己修订的史书里。由于当时诸侯的国家大事通常发生在春秋两季[①]，所以这本史书叫作《春秋》。

《春秋》是中国第一部编年体史书，它从鲁隐公元年（前722）一直写到鲁

[①] 一年四季中，夏季炎热，冬季寒冷，而春、秋气候宜人，因此重要仪式如庆典、祭祀、会盟、谈判等常选在这个时候。且春秋是耕种、收获的季节，因此政令颁布、邦国交战常在这个时候发生。

哀公十四年（前481），共计242年。后来儒家将《春秋》奉为经典，使其成为"四书""五经"之一，因此它又被人尊称为《春秋经》。

春秋时代正是因为《春秋》而得名的。"春秋之中，弑君三十六，亡国五十二，诸侯奔走不得保其社稷者不可胜数。"那时礼崩乐坏，老大周天子不管事，全天下乱成一锅粥。

在混乱不堪的乱世里，史官大概是最有良知的群体，他们虽不能终结乱世，但可以批判罪恶。《春秋》便是如此，它措辞严谨，字字针砭，每一处笔墨都经过再三斟酌，常常用一字褒贬达到惩恶劝善的教育目的。在尊崇儒学的汉朝，人们甚至把《春秋》作为法律判案的依据，因为它像法律条文一样措辞严谨，彰显正义。

后世将这种微言大义的笔法命名为"春秋笔法"。

孔子死后，鲁国又出了一位史官，他叫左丘明，是孔子的铁杆粉丝。左丘明对春秋笔法大大褒扬："《春秋》之称，微而显，志而晦，婉而成章，尽而不汙，惩恶而劝善，非圣人，谁能修之？"（《春秋》选用文字严谨，能准确表达含义，风格含蓄且顺理成章，内容全面又没有歪曲事实，惩戒恶人，劝人向善。如果不是孔圣人，谁能写得出来呢？）后来到了战国，孟子也称："孔子作《春秋》而乱臣贼子惧。"南北朝时期，写《文心雕龙》的刘勰（xié）则说："《春秋》辨理，一字见义。"

正所谓：书中借我大义，天地还我春秋。

但是，一个问题随之产生了，那就是普通人阅读《春秋》时常常读不懂，因为字太少。宋代宰相王安石甚至在看到内容如此简略的《春秋》时，毫不客气地评价它是"断烂朝报"（老旧缺失的历史记载）。

作为专业史官，左丘明与孔子同为鲁国人，而且他距离孔子的时代也不远，所以能体会《春秋》的精妙。可即便是他，其实也已经有了一个隐隐的担忧：《春秋》微言大义，需要有人注解才能被更多人理解，可不同的人对作者原文会有不同的理解，这就意味着由不同的人来诠释，就会产生不同的版本。

这种可能性是极大的！于是左丘明做了一个惊人的决定——亲自为《春秋》做诠释。

司马迁在《史记》里记载了左丘明的动机："鲁君子左丘明惧弟子人人异端，各安其意，失其真，故因孔子史记具论其语，成《左氏春秋》。"（鲁国君子左丘明害怕孔子死后，弟子会曲解孔子的著作，从而产生异端邪说，因此根据孔子编写《春秋》的本意和相关史料，写出了《左氏春秋》。）

《左氏春秋》正是大名鼎鼎的《左传》，又称《春秋左氏传》。《春秋》只有1.8万字，而《左传》却多达15万字，可谓全方位无死角地解释了《春秋》里面的每句话、每个字。前文对"郑伯克段于鄢"的解说，便是出自这本书。

抱有这种想法的不只左丘明。如果你小时候背过《三字经》，就可能还记得这样一句话："三传者，有公羊，有左氏，有穀梁。"

这句话告诉我们，对《春秋》做阅读理解的不光有左丘明写的《左传》，还有公羊高的《公羊传》、穀梁赤的《穀梁传》。公羊高与穀梁赤都是战国时儒家的学者，他们在讲经授义时都对《春秋》进行过解释，他们的弟子将这些解释口耳相传，最后分别整理成两本书。《公羊传》和《穀梁传》成书于西汉初，比《左传》晚很多。

一千个人眼中有一千个哈姆雷特，左氏、公羊、穀梁三人对《春秋》的诠释也各有不同。《公羊传》《穀梁传》更适合君王的口味，里面偏重于对政治的解读，强调国家要一统，每个人要遵守君君臣臣父父子子的关系；而左丘明是史官出身，拥有详尽的史料资源，所以他的《左传》更专注于对史实的记述，内容极其详细。

例如"郑伯克段于鄢"，《左传》不仅逐字逐句地解释了一遍，为了让读者了解故事的具体经过，还专门将它扩充成了近500字的短篇文章，其情节之跌宕起伏，人物塑造之丰满生动，都让人叹服。

如果你对此还没有直观的认识，笔者就要提到一篇高中语文课文——《烛之武退秦师》了。它也是《左传》里的文章，全篇近400字，而在孔子编著的《春秋》里，这段故事只有短短六个字："晋人、秦人围郑。"

再如《曹刿论战》,这是初中语文课本中的文章,其中一句"一鼓作气,再而衰,三而竭"堪称千古名句,可在《春秋》里它也只有13个字:"十年春,王正月,公败齐师于长勺。"

除了解释详细,文笔精妙,《左传》对《春秋》中提及的政斗、战争都有详细的解读分析,特别是战争。《左传》对春秋时期众多大战的前因后果、战场决策、布阵安排、交战状况等都有细致入微的描写,而且非常专业,这说明左丘明是一个具有极高军事素养的人,甚至他很有可能就是一名老兵。相反,司马迁的《史记》对于很多重要战争的记述就相当简略了,比如在古代历史上以规模宏大著称的史诗级战役长平之战,他就只写了寥寥几行字。

繻葛之战

郑庄公与共叔段的恩怨在史书里得到了公正的记录,接下来我们看看后续的故事。

郑庄公平定了内乱后开始向四周扩张,中原诸侯都打不过他,纷纷向他低头。势力熏天的郑庄公渐渐忘了自己只是诸侯,为了抢粮食,竟然直接来到离郑国不远的周天子的地盘上抢割农民的麦子。

此时在位的周天子是周桓王,他是周平王的孙子。

郑庄公的行为触怒了周桓王。公元前707年的秋天,周桓王征召陈、蔡、卫三国,亲率天子之兵讨伐郑国。这是历史上最后一次礼乐征伐自天子出,而这一次受召而来的都是小国。后来的事实证明,这些小国是猪一样的队友,打起仗来撤退比冲锋更快。

郑庄公率大军与周桓王率领的联军在繻葛（xū gě，今河南长葛北）遭遇。

周桓王布阵很实在，他将天子的部队作为中军主力，左右两翼则安排了陈蔡卫联军。稚嫩的周桓王哪里是老辣的郑庄公的对手，看到对面布阵情况的郑庄公立刻把主力配置在两翼，准备让自己的两翼先去击溃对方的两翼，然后包抄中军。

双方击鼓进军，负责保卫周天子两翼的陈蔡卫联军瞬间被郑军击溃，郑军如同郑庄公的设想那样，从两翼开始包抄周桓王所在的中军。

看见军队处在崩溃边缘，周桓王上蹿下跳，拼命阻止如潮水一般溃退的士兵，然而无济于事。就在这时，郑军中一位叫祝聃（dān）的将领发现了周桓王——他站在华丽的六驾马车上，目标过于显眼。祝聃张弓搭箭，一箭射中周桓王的肩膀，差点被射中脑袋的周桓王吓得半死，立刻丧失了战斗意志，飞快地撤出了战场。

郑庄公也吓了一跳。虽然现在的周天子放个屁也不响，可他好歹是自己名义上的领导，如果把周天子射死了，自己就要背上大逆不道的罪名，以后别人攻打自己连个理由都不用编！

繻葛之战结束当晚，郑庄公派人带上礼物去周桓王的营地嘘寒问暖，表明自己是天子分封的诸侯，和领导打仗纯属误会，天子中箭更是意外。

丢尽颜面的周桓王虽然愤怒，但也无可奈何，这一箭算是彻底把他作为天子的威势无情地给灭了。

公元前701年，郑庄公向天下诸侯发布会盟通知，众多诸侯纷纷前来，一致推荐郑庄公为伯主。所谓伯主，就是天子任命的诸侯之首，说白了就是霸主的意思。

经此一役，郑庄公俨然代替周天子成了天下的老大，天下的诸侯也明白了一件事：现在周天子不管事了，谁胳膊粗谁就说了算，谁就维护天下的秩序。他们蠢蠢欲动，都想成为霸主，号令百家，主宰天下。

从此，礼乐征伐自天子出的时代落幕了，随之开启的是礼乐征伐自诸侯出的时代！

郑庄公死后，郑国陷入内乱20多年。在郑国的东方，齐国也爆发了一场内乱，正是这场内乱让齐桓公登上历史的舞台。和他相比，郑庄公都算是小打小闹，充其量只是一个"小霸"。

霸政时代

公子小白

郑庄公死后，他建立的霸权迅速衰落。

有人会问：如果郑国不出现内乱，它的霸权会持续吗？

笔者的回答是很难维持，因为郑国拥有春秋时代最糟糕的战略地缘。

郑国位于今天的河南郑州一带，是天下的交通中心，南来北往的人都要从郑国的地界上过。即便到了现在，郑州火车站也是中国铁路的一大枢纽。

在普通人眼里，中原的地理位置优越，在先秦时代那里是全天下最富庶的地方，而郑国的位置相当于一个坐落在繁华都市里的CBD，更是好得没话说。可是问题就在于此，越是繁华的地方，人口越是密集。

郑国周边密密麻麻蜗居着大大小小无数诸侯国，虽然郑国在一个时间段内成了霸主，但是论国力，它并没有对周边诸侯产生压倒性的优势，想要将它们一个一个吞并有点难。这就像在城市中心搞拆迁，成本过高，代价过大，实力不允许。

春秋早期示意图

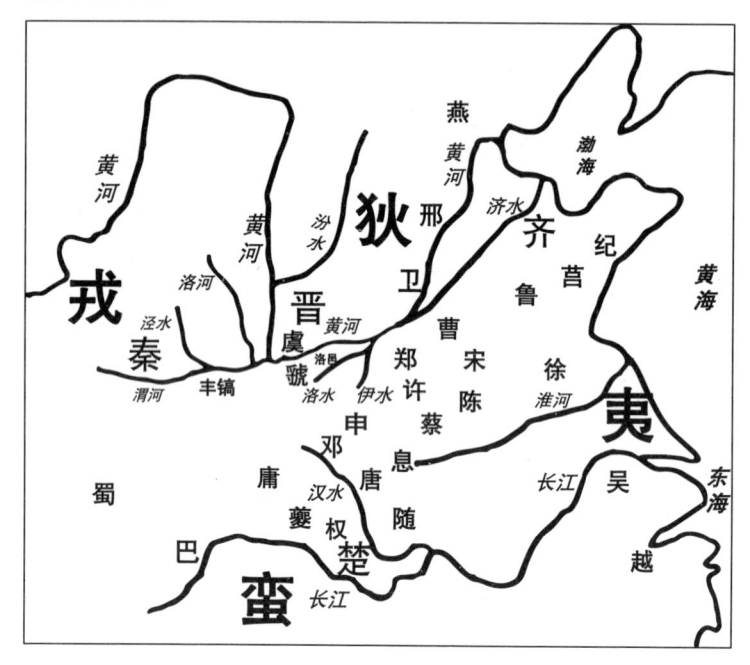

真的是应了那句话：祸兮福所倚，福兮祸所伏。郑国周边的诸侯国虽然位置偏，但是它们相当于城市的边缘，人少地多，可以以极低的成本搞兼并扩张。因此，在这些边缘地区先后出现了四个强国，它们分别是东齐、西秦、南楚、北晋。

司马迁精准点明了四强国的战略地缘优势："晋阻三河，齐负东海，楚介江淮，秦因雍州之固，四海迭兴，更为伯主。"（北方的晋国依仗三条大河阻挡敌人，东边的齐国背靠大海，南方的楚国有淮河、长江可守，西方的秦国地势险要，属于九州里的雍州。这四个国家在四个方位兴起，先后成为霸主。）

相较而言，郑国根本无险可守，偏偏它占据着中原，任何一位强国诸侯想要称霸都把它视为香饽饽。这可真是武林论剑去华山，春秋争霸来郑国。郑国也许可以抵挡住一个强敌的入侵，却扛不住无数觊觎中原的强敌，所以它在春秋时代没少被别的大国祸害，打也打不过，最后只能跪着唱《征服》。

第一个凭借地缘优势崛起的强国是齐国，齐国国君齐桓公正是春秋时的第一位霸主。不过，如果不是他哥哥齐襄公被人杀害，还真轮不到他继位。

看过美国电视连续剧《权力的游戏》的人应该知道里面的男女关系有多混乱：瑟曦王后与自己的双胞胎亲弟弟詹姆通奸，并且害死了自己的国王老公；男主角雪诺与自己的亲姑姑发生了不伦之恋……故事源于现实，而现实往往比故事更加狗血，齐桓公一家的男女关系就和《权力的游戏》有的一拼。

齐襄公还是太子的时候和妹妹文姜私通，后来，他的父亲齐僖公出于政治需要把文姜嫁给了鲁国国君鲁桓公。

你去了鲁国，我留在了齐国，临淄（齐国首都）的风吹不到曲阜（鲁国首都）。齐襄公和文姜从此天各一方。

公元前694年，鲁桓公带着老婆文姜到齐国进行友好访问，此时这对乱伦的情侣已分开15年。长久的分离让他俩相思断肠，一朝见面，激情再次被点燃。

自古奸情夺人命，不信你问西门庆。

纸终究包不住火，"西门庆"齐襄公与"潘金莲"文姜的奸情被"武大郎"鲁桓公察觉了。齐襄公一不做二不休，先将鲁桓公灌醉，让人把他抱上车，然后反复暴击，等鲁桓公被抬出马车时，已经气绝身亡了。

鲁桓公被害死在齐国，这是一件轰动天下的大事，可是鲁国并没有吭声。之后文姜的儿子鲁庄公继位，文姜在背后操控起了鲁国国政。

天道有轮回。公元前686年，齐襄公被堂兄弟公孙无知联合大臣杀害，公孙无知自立为国君，不久得位不正的他又被大臣杀死，齐国国君之位空了出来。

两位国君的横死丝毫没有削弱国君之位的吸引力，一场争夺战就此展开。

齐襄公死时齐国大乱，他的两位兄弟逃往国外：逃亡到鲁国的是公子纠，他有管仲和召忽辅佐；逃亡到莒国的是公子小白，他有鲍叔牙辅佐。此刻，两位公子为了抢夺齐国国君之位都驾起马车，拼了命地向齐都临淄赶。

鲁庄公听说齐国没了国君，赶紧派兵送公子纠回齐国。为了消灭对手，公子纠在加速回齐国的路上又派出自己的心腹管仲，让他伺机杀死小白。

管仲带着人埋伏在公子小白回临淄的必经之路上，看见小白经过，他立刻张弓搭箭，一箭射出，公子小白口吐鲜血倒了下去。管仲以为任务完成，没仔细检查便快马回去复命了。公子纠听到消息后大喜，觉得自己胜券在握，便降低了车速，用了6天才来到齐国。

故事迎来了大反转：被射中的公子小白没有死，那支箭只是射中了他的衣带钩，为了迷惑管仲，他咬破自己的舌尖，假装吐血而亡。等管仲离开，公子小白加快车速赶路，等公子纠到达齐国时，他早已继位成为新君，也就是历史上大名鼎鼎的齐桓公。

原本想搞一把天使投资的鲁庄公没想到，齐国国君之位就这样被公子小白抢走了！一怒之下，他选择兴兵助公子纠抢回国君之位。这场战争的交战双方都是亲戚：鲁庄公是文姜的儿子，公子纠与公子小白都是文姜的兄弟，也就是鲁庄公的亲舅舅，然而血脉的联系依然阻挡不了他们为利益刀兵相见。

鲁国与齐国在乾时交战，鲁国被打得大败，齐桓公对战败的鲁国提出两个要求：一、处死公子纠；二、把管仲和召忽交给齐国。鲁庄公依言而行。公子纠被处死，召忽害怕回到齐国会被处以极刑，赶紧在鲁国自杀，而管仲主动要求把自己送回齐国处置。

管仲到了齐国，所有人都认为差点死在管仲箭下的齐桓公一定会把他剁成肉酱，然而故事再次迎来了大反转。

先前，齐桓公的心腹鲍叔牙进谏说管仲有旷世之才，如果齐国想成就霸业，就一定要用他。齐桓公听完放下了仇恨，派鲍叔牙到齐国边境迎接管仲。管仲一到齐国境内便被撤去枷锁，受到隆重的欢迎，到达临淄后更是被直接封为大夫，主管朝政。

有人怀疑管仲射中公子小白衣带钩的真实性，也有人怀疑管仲其实早就投靠了公子小白，因为乾时之战后他竟然主动要求鲁国把自己送回齐国，一点都不怕被虐杀。但其实不论管仲与齐桓公的关系究竟如何，这都不是重点，因为两位公子角逐齐国国君之位的背后，还有另外两个神秘人物起到了推波助澜的作用，他们就是"天子二守"！

第五章 | 春秋

长勺之战

西周时期，周天子把土地分封给各位诸侯，周天子虽然不怎么管诸侯内部的事务，但也害怕他们做大做强。尤其是以太公望为首的姜姓势力，他们在周武革命中表现出了惊人的战斗力，虽然老姬家与老姜家世代联姻，但是万一哪一天老姜家不爽了，自己来一出改朝换代，也不是没有可能。

因此姜姓被封在了遥远的东海之滨，在那里建立了齐国，旁边有周公旦的鲁国时刻监视着。此外，周天子在齐国内部也安装了两个"监视器"。齐国国君都出自太公望一族，也就是姜姓吕氏，而姜姓里的另外两家——国氏与高氏被封为齐国的上卿，但凡国家大事，国君必须与国、高二氏共同商讨决定。权力动人心，原本团结的老姜家就这样被周天子巧妙地分化瓦解了，国、高二氏从此被称为"天子二守"。

"天子二守"作为齐国政坛上的重量级人物，在齐襄公死后的国内大震荡中看似没有做出任何反应，但其实他们早就确定了国君之位的最佳人选。

《史记》中的两句话可以解开谜团：

"小白自少好善大夫高傒。"（公子小白从小就和大夫高傒关系好。）

"议立君，高、国先阴召小白于莒。"（齐国内部商讨立国君的事，高、国二氏抢先一步暗中从莒国召回小白。）

看样子，公子小白早已稳操胜券，"天子二守"早就选中了他，即使公子纠比公子小白早到临淄，也不可能登上国君之位。至于为什么不选公子纠，原因我们也能猜出一二：公子纠的背后支持者是鲁庄公，鲁庄公的背后是齐姜，如果让公子纠登上国君之位，齐姜的手必然伸向齐国。

讲到了这里有人会问，都是姓姜，为什么"天子二守"之一的高傒不称姜傒，而齐姜却称齐姜呢？

先秦时代，通常情况下男子称氏不称姓，女子称姓不称氏。举个例子，战国时期楚国的大诗人屈原姓芈氏屈，人们喊他屈原而不是芈原，而害死鲁桓公的齐国公主文姜是女的，人们便按照她的姓来称呼她。公子小白是男子，虽然姓姜但他氏吕，所以应该称他为吕小白。高傒同样是男子，所以不称姜姓。

在"天子二守"的支持下，公子小白顺利继位，即齐桓公。历史上，人们常常把齐桓公与管仲视作明君配贤相的模范组合，他们二人合作将齐国推向顶峰。然而现实中的齐桓公并非一个完全英明神武的君主，反而有点昏庸。

齐桓公是个实在人，他在第一次与管仲交流如何治理好国家时，差点没把管仲气到吐血。

齐桓公坦白："寡人有三个不良嗜好。一、特别喜欢打猎，打猎上瘾的时候大臣们都找不到我。二、特别喜欢喝酒，有时候会喝得不省人事。三、我特别好色，和姐妹们有不正当男女关系，害得她们都嫁不出去。"

在管仲看来这都不算什么，他关心的只有一件事："国君，你想成就一番霸业吗？"

齐桓公倒是答得干脆："不想！"

听了这个管仲立刻变了脸色，直奔门外。齐桓公一看"二把手"被气跑了，赶紧上前拽住他道："我想成就霸业！"

此后，齐桓公尊称管仲为"仲父"，与他携手共创辉煌。

换作一般人，听完齐桓公的自我剖析后恐怕要"三观"尽毁，直呼他是昏君。玩物丧志、饮酒作乐就算了，他竟然和齐襄公一样搞乱伦啊，这是要重蹈覆辙吗？！好在齐桓公虽然私德很成问题，但的确是一个好领导，能够给予管仲无限的信任，全力地支持他，不会对他有任何的猜忌，不像有的君王那样总是提防下属。

有了齐桓公的支持，管仲可以放开手脚干一番事业了。作为齐国实际的政策制定者，如何安抚国内、扩充势力是他要面对的最严峻挑战。如果国内不太平，齐桓公吕小白说不定就要变成第二个齐襄公；如果没有雄厚实力，想称霸天下则是连门都没有。

"天子二守"是齐国政坛上的两大巨鳄，也是齐桓公上位的天使投资人，他们两家稳定了，齐国内部也就稳定了，于是管仲把全国军队划成三军，齐桓公与国、高二氏各统率一军。最厉害的是，管仲把户籍与土地捆绑起来，让士、农、工、商不同身份职业的人分开居住。齐国被划成21个乡，作为社会中坚力量的士、农占15个乡，而工、商只有6个乡。在古代，土地与人民是最大的财富，管仲让"天子二守"各领5个乡，剩下的都给国君，确保了国君在国内的财富优势。

稳定了政局，管仲开始发展经济。争霸是要打仗的，而战争的花销巨大，简直就是无底洞。为了齐国经济稳定，管仲大规模铸造法定货币——齐刀（因货币的外形像小刀而得名），以此控制国内的货币市场。之后他还想出了名为"官山海"的政策，把国内的矿产、山川、林泽全部收归国有，同时变为国营的还有盐业。

当年大分封的时候，齐国虽然被分到了大陆最东边，远离中原，但因为背靠大海，反而经济发展得很好。是人都要吃盐，长期不吃盐恐怕离死就不远了，而盐最主要的来源就是大海。所谓靠山吃山、靠海吃海，齐国的海盐畅销天下，获利颇丰，只是以往这些利润并不在国君手中。如今，利润惊人的盐业被管仲国营化，齐国国君就像现在中东的沙特阿拉伯一样，富得流油。

比起周厉王的"专利"政策，管仲的"官山海"政策在资源垄断上更激进，但是管仲是一个治国奇才，他能平息国内矛盾，把国营经济搞得有声有色。如果没有管仲出色的理财能力，齐桓公想称霸天下只能是白日做梦。

看到管仲把齐国经营得有声有色，齐桓公的野心蠢蠢欲动，他想出去练练手，而堵在齐国家门口的鲁国就是他最好的练手沙袋。

公元前684年，周历正月，齐桓公在位的第二年，他率领大军浩浩荡荡地翻越泰山，杀向鲁国。

年轻的鲁庄公内心彻底崩溃了，对于他来说，舅舅是一个可怕的生物。自己的亲爹已经被大舅齐襄公害死了，自己原本想搞一把风投，帮舅舅公子纠上位，没想到赔得连裤衩都不剩,现在另一个舅舅齐桓公就要来打自己了!

就在鲁庄公火烧眉毛急得跳脚的时候,一个名不见经传的人前来求见,他叫曹刿(guì),初中语文课本里"曹刿论战"的故事就此诞生。

曹刿是下级贵族出身,他听说齐国要来攻打鲁国,就想主动请缨前往阻击。同乡人讥笑他,说打仗都是吃肉的高级贵族的事,他纯粹是瞎操心,可曹刿反驳道:"他们只为自己打算,目光短浅。"

着急上火的鲁庄公召见了曹刿,问他有何良策,曹刿却反客为主,主动向鲁庄公提出问题。

曹刿:"国君靠什么与齐国交战?"

鲁庄公认真地答,自己有好吃好穿的都和别人分享,自己祭祀神灵从来不敢马虎。然而曹刿认为,这些都不是最重要的。

鲁庄公:"对于老百姓的案件,我都认真审理,确保公平正义。"

曹刿:"为老百姓办实事,有百姓的支持,可以一战。如果要打,您就把我带上。"

鲁庄公与曹刿同乘一辆车上了战场。曹刿把决战地点选在了长勺,这个地方位于泰山之南,是齐军翻越泰山前往鲁国的必经之路。

齐军刚爬完了五岳之尊泰山山脉,虽然沿途有壮丽的风景,但是他们真的没时间去欣赏。刚走下泰山的他们原本想休息整顿,没想到迎面就撞上了等候他们多时的鲁军。

看到齐军来了,年轻的鲁庄公准备立刻击鼓进军,曹刿却叫住了他。在曹刿的指挥下,哪怕对面的齐军敲了三遍鼓,鲁军也毫无反应。

按照当时战场上约定俗成的规矩,击鼓就等于要开打了,怎么对面的鲁军集体自闭,啥反应也没有啊?齐军陷入了迷茫。就在这时,曹刿突然击鼓,鲁军的战车高速冲击,步兵尾随在后,一下就将齐军冲得稀里哗啦。

鲁庄公想乘胜追击,曹刿又叫住了他,吩咐小心有埋伏。曹刿下车仔细查看齐军的车辙，又登上战车前的横木眺望，当看到齐军的旗帜东倒西歪，判断齐军确实已经溃不成军，这才下令追击。

鲁军大胜。战后，鲁庄公问曹刿取胜的原因，曹刿说了一句非常经典的话："夫战，勇气也。一鼓作气，再而衰，三而竭。彼竭我盈，故克之。"（打仗靠的是勇气，敲第一遍鼓时，士气大振，敲第二遍鼓时，士气衰败，敲第三遍鼓时，士气没了。敌方没有士气，而我方士气正旺，所以打赢了。）

曹刿确实聪明，洞悉战场局势，可是有一点让人无法理解。齐桓公后来可是春秋第一霸主，他的军队堪称雄师，怎么敲个三遍鼓士气就没了？还轻易就被打败，战斗力似乎不怎么样啊！

如果你知晓春秋时期的作战规则，就能明白了：是曹刿耍诈，破坏了战争规则。

春秋时的战争都是君子之战，需要两国带上自己的军队，同时来到一个提前约定好的地点。等双方都完成了排兵布阵，摆开了阵势，才能击鼓进军，让士兵们朝着旌旗所指的方向冲锋。所谓"不鼓不成列"（不攻击没有排好队列的敌人），就是如此。战斗往往一天就打完了，而战胜的一方也不会对失败的一方穷追猛打，毕竟当时贵族之间经常通婚，对战双方通常都是亲戚，不好下死手。

这样的战争更像是一场体育比赛，击鼓等于裁判的开场哨声。按道理来讲，齐军击鼓的时候鲁军也要击鼓才对，这样双方才能交战。

春秋时的战争以车战为主，驷马战车作为战场上的主力必须高速运转起来，只有这样与敌人距离远时才能射箭，距离近时才能用长杆兵器进行击杀，与孱弱的步兵对面时才能无情碾轧。如果战车不跑，那就是一个巨大的笨重的活靶子！

齐军三次击鼓，等于比赛吹哨三遍，齐军士兵和战车如同运动员一样起跑了三次，却发现对手没有动静。既然自己抢跑了，那就重新回到原地，可这时候选手们的心早就乱了，更何况人可以听从指挥，牵引驷马战车的马儿却没这么听话！一乘战车由四匹马拉，驾驶战车的驭手需要像驯兽师一样让四匹马同时完成前进、后退、转弯等动作，这本来就不是易事，在连续赶了三次之后，操控逐渐失去耐心的马就更困难了。当驭手再次驾马冲锋时，马儿不听操控，作为陆战之王的驷马战车没了动力，齐军不败才怪！

被现实无情地打脸后，齐桓公乖乖回到齐国，在管仲的帮助下继续励精图治。好在管仲给齐国充了钱，"氪金玩家"就是不一样，国力蒸蒸日上。

家里更阔了，军力更强了，以前的伤痛远去了，爱面子的齐桓公不整出点动静都对不起自己。

怎样才能确定自己江湖大佬的地位呢？

会盟。

尊王攘夷

大权没有旁落之前，诸侯都要去周天子那里朝贡，这就是"朝觐制度"。到了春秋时代，礼崩乐坏，天子不管事了，也管不了事，诸侯开始互相征伐。

诸侯国有强有弱，既然天子无力掌控天下，强国便要出来主持局面，也就是会盟。如今齐桓公召开会盟，就是要作为盟主代替周天子行事的意思。

我吕小白喊你们来，你们如果听话来了，就等于承认是我的小弟，我会罩着你们；如果不来，就是不给我面子，我就要讨伐你们！

一套新的天下秩序被建立起来，成为霸政时代的新规矩。

如果用一句话来概括齐桓公的一生，那就是不停地开会。大大小小的会盟齐桓公搞了15次，会盟次数高居春秋五霸之首。然而不是每场会盟都会顺顺利利的，也出现过有人砸场子的事,砸场子的不是别人,正是鲁国。

齐桓公在位的第五年,已经变得膀大腰圆的齐国终于大败鲁国。这回,齐桓公要求外甥鲁庄公前来会盟,把割地赔款的事给办了。

对于鲁庄公来说,参加会盟可以,割地赔款绝不可能,于是他带来一个亡命之徒,也就是《史记·刺客列传》里的第一位——曹沫!

曹沫是鲁国将领,多次与齐国交战,虽然他能力不行,每次打仗都以完败逃跑收场,但是他会玩命。

齐桓公与鲁庄公相约来到柯地(今山东东阿),他们站在盟坛前,准备订立盟约。就在这时,曹沫突然蹿了出来,拿刀劫持了齐桓公,要求他把之前侵占鲁国的土地都吐出来。齐桓公为了保命不得不答应,曹沫得到肯定的答复,就像没事人一样回到了自己的座位。当了一回肉票的齐桓公心中大怒,脱离危险后立马想反悔,甚至想杀了曹沫,管仲及时上前阻止了他,并说:"如果杀了曹沫,不守承诺,齐国将失信于天下,以后如何取信于人?"齐桓公无奈,只能把被打掉的牙吞进肚子里。

齐桓公连续吃了鲁国两次大亏,都是因为鲁国有曹刿与曹沫这种不讲贵族精神的人,不仅打仗时不按规矩来,还在盟约会场搞起了绑架。这就是礼崩乐坏的时代,延续数百年的游戏规则被逐渐打破,只要能赢,什么手段都能使用。

无论齐桓公服不服,他所崇尚的贵族精神开始不灵了,但可爱的齐桓公依然坚持自己的贵族精神,他要的是代替周天子建立一个秩序井然的霸政时代。谁家出现内乱,或是两国之间有纠纷,抑或有谁遭受了少数民族部落袭击,齐桓公都会不请自来,无比热情地提供帮助。

齐桓公想掌控天下,这是他的私心和对权力的渴望。历史上很多君王为了自己的私利致使天下生灵涂炭,然而齐桓公建立的霸政却在某种意义上保护了周的统治。

在西周时代,周天子既是天下共主,又是天下级别最高的职业军人,经常要亲自领兵上阵——"礼乐征伐自天子出"这句话可不是白说的。那时,天子出征的主要打击目标是凶悍的周边民族。

周平王东迁洛邑后，周王室是王小二过年——一年不如一年，周边民族则是给点阳光就灿烂，给点雨露就滋润，对于他们来说，这可是绝佳时机。天敌周天子不行了，诸侯互相掐架，周边民族开始蓬勃发展，在天下四方横行，就连中原的核心洛邑附近也出现了他们的身影。天下人心惶惶，百姓眼中披发左衽（中原人穿右衽的衣服）的周边民族成了恐怖的代名词。

周边民族成为齐桓公建立霸政的最大挑战。针对这种情况，齐桓公的智囊管仲提出了"尊王攘夷"的口号，扛着周天子这面大旗，以周天子的名义去团结天下诸侯，共同抗击入侵的周边民族。

从此，天下间都流传着一句话：有事就找齐国大哥！

公元前663年，山戎攻打燕国，燕国向齐桓公求援，齐桓公二话不说率兵打跑了山戎。

公元前661年，狄人攻打邢国，齐桓公率兵匆忙前往，没想到没赶上。狄人攻破城池劫掠一番就撤了，剩下邢国沦为一片废墟，齐桓公的抗击战变成了灾后救援。

第二年，一个更劲爆的消息传来，有着400年悠久历史的公爵级封国卫国被狄人灭了！这一次齐桓公同样没赶上，只救出了5000人。

作为"天下一哥"的齐桓公看到自己两个小弟的家都被抄了，于是自掏腰包，帮邢、卫两国往南迁，让他们远离周边民族入侵，重新建国。

后世，孔子对管仲的尊王攘夷政策给予高度评价："微管仲，吾其被发左衽矣。"（如果没有管仲，我们现在都要披头散发，穿上左衽的衣服了。）

但是对于齐桓公来说，更大的挑战还在后面。和接下来出场的这位相比，山戎、狄人都是小鱼小虾！

"南方巨无霸"楚国本来就令中原诸侯谈之色变，历经数百年的发展，它的经济更加发达，国土更加辽阔，楚国国君已经不再满足于只当一个地方诸侯了。

春秋初期，楚厉王死后，他的弟弟熊通杀死了侄子，篡夺了王位。

楚国王室经常上演骨肉相残的戏码，前见弟杀兄，后见子杀父。虽然家庭悲剧不断上演，但是楚国王室依旧非常强大。别的诸侯国里，大夫看国君不顺眼可以直接把国君干掉，在楚国却没有出现过这种现象，因为楚王对大夫拥有压倒性优势，他想要大夫三更死，绝活不到五更。

熊通当上楚国国君的时候，正赶上周平王东迁洛邑。天子大权旁落，自己曾经的死对头周王室过了气，楚国人舒展筋骨，迎来了空前的大发展。

西周时，周天子为了防止楚人北上中原，在汉水以北分封了众多姬姓诸侯国，史称"汉阳诸姬"。这些诸侯国是周天子的屏障，需要替他扛住楚国的进攻。现在，周天子实力大减，不管事了，汉阳诸姬孤立无援，熊通对着他们就是一顿暴打。

被打的诸侯不服气："我没招你没惹你，你为什么打我？"

熊通得意扬扬地说："我蛮夷也！"

言下之意，我是蛮夷，不讲理才是正常！

后来，楚国灭了汉阳诸姬中的权国（今湖北当阳），在那里设置权县，这是中国历史上第一个县。楚国的县归楚王直辖，外人休想染指，县的领导称为"县公"，由楚王亲自任命。不要小看楚国的县，它的规模很大，前身都是被楚国吞并的诸侯国，因此往往兵力雄厚，财政充裕，是楚王的私人宝贝。

在熊通的手上，楚国的版图大肆扩张，财大气粗的熊通已不满足只当个土财主，他有更高的精神追求！

最初，楚国国君只获封一个子爵，在公、侯、伯、子、男中是第四等的爵位，级别太低了。时过境迁，现在楚国强盛，其他诸侯国混得还不如楚国，级别却比楚国高，这让熊通很不爽，他准备让周天子给自己升个级。

熊通托人给周天子带了话："今诸侯皆为叛相侵，或相杀。我有敝甲，欲以观中国之政，请王室尊吾号。"

此时在位的是被郑庄公打败并中了一箭的周桓王，他硬气了一把，直接回复了一个字："滚！"

熊通的自尊碎了一地，没想到自己哪怕混成了诸侯中的翘楚，在周天子眼中还是蛮夷。

楚人的内心一直很矛盾，他们既钦慕中原先进的文化，想融入其中，可又因被中原诸侯当作蛮夷排斥在外而恼怒。有的蛮夷愿意自降身份成为周天子名下的诸侯，用这种方式成了周朝的一部分，然而楚人有高傲的自尊，如今的他们要的是与周天子平起平坐的权势。

"你们不带我玩，我就自己玩！周天子是王，我也称王！我要自称'武王'！"

熊通自立为王，开诸侯僭号称王的先河，更何况他还在活着的时候给自己上了谥号。这在当时是爆炸性新闻，是天子与诸侯每天追踪的头条。鉴于自身实力不足，周天子也没法对楚国做些什么。

熊赀（zī）继承了父亲楚武王的位子，他便是楚文王。楚文王是一个很有作为的君王。当然了，他也不敢没有作为，因为努力奋斗是每一代楚王的使命，一旦他想打个猎、泡个妞，就会被王室里的老人拉走，耳提面命地批评。楚文王在位期间迁都到郢，之后猛攻汉阳诸姬，占据了南阳盆地，而不远处的北方正是周都洛邑与繁华的中原地区。楚文王将吞并的申国、息国设置为申县、息县，这两县成了楚人进军中原的桥头堡，后来在春秋第一大战城濮之战中，楚国便征用了申县与息县的县兵。

楚文王死后，他的长子熊艰继位。熊艰觉得自己的弟弟熊恽是一个潜在的危险，一心想要弄死弟弟。熊恽逃到了随国，在随国人的帮助下里应外合干掉了哥哥熊艰。熊恽在不占任何优势的情况下逆转了自己的人生，展现出过人的才干，他正是楚成王。

若论能力，楚成王并不比春秋五霸差，只可惜他的几任对手实在超强，再加上时运不济，原本可以成为霸主的他便只能成为衬托霸主们的背景板了。

楚成王继位后，开始朝着北方中原方向扩张，众多小国纷纷臣服，处于天下中心的郑国成为他垂涎三尺的猎物。楚国向郑国大举进攻,天下诸侯惊恐万分——楚国的势力竟然已经大到可以进攻中原核心地区了!

"我是天下的霸主,竟然有人敢欺负到我头上,伺机侵入中原?看我怎么收拾他!天下诸侯,我们要团结起来,一起把楚国人赶回老家去!"

公元前656年春,齐桓公亲率齐、鲁、宋、陈、卫、郑、许、曹八国联军攻打了楚国的附属国蔡国,是为敲山震虎。接着,联军掉转枪头,直奔楚国本土而来。

天子大权旁落后,已经很久没有见到如此壮观的场景了。从来天不怕地不怕的楚人怕了,他们再生猛,也架不住群殴哇!

紧张的楚人立刻派出一位大使前往联军军营斡旋。

大使对齐桓公说:"齐国在北方,楚国在南方,咱们是风马牛不相及啊!齐国国君来此,好歹给个理由吧。"

管仲替齐桓公回答道:"周王室曾授权齐国开国国君讨伐有罪的诸侯。你们楚人不向周天子进贡滤酒用的苞茅,300年前周昭王南征楚国时没能回来(淹死在汉水里),应该是你们给个说法!"

大使答:"放心,我们马上恢复苞茅进贡。至于周昭王为什么没有回去,你该去问水边的人。"

这是一次针尖对麦芒的会谈,蛮横的楚人一边放低姿态,一边坚决不承认错误。

齐桓公是一个好面子的人,其实他对攻打楚国也没有太大的胜算,毕竟是客场作战。按照原本的打算,只要对方服个软,他就可以给个台阶下,偏偏楚人就是软硬不吃。较上劲的齐桓公率联军直扑陉(xíng),这里离楚国仅一步之遥。楚成王看联军已经上门,终于服软了,派出大臣屈完前往联军大营和谈。

此时的齐桓公是骑虎难下。大军在春天出征,现在已经夏天了,一路上吃喝拉撒都要自掏腰包解决,再拖下去负担太重,还是见好就收吧。

屈完与齐桓公在召陵(今河南漯河召陵区)举行了会盟,双方在友好的氛围中展开了会谈,达成了共识,楚国承认齐国是天下的老大。召陵之盟让齐桓公达到了不战而屈人之兵的目的，连最凶悍的楚国都被齐桓公制服，全天下也都公认齐桓公无人能够战胜，齐桓公的霸主地位更加稳固。

攘夷做得好，尊王更得上心，不然齐桓公的一切政治行动就没有合法性。

恰好，周天子家里的继承人出了问题。此时在位的周惠王喜欢自己的小儿子，死前想废掉太子郑，可废长立幼是国家内乱的根源，作为天下秩序的守护者，齐桓公哪能让周王室出乱子呢？他当即表示，我不仅尊重周天子，还体贴周天子，把天子家里的事也当成是自己的事，之后便带着诸侯联军不请自来，亲自把太子郑扶上王位，这就是周襄王。新继位的周襄王名为天子，实为齐桓公的小弟。

天下都臣服在自己的脚下，志得意满的齐桓公搞出了春秋第一大会盟——葵丘之盟。会盟仪式上，周天子的使者送来众多礼品：祭祀用的胙（zuò）肉，朱红色弓箭，天子的座驾，缀有九条流苏的龙旗，渠门大旗……除了名号以外，齐桓公的待遇与天子无异。

公元前645年，管仲去世。他虽是臣子，但对于齐桓公来说更像是父亲。没了父亲的教导，齐桓公找不到做明君的感觉了，他开始重用奸臣，齐国朝政迅速陷入混乱。

公元前644年，齐桓公即将走到生命的尽头。在他还没有咽气的时候，他的五个儿子已经在相互征伐，无人照料躺在病床上的老父亲，甚至为了让他早点死，将他的寝殿用高高的围墙围了起来。最终，一代霸主齐桓公在病饿交加中凄惨地死去，直到齐国内乱结束，人们才想起他还在围墙里躺着。当收殓尸体的人砸开围墙，发现齐桓公的尸体早已腐烂，上面爬满了恶心的蛆虫。

吕小白拼了命抢到国君之位，在管仲的辅佐下成为天下的霸主，实现了当时人们对权势的最高梦想。他辉煌的时候受万人敬仰，可临死前却被所有人无情地抛弃。

世上已无霸主齐桓公，一位跳梁小丑跃跃欲试想当下一位霸主，另一位实力强劲的诸侯则想再度杀入中原。

最后的贵族精神

虚妄的霸主梦

齐桓公死后,一个不知天高地厚的人跳了出来,他就是宋襄公。

宋人是商人的后代,其开国国君是商朝的微子启。当初,微子启被周王室分封在商朝旧都亳,建立了宋国,级别为公爵,国都是睢阳(今河南商丘)。由于宋国是商朝遗民建立的,所以一直备受周边根红苗正的姬姓诸侯歧视,"守株待兔""揠苗助长"等都是很有名的嘲笑宋人的成语段子。

历史发展到了宋襄公这一代。宋襄公是齐桓公的铁杆粉丝,凡是齐桓公举行的会盟他从不缺席,凡是齐桓公举行的军事行动他都率兵参加。偶像的光辉形象让宋襄公着迷,齐桓公死后,他立志要学习偶像,成为第二个天下霸主。

人要有梦想,但要想实现梦想,得先看自己有没有这个实力。没有实力那就是痴人说梦了。

宋国称霸天下，显然先天不足。

首先，前文曾分析过，春秋时代一个霸主想要称霸天下，就必须让郑国臣服于自己，否则无法自由地进出中原。宋国的地理位置与郑国相差无几，一样是四战之地。宋国首都睢阳位于中原地区的交通要道上，素有"江淮之蔽屏，河洛之襟喉"（南方长江淮河的屏障，中原河洛地区的衣领和咽喉）之称，其战略重要性仅次于郑国。

其次，宋国地域狭小，其周边和郑国一样蜗居着大大小小无数的诸侯国，根本无法像位于边缘地带的秦、晋、齐、楚那样肆无忌惮地扩张领土，经济发展很成问题。

然而宋襄公才不管这些，他如同着了魔一样想做霸主，为此干出了一连串很傻很天真的荒唐事，为血腥的春秋时代增添了一抹别样的戏剧色彩。

齐桓公死后，强大的齐国发生内乱，正好给宋襄公提供了施展远大抱负的机会。他联合其他小诸侯国，用武力把齐桓公的儿子太子昭送回国登上国君之位，史称齐孝公。因为这件事，宋襄公一时声名鹊起，让天下人刮目相看。

一看开局顺利，宋襄公决定照搬偶像的套路，搞一次大会盟确立自己霸主的地位。

公元前641年，宋襄公在睢上（即睢阳旁的睢水附近）举行会盟。齐桓公搞会盟的口号是"尊王攘夷"，宋襄公不走齐桓公的老路，打出了"仁义"的旗号。然而谁也没想到，打着仁义旗号的宋襄公把会盟变成了一起凶杀案。

由于宋国是小国，参会的诸侯们并不是很积极，能迟来就迟来，很不给宋襄公面子。恼怒的宋襄公决定杀鸡儆猴，直接下令杀了迟到的鄫（zēng）国国君。

会盟的本质是大哥招揽小弟，最好是你给我面子，我也给你面子，大家一团和气。结果宋襄公上来就杀了一位国家领导人，以后谁还敢跟他混？

事情还没完。如果说迟到的诸侯让宋襄公难堪的话，那么下面这件事简直是甩了宋襄公一记重重的耳光。

就在宋襄公举行睢上会盟的同一年，齐、楚、陈、蔡、郑等国在齐国举行大型会盟，确定了齐、楚两国的天下领袖地位。这么重大的事竟然没喊宋襄公，显然在齐、楚这样的大国眼中，压根儿就没拿宋国当回事。

事已至此，正常人会选择放弃不切实际的幻想，可宋襄公偏要一根筋地走到底，于是整个宋国不得不为宋襄公的执拗埋单。

公元前639年，宋襄公向齐、楚两个大国发出会盟邀请。齐孝公是宋襄公扶上位的，不好意思不来，而楚成王收到邀请后也是满口答应。

楚国是南方大国，为何屈尊前往宋襄公举行的会盟呢？因为楚成王有不可告人的目的。

会盟在鹿上（今安徽阜阳阜南县）举行，作为盟主的宋襄公感受到了作为霸主的快乐。会上楚成王相当嘴甜，一口一个大哥，并说下次举行会盟自己会把楚国的小弟们都带来，一起拜宋襄公为大哥。

不是没有头脑清醒的人，宋国的太宰目夷就立刻劝说宋襄公别犯傻："宋国是小国，小国争当盟主一定会出事！"宋襄公却把良言当耳旁风，他还是想搏一搏，让单车变摩托。

只怪当时没有铺天盖地的反诈宣传，宋襄公缺乏防诈骗意识，只能一步步走向深渊。

到了这一年的秋天，楚成王按照约定带上陈、蔡、郑、许、曹等一众小弟前来与宋襄公见面，宋襄公为展示自己的诚意故意没有带兵。等到了会盟现场，天真的宋襄公发现齐孝公竟然没有来，正诧异间，黑压压的楚国大军就把会场包围了起来。

宋襄公大骂道："楚王，你这个大骗子，不讲道义！"

楚成王答："宋君，我劝你一句话，什么霸主之位，这都是虚幻的，你把握不住。宋国是小国，想在楚国面前称霸主，你是找错人了！"

就这样，宋襄公被楚成王绑了票。还是太宰目夷反应快，看到会场气氛不对，他立刻撤退跑回宋国，准备抗击楚国。

如果投票选择春秋时代最工于心计的君主，最后当选的一定是楚成王！楚成王之所以挖坑欺骗宋襄公，就是想兵不血刃地拿下宋国。自从齐桓公死后，没有天敌的楚国就开始了野蛮发展，现在郑国已经倒向了楚国，如果再拿下宋国，楚国便占据了最有利的位置，可以称霸天下了。

其实楚成王与宋襄公是半斤八两，一个会盟绑票，一个会盟杀人，谁都好不到哪里去，可谁让楚成王的实力更强悍，底气当然也就更足。

楚成王满心期待地带着肉票宋襄公来到睢阳城下，要求宋国立即献城投降，却突然发现太宰目夷立于城头。太宰目夷大喊道："我们已立新君，你们回去吧！"

楚成王原本是想白捡一个宋国，没想到宋人这么干脆就把自己的君主给抛弃了。如果硬打宋国，自己未必有太多胜算，因为宋国是公爵级国家，城墙有数百年历史，十分坚固，强攻必然陷入苦战。再加上睢阳离楚国本土遥远，久攻不克后勤必然先崩溃，到时候得不偿失。分析了一番利弊，楚成王知道自己的如意算盘算是打错了，只能失望地回去。

在返程前，楚成王还做了一件事。一个国君成了自己的肉票，却既不能给自己带来利益，还要让自己每天好吃好喝地供着，如果一个不慎让他死在自己手里，自己的大国颜面又会受损……思来想去，楚成王放了宋襄公。

获得释放后的宋襄公回到了宋国，宋国上下竟然没有废黜他，而是让他继续做国君。

换作正常人，经历这么一番波折之后应该痛定思痛，踏实做人。可宋襄公不走寻常路，他一心要复仇——

我打不赢楚国，还打不赢楚国的小弟郑国吗？

第五章 | 春秋

泓水之战

宋襄公率领军队攻击郑国，楚成王收到消息后激动万分，因为这是一个千载难逢的灭宋机会。宋军主力攻打郑国，宋都睢阳必然空虚，完全可以用极低的成本将其拿下。

楚成王率大军直扑宋国，宋襄公收到军情后面如死灰，十万火急地往回赶，生怕稍晚一点老家就要被楚国端了。

傻人之所以傻，在于他会在无数正确的选择中挑出错误的那个。

宋襄公千辛万苦赶回宋国。他本应该回到睢阳，凭借坚固的城墙与楚军死耗，然而他的魔幻操作却令所有人大跌眼镜——他要与楚军野战！

这就如同一个瘦弱的拳击手主动挑战裹着金腰带的重量级拳击冠军，不用打都知道结果。可宋襄公不这么觉得，他甚至在专心寻找合适的战场。最终，宋襄公把战场选在了楚军的必经之路泓水北岸。这个决战地倒是选得不错，因为楚军渡河时队形必然散乱，宋军可以趁机攻击，以弱胜强。

公元前638年，周历十一月初一，楚军抵达泓水南岸，此时宋军已经在泓水北岸布好军阵。见状，楚成王有些犹豫：如果楚军渡水渡到一半被宋军攻击，自己很难有胜算；可是自己远道而来，不拿下宋国就是又一次空手而归，也太亏了。

冒险试一试吧！楚成王下令让大军过河。

宋军里的大司马固察觉楚军动向，立刻向宋襄公谏言，想趁楚军渡河之际发动攻击，没想到被宋襄公否决了："不行！"

心悬到嗓子眼的楚成王看着自己的军队顺利渡过泓水，宋军竟然没有攻击，顿时松了一口气。接着他又开始紧张地布阵，万一宋军这时候攻过来，己方一定会大乱，必然失败。

大司马固再次抓着宋襄公的衣袖力谏道："趁楚军布阵尚未完毕，咱们立刻发起攻击吧。"宋襄公再次否决："不行！"

大司马固望着宋军阵中飘扬的"仁义"大旗欲哭无泪，他明白，此战宋国必败。果不其然，排好阵的楚军以压倒性优势击败宋军，宋襄公大腿受伤，逃了回去。

歼灭宋军主力后，空虚的睢阳城正等着楚成王，但楚军已经打了一天仗，楚成王决定休息一下，第二天再直扑睢阳。

生死存亡之际，上天眷顾了宋国。第二天，就在楚军渡潍水前往睢阳时，河水水位突然暴涨，瞬间把渡河的楚军冲得七零八落。损失惨重的楚成王看着河面上漂浮的无数尸体无奈叹气，他觉得这是老天在帮宋国，只能班师回国。

捡回一条命的宋襄公遭到全国上下的非议，他却不认为自己的做法有什么问题："作为一名君子，在打仗的时候是不能伤害已经受伤的人的，也不能擒拿头发花白的人，更不能依靠险要的地形取胜。我们是高贵的商王后裔，应该遵守不鼓不成列的规矩。"

在我们现代人看来宋襄公是一个极其迂腐的人，可是他种种非常人能够理解的操作，正是他所坚持信仰的贵族精神的体现。宋襄公的偶像是齐桓公，而齐桓公就是一个典型的贵族。长勺之战时，他因鲁军没有击鼓而停止进攻，最后吃了败仗，但仍坚守不鼓不成列的交战规则；做了霸主后，他也乐善好施，谁家有困难都主动去帮忙，建立起一个好大哥的光辉形象。

大哥死了，可是大哥的精神深耕于宋襄公的心里，他还想坚守贵族精神。然而时代变了，都是贵族的君主们已经抛弃了贵族精神，为了利益，他们什么下三滥的手段都能使。从这个角度看，打败宋襄公的不是楚军，而是时代。

"史圣"司马迁在《史记》里就是这样给宋襄公正名的："襄公既败于泓，而君子或以为多，伤中国阙礼义，褒之也，宋襄之有礼让也。"（宋襄公在泓水之战中战败，有的君子认为他值得赞扬，感伤当时的中国缺少礼仪，因此褒扬他说：宋襄公有礼让的美德。）

泓水之战发生后的第二年,宋襄公因腿伤复发而死。楚成王以为这下没有人再敢挑战楚国,自己可以顺利做霸主了,然而他却大错特错了。

如果说楚国是让中原诸侯闻风丧胆的"南方巨无霸",那么它即将遭遇的就是"北方擎天柱",这个国家会打得楚国服服帖帖,它就是晋国!

南北大决战

国无公族

有句话说得好:"一部春秋史,半部晋国书。"如果你读过《左传》,就能发现里面对晋国的描写占比最高,这是因为在春秋时代的中原诸侯眼中,晋国是仅次于周天子的存在,其实力天下第一,是罩着他们的老大哥。

晋国的地位之所以如此高,是因为它的开国国君叔虞是周武王的亲儿子,还是周成王的亲弟弟。论血缘,晋国与周王室最亲。

西周末年,周幽王身死,周平王与周携王二王并立。天无二日,国无二主,诸侯们要在两个天子中做出选择。时任晋国国君晋文侯姬仇赌了一把,站在了得位不正的周平王这边,亲手灭了周携王。

后来,因为周人的老家丰镐被打成了废墟,周平王东迁洛邑,以丰镐为中心的渭河平原(即我们现在常说的关中平原)便被秦、晋两国瓜分了。不得不说,晋文侯具有超前的战略眼光,他占据的是洛河以东到华山的大片区域,把秦国东进的大门彻底封死了,此后秦国被困在渭河平原上数百年,直到三家分晋,才迎来出头之日,成功杀入中原。

有意思的是,风光无限的晋文侯内心也有隐忧,他始终在提防着一个人——他的弟弟成师。成师城府极深,善于伪装自己,谁都不知道他的心里在谋算什么。晋国作为周王室的近亲,同样有着分封子孙的传统,可晋文侯害怕成师坐大,一直把分封成师的事拖着不办。直到晋文侯去世,他的儿子继位成为晋昭侯,已经58岁的成师才得到分封。

也许是出于愧疚,晋昭侯把成师封在曲沃(今山西临汾曲沃县)。这个地方位置相当不错,是汾水与浍水的交汇处,土地肥沃,离晋国首都翼城(今山西临汾翼城县)也很近,方便叔侄联络感情。

有的时候,你的真心未必能换来他人的感恩,反而你对他人的馈赠会变成他伤害你的利器。

晋文侯的担心不无道理,成师确实野心勃勃。按照宗法制,晋国国君是大宗,作为国君弟弟的成师是小宗,小宗想取代大宗成为国君是违反周礼的行为,可对于成师来说这都不是问题。难道周平王就遵守周礼了吗?他不是也借助外公的力量把亲爹周幽王和弟弟伯服给干掉了吗?

礼崩乐坏的时代,谁的实力强,谁就说了算!

成师到了曲沃后并没有安度晚年,他们祖孙三代以推翻晋国国君的统治为目标,数十年如一日地从事造反工作。经过他们不懈的努力,五位晋国国君被干掉,一位被赶跑,最终,他们占领了晋都翼城,史称"曲沃代翼"。

国与国之间的交战未必是你死我活,但是国内对权力的争夺却必定如此,因为国君之位只有一个。

曲沃小宗笑到了最后,可是他们三代人种下的恶,会让他们的子孙尝到苦果。

公元前678年,曲沃武公统一了晋国,消灭了大宗,迁都到绛,史称晋武公。

坐上国君之位没两年他就去世了，他的儿子继位，是为晋献公。晋献公是一个近亲终结者，只要是跟他有血缘关系的人，无论是叔侄还是儿子，都难逃一死。

父母是孩子最好的老师，晋献公深得晋武公的言传身教。还是孩子的时候，他就看到父亲对时任晋国国君一家展开疯狂屠戮，于是幼小的他认准了一个理：亲人就是敌人，死了的亲人才是最好的亲人。

继位后，晋献公成了晋国大宗，看着朝堂上的叔侄兄弟，他经常感到不安：他们作为小宗，会不会也想来一场曲沃代翼呢？

怎么办？

斩草除根，全都杀了！

晋献公对亲人丝毫不留情面，手起刀落就把自己的叔侄兄弟杀得一个也不剩。如果成师在天有灵，一定会万分感慨。当初他拼了老命去争权，是想让自己的子孙都过上好日子，没想到他们现在全被晋献公送往西天极乐世界了。

经过晋献公一番操作之后，晋国成了当时最奇特的诸侯国：国内没有其他公族[①]，整个国家的公族只剩晋献公一家！

平心而论，晋献公虽然对亲人残暴至极，却是一个有作为的君主，他为晋国开疆拓土，立下不小的功劳。

晋国地理位置靠北，若想自由地进入中原，必须要拿下横跨黄河两岸的公爵级国家虢国（今河南三门峡），而如果想拿下虢国，就必须经过虞国。为了达成目标，晋献公向虞国借道。虞国大臣宫之奇对国君说："虢国是嘴唇，虞国是牙齿，嘴唇没了，牙齿必定受冷。"可是虞国国君不听，坚持借道给晋国。公元前655年，晋献公灭了虢国，之后反手又拿下虞国。

如果只看到这里，晋献公也算是一个能主，可是他后面的表现就让人大失所望

[①] 周天子是王，他的家庭成员称为"王族"。诸侯的家庭成员称为"公族"。大夫的家庭成员称为"卿族"。

了——他竟为了一个女人让晋国陷入大乱。

骊姬是晋献公对外作战时掠夺来的美女，颇得晋献公宠爱，很快她就为晋献公生下了一个儿子，取名奚齐。

晋献公爱屋及乌，也很喜欢奚齐，甚至决定立他为继承人。可是在奚齐之前他已经有三个儿子了，分别是太子申生、公子重耳、公子夷吾，除非这三位全死光，否则根本轮不到奚齐继位。

"那就把太子申生、公子重耳、公子夷吾全干掉！"晋献公萌生了一个恐怖的念头。他通过各种下流手段逼死了太子申生，公子重耳与公子夷吾跑得快，开始亡命天涯。

公元前651年，晋献公去世。他自以为把小儿子的路都铺好了，却不知道他为奚齐铺的其实是一条黄泉路。

流亡公子的抱负

由于骊姬的儿子奚齐得位不正，晋国的大夫们发动政变，杀死了他们，晋国由此陷入内乱。

北方大国晋国自顾不暇，西方秦国的国君秦穆公看在眼里，喜在心上。他发现这是一个绝妙的机会：晋国没有国君，公子重耳与公子夷吾流亡在外，只要自己扶立其中一位当上国君，他都会对秦国感恩戴德，再加上自己之前娶了晋国的公主，两国亲上加亲，到时候秦国将毫不费力地收服一个小弟。这是一个风险投资，可一且成功收益不小。

然而秦穆公的小算盘打错了。秦国是新兴国家，秦人早先被周公旦派去养马，直到周幽王时才因保卫周王室有功正式被封为诸侯国，以"秦"为国号。与拥有数百年历史的其他诸侯国相比，秦国还很稚嫩。这一次的风险投资，使秦穆公无意中给自己培养了一个强悍对手，后来几位晋国国君把秦穆公卖了，秦穆公还在帮着人家数钱。

秦穆公坚信自己想到的是个好主意。为了确定风投对象，他派人去对公子重耳与公子夷吾进行考察。公子重耳看到晋国乱成一锅粥，不敢贸然回国，对秦国派来的考察团也毫无兴趣，公子夷吾却隆重地接待了他们，并提交了一份完美的企划书，表示事成之后自己愿意拜秦国为大哥，还在考察团的车上塞满了金银财宝。

公子夷吾如此上道，顺理成章地被秦穆公选为风投对象。在秦军的护送下，他回到晋国，成为新任晋国国君，史称晋惠公。

公元前647年，晋国遭受大旱灾，晋惠公向大哥秦穆公请求粮食援助，秦穆公大手一挥，慷慨地向晋国提供了粮食。

第二年，轮到秦国遭灾了。

秦穆公："好兄弟，大哥家里有难，借点粮食！"

晋惠公："谁是你小弟，借粮没门！"

这可把秦穆公惹火了。公元前645年，灾情一结束，秦穆公就率领大军浩浩荡荡杀向晋国，秦军上下同仇敌忾，誓要给白眼狼沉重一击。

不出所料，晋军大败，晋惠公被俘，被迫签下不平等条约，并让太子圉（yǔ）到秦国当人质。

公元前638年，晋惠公去世，太子圉瞒着秦穆公偷跑回国。秦穆公再次暴怒。被晋惠公父子相继欺骗，他认为是自己之前风投的对象错了，决定再另找一位，公子重耳成为他的意中人，而此时公子重耳已在外流浪十多年。

为了躲避晋国内乱，公子重耳带着忠于自己的随从先后辗转多国，一路上风餐露宿，和乞丐没啥区别。就在秦穆公寻找重耳时，重耳来到了楚国，受到楚成王的隆重接待，他们三天一大宴、五天一小宴。一次宴会上，楚成王喝大了，问了重耳一个问题："如果公子能回到晋国，将怎样报答我呢？""如果我们两国交战，我将退避三舍①。"楚成王听完哈哈大笑，也没有当回事，他觉得这种事与眼前这位落魄公子离得太远。

秦穆公出手把这个距离拉近了。他派大使把公子重耳接到秦国，给公子重耳娶了五个老婆，再派兵杀到晋国，一番血战，干掉了晋惠公的儿子，帮公子重耳拿下了国君之位。

这就是春秋五霸中的第二位——晋文公的上位故事。

历史上，春秋五霸有各种不一样的版本，五霸之间也有各种各样的排名顺序，但无论是哪个版本，始终在列且长居第一、第二名的都是齐桓公与晋文公。

晋文公继承了齐桓公"尊王攘夷"的政策，尊重周王室，联合诸侯对抗蛮夷的入侵。不过，晋文公所处的时代已不是齐桓公的时代了。齐桓公按照贵族精神，光明磊落地处理国际事务，但是在他之后贵族精神开始陨落，天下诸侯弱肉强食、尔虞我诈，面对这样的局势，晋文公也不得不使用些非常手段。孔子这样评价他们二人："晋文公谲而不正，齐桓公正而不谲。"（晋文公使的手段诡诈不正派，齐桓公使的手段正派不诡诈。）

不管对晋文公的评价是好是坏，他确实一手将晋国推上了春秋第一大国的宝座，这是无可辩驳的。

晋文公知道晋国经历多次内乱，已经经不起大折腾了，而那些曾经支持夷吾的贵族又因害怕被清洗而对他本人颇为提防。为了国内稳定，晋文公特意让这些贵族占据要职，跟随他流亡多年的功臣们反而退居次位。比如介子推，他功勋卓著，当年随晋文公走南闯北吃了不少苦，有一次走到半道没有饭吃，他二话不说直接割下

---

① 一舍是30里。

腿上一块肉给晋文公熬汤喝。等到晋文公登上国君之位后，他却毅然决然地选择归隐山林，即使晋文公命人放火烧山，想要逼他出来，他也宁死不出。

功臣集团的集体退让换得了晋国政治的稳定，晋文公重耳得以腾出手来发展国力。

随着实力的增强，晋文公也想施展抱负，完成宏图伟业了。就在这时，周王室给他送来一个大机遇。

当年齐桓公活着的时候，周惠王宠爱自己的小儿子王子带，决定废掉太子郑，好在齐桓公及时出手，帮太子郑顺利继承王位，成为周襄王。然而周惠王在临死前给周襄王挖了一个大坑——他把富裕的南阳（今河南南阳）分封给了王子带。周惠王死后，王子带起兵造反，赶跑了哥哥周襄王，逃亡中的周襄王向天下诸侯发出求援信。

此时的周王室已经穷得叮当响，帮周天子平定内乱只能自掏腰包，这样吃力不讨好的事没人愿意干，除非拥有勃勃野心。

"放着我来！"晋文公挺身而出。

公元前635年，晋文公打出消失已久的"尊王攘夷"大旗，三下五除二帮周襄王平定了内乱，处死了王子带。

庆功宴上，自以为是大功臣的晋文公借着酒劲对周襄王说："请天子准许我死后用隧葬的礼仪。"

周襄王听后酒醒了大半。隧葬是天子才能用的殡葬规格，晋文公分明是想借着邀功获得与天子一样的待遇。

"天下只有一个天子！"周襄王难得硬气了一把。

晋文公哈哈大笑了起来，连忙说自己酒喝多了，把事情遮掩过去。

虽然明面上不能享受天子待遇，实际上晋文公却拥有了不亚于周天子的权威，简直成了周天子头上的太上王。首先，晋国是周成王兄弟叔虞的封国，论血缘关系与周王室最亲；其次，晋国需要借着周天子这面大旗，达到挟天子以令诸侯的效果；最重要的是，周王室自己不争气，落架的凤凰不如鸡，在乱世之中需要抱一个大腿，而敢于出手帮忙的晋国成了唯一的选择。就这样，双方各取所需，周王室家里有困难会找晋国，晋国也乐得操持周王室的家务事。

"晋存则礼乐秩序尚存，晋亡则礼乐秩序并亡。"破落的周王室靠着强大的晋国维持着表面上的礼乐秩序，到了战国时代，晋国灭亡，各个诸侯相继称王，周天子才彻底没了面子。

城濮之战

晋文公在"尊王"项目上获得了巨大的成功，"攘夷"项目上却让他面临前所未有的挑战，因为南方的楚国已经在事实上称霸中原了。

齐桓公死后，中原小国陈、蔡、许、鲁、卫、曹、郑纷纷倒向了楚国，楚成王差一点就能号令中原，这一点就是傲娇的宋国。

泓水之战后，宋襄公死了，他的儿子宋成公对楚国一直口服心不服。为了彻底摆平宋国，楚成王集合陈、蔡、郑、许四国的力量直扑宋国，把宋国围了个水泄不通。宋成公眼瞅着自己要被围殴致死，赶紧向强大的晋国求援。

晋国早就有称霸中原、建立不世功勋的野心，上下一合计，决定救援宋国，打破楚国的霸权。然而要救援宋国，就必须途经曹、卫两国，这两国已经成为楚国的小弟，想要借道门都没有。

既然不能借道，那就打吧！

晋国大军杀向曹、卫两国，正好这也是晋文公报仇的机会。当年还是公子身份的晋文公流亡途中经过曹国，晚上洗澡时突然发现浴帘后有一个人偷窥，正是曹国国君曹共公。原来，曹共公听说晋文公的肋骨是一整块的，才故意这个时候前来，想看看传言是否真实。晋文公被曹共公整得留下了巨大的心理阴影，借着这次机会对曹国发动猛烈的攻击，生擒了曹共公。而卫国也被晋军猛烈的攻势打怕了，表示愿意归顺晋国。

旗开得胜，晋文公并没有立即南下与楚国联军决战，而是等待他的帮手——秦、齐两国联军的到来。

秦、齐两国早就看楚国不顺眼了，就是没有合适的机会教训它，现在晋国领头要给楚国点颜色瞧，齐、秦两国立刻跟上。

围着宋都睢阳久攻不下的楚成王犯难了。楚军已经在睢阳耗尽了元气，如果睢阳一直攻不破，等晋、齐、秦三国联军赶到，内外夹攻，自己未必有胜算。

是战是撤？

不敢冒险的楚成王最终选择撤军回国。他也知道回去就等于放弃了楚国在中原的霸权，可此时的他早已没有了当年的锐气。

一个年轻的楚国将军不认可楚成王的命令，竟公然违抗，他决定与以晋国为首的三大国联军正面硬磕。这个敢拔楚王逆鳞的人叫成得臣，字子玉，是楚国赫赫有名的若敖族领袖。若敖族虽然是卿族，世代担任卿大夫职位，但他们势力庞大，完全可以左右楚国政局，楚成王当年就是靠着若敖族的扶持才能登上王位的。

子玉才华卓越，年纪轻轻就担任若敖族的领袖，由于若敖族的显赫地位，他又担任了楚国"二把手"令尹的职务。树大招风，一些嫉妒子玉的楚国人背地里给他取了个"三百乘"的绰号，意思是子玉才能一般，最多只能指挥300乘战车作战。天天被人诋毁，心里难免产生阴影，子玉一直想证明自己的实力，带领自己的族人建立不朽功勋，打败三大国联军正是上天赐给他的好机会。

一个楚国大夫敢违背楚王的命令跟三大国叫板，子玉的底气从何而来？

楚国的武装力量有四大部分：直属于楚王的王卒；从县级行政单位征调的县兵；保护太子的宫甲；大夫的私卒。春秋时，大夫都有自己的封地，封地就是一个迷你诸侯国，大夫可以在封地里征兵征粮，自己组建私人武装，这就是私卒。

子玉手里就有一支强悍的私兵——若敖六卒，他们在外征战多年，战斗力爆表。再加上子玉担任令尹要职，还掌握着数量庞大的楚国县兵和陈、蔡、郑、许四国联军，其实完全有实力与以晋国为首的三大国进行决战。

老谋深算的楚成王无比愤怒，自己叱咤天下多年，竟然被自己的令尹给架空了！他让人给子玉带了句话："《军志》讲：'适可而止。'又讲：'知难而退。'又讲：'有德人不可与之为敌。'这三句话说的都是晋国！"

一帆风顺的人生让子玉过度自信，甚至有些自大，而手握重兵也让他不把楚王放在眼里。他回答说："我此次作战就是要堵住小人的嘴！"

为了自己的权威，楚成王开始了算计，他要借晋国的手消灭子玉和若敖族的庞大势力，他要让子玉付出血的代价！一场攸关国运的生死大战就这样变成了宣泄个人情绪的战争。

楚成王率自己的王卒主力撤回了楚国，只留下少量的王卒与宫甲参战，表面支持子玉作战。子玉对这些并不在乎，待楚成王走后，他立即下令对宋都睢阳撤围，向北寻找晋军主力进行决战。

晋文公收到情报后率领大军向北退却，他可不是要履行当年"退避三舍"的诺言，而是要去与齐、秦两军会合。

公元前632年，周历四月初三，楚军在卫国境内的城濮捕捉到了晋军的踪影，此刻晋军已经与齐、秦两军会师，宋国也派出军队前来帮忙。周历四月初四，楚军挺进到城濮南。

城濮之战一触即发，交战双方投入兵力总计达20万，是中国古代历史上数得上的一场大战。

此时气候干燥，经常刮北风，看着卷起的漫天沙尘，晋文公想到了一个好主意。

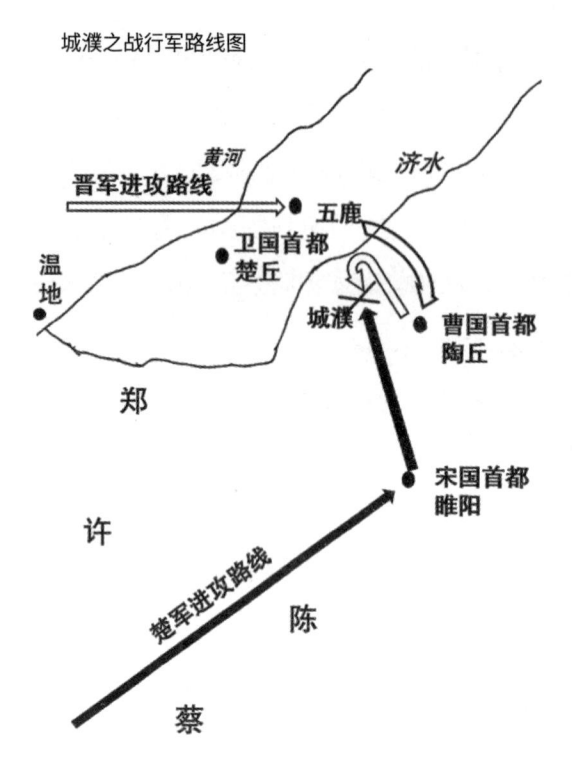

周历四月初六清晨，两军在城濮的大平原上摆开了阵势。春秋时两军交战，军队通常是排成三个大军阵。晋军面朝南布阵，按照上中下三军横阵排列，将领按照级别高低分别指挥三个不同军阵：级别最高的主帅先轸（zhěn）统领中军，级别次之的狐毛统领上军，级别再次一等的栾枝统领下军。秦、齐、宋联军部署在中军军阵中，晋军作为主力，有700多乘战车参战。与之相对地，楚军面朝北布置，采用左中右三军横阵排列，子玉率领若敖六卒为中军主力；他的族人子西统率左军，左军由从息县征调的县兵与郑、许联军组成；另一名族人子上统率右军，右军由从申县征调的县兵与陈、蔡联军组成。

阵势摆好后，大风刮了起来，呼呼作响，晋军中军大旗上的飘带都被刮飞了。晋文公下令击鼓进军，随即楚军也击鼓进军。然而当楚军右军攻击晋军下军时，看到的却不是迎面而来的敌军战车而是滚滚黄沙。

子玉没想到，晋文公竟然玩起了阴招。战前，晋文公故意让下军士兵多砍树枝绑在车后，一开战，这些树枝卷起的黄沙借着呼啸的北风扑向楚军，如同沙尘暴一样。楚军右军被沙子眯得睁不开眼，好不容易听到晋军的声音准备迎战，牵引战车的马却被吓得不受控制。只见晋军的马匹都裹着老虎皮，楚军的战马误以为是老虎来袭，只想四散逃命，根本无心战斗，而"猪队友"陈、蔡联军则第一时间就逃跑了，楚军右军乱成一团，处于崩溃的边缘。

城濮之战交战图

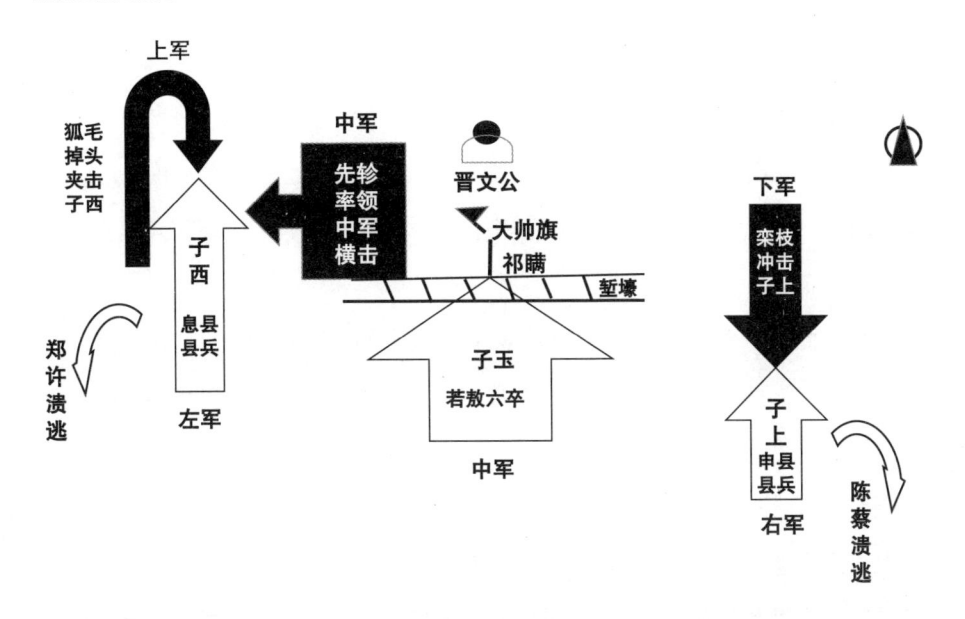

楚国左军也同样厄运连连！在子西率领楚军左军冲击晋国上军时，狐毛下令上军主动后撤。子西以为晋军要逃跑，不顾一切地追击，没想到竟掉进了晋军的圈套。由于跑得太远，子西军队的右侧彻底暴露在晋国中军面前，晋军中军主帅先轸抓住时机，下令横向攻击楚国左军，撤退的晋军上军也掉转枪头进行回击。遭到两个方向暴击的楚国左军没有还手之力，"打酱油"的郑、许联军见状不妙先一步跑了，剩余楚军的溃败只是时间问题。

子玉率领若敖六卒猛攻晋国中军，由于先轸率领中军主力横击楚国左军，晋国中军阵营中所剩兵力不多。以不多的兵力阻击若敖六卒，这对于晋文公来说就像是在进行一场赌博。

这场赌局是晋文公一早就安排好的，他从一开始就不想硬碰硬。战前，晋文公提出此次作战的策略：晋军的上下两军要迅速出击，在击败楚国左右两军后转头包抄楚国中军，从而取得胜利。

这样做的风险很大，因为如果不能迅速击败楚国左右两军，兵力不足的晋国中军必将被子玉率领的若敖六卒攻破。晋文公在与时间赛跑，他坐镇中军，依靠坚固的防御工事抵挡若敖六卒的进攻。

在哪里都不缺搅屎棍。一个叫祁瞒的晋军将领为了获得军功，擅自率领部队越过防御工事主动出击，结果被若敖六卒杀得大败，中军防线顿时陷入崩溃的边缘。更要命的是，楚军里有一位神射手斗越椒，他一箭射落了晋国中军的大帅旗，影响了晋军士气。

眼瞅着晋国中军防线即将被突破，杀在兴头上的子玉收到自己的左右两军已经战败的消息。再不撤晋军两翼就要把若敖六卒包饺子了，为了自己和族人的安全，子玉只能下令撤退。

强悍的若敖六卒秩序井然地撤退，没有让晋军占到一丝便宜。

差点被突破中军军阵的晋文公松了一口气。晋文公心里知道，是因为楚国内部不和，自己才能侥幸取得这场大战的胜利，如果楚成王没走，楚国主力王卒参战，自己未必能够获胜。幸好历史没有如果，取得大胜的晋文公来到了楚军丢弃的大营，里面的补给堆积如山，将士们整整吃了三天。

收到子玉战败的消息，楚成王刚开始很高兴，但听说申、息两县的兵卒都战死了，若敖六卒却全身而退，他气得差点喷出一口血来。看来只能用另外的办法解决子玉了。

于是，当战败的子玉率领自己的族人来到了楚国边境，迎接他的是楚王使者的喝问："大夫，申、息两县的县兵都随你战死，你怎么对得起当地父老！"

子玉明白了，楚王是要自己死，只有这样自己的族人才能回国。他最终选择了自杀，若敖六卒得以回到楚国。

子玉的死没有改变楚国的政治格局，若敖人依然是楚国政坛上一支举足轻重的政治势力。楚成王这辈子是没有机会去解决威胁王权的若敖族了，最后替他完成这个任务的是他的孙子，也就是春秋五霸之一楚庄王。

周历五月十四日，城濮之战结束后的一个月，晋文公率军来到践土（今河南原阳县西南），在这里举行了一场声势浩大的会盟。周襄王亲临会场，授予晋文公"侯伯"（诸侯老大）的称号，晋国的霸主地位稳固了。

城濮之战让晋国一跃成为当时的第一大国，更重要的是保护了黄河流域内还比较脆弱的华夏文明，遏制了楚国北进的势头。到后来，伴随着不断的战争与文化交流，楚人渐渐认同自己为华夏文明圈的一员，不再以蛮夷自居，华夏文明逐渐得到壮大。

问鼎中原

秦晋死仇

秦穆公帮助晋文公登上国君之位,派军参加城濮之战,结果最后晋文公名利双收、成为霸主,而他自己什么都没捞着。秦穆公顿时怨气冲天,人精晋文公也察觉到了。

"既然你们秦国想逐鹿中原,那我就带你们去!"

公元前630年秋,晋文公向秦穆公发出攻打郑国的邀请。郑国是天下交通中心,夺取了郑国就等于在中原立住了脚跟,想到这些,秦穆公立刻就答应了,亲自率领大军与晋军会合。

晋国这么愿意给别国提供争霸的机会吗?其实,晋文公也不是真心想帮秦国,而是想借秦国之手灭掉郑国。

郑国倒了八辈子血霉,选在一个四战之地建国。此时当政的是郑文公,他看见城外黑压压的秦晋联军，感觉末日就要降临了。

束手就擒当然不行，可己方实力不济，不足以与秦、晋正面抗衡，不如从内部攻破它们的联盟。于是郑文公请了一位叫烛之武的老臣出山，让他前往秦军大营做离间工作。烛之武见多识广，拥有丰富的外交经验，知道如何抓住对方软肋，分析利弊说服对方。

晚上，烛之武出城来到秦军大营与秦穆公会面，他扮演起人生导师来，教导秦穆公如何避免上当受骗。

烛之武说："秦、晋两国围困郑国，郑国必亡。可是之后秦国就要越过晋国占据郑国的领土了，其实很难固守。郑国靠近晋国，万一哪天秦、晋两国翻脸，秦国占据的领土必然会被晋国吞掉。再说，晋国一向不讲信用，当年秦国扶持的晋惠公就忘恩负义坑害了秦国。其实郑国是愿意做秦国的东道主的，秦国使者路过郑国，郑国都会提供帮助。"

经过烛之武的点拨，头脑不会转弯的秦穆公突然就明白了晋文公的狡猾之处，原来自己是在为晋国作嫁衣裳啊！他拜谢烛之武，立刻班师回国，并留下精锐替郑国戍守。晋文公看到秦穆公不辞而别，知道自己的计谋被对方看穿，随即也撤军了。

之后，秦、晋两国虽然表面维持着友好局面，但内心对对方都有了隔阂。

公元前628年的冬天，晋文公去世，秦、晋之间暗流涌动。

秦穆公决定抓住晋国大丧之机进军中原，占据郑国。可惜秦军的保密工作做得实在太差，大军浩浩荡荡地从周天子所在的洛邑经过，等于向全天下暴露行踪。得到消息的郑国提前做好了防御准备，突袭计划失败。秦军准备撤退回国，途经崤函道，被提前埋伏在那里的晋军全歼。

这是中国古代历史上第一场大型伏击战，名为崤之战。此战晋国彻底消灭了秦军主力，让秦国在之后的300多年时间里不敢东进中原。

无法称霸中原，秦国只能向西发展。秦穆公晚年致力于征伐西戎王，将国土扩张了12倍（一说为吞并了12个国），开辟了千里的疆土，在西边称了霸。这就是《史记》里说的"秦用由余谋伐戎王，益国十二，开地千里，遂霸西戎"。

即便成了西方霸主，秦国也始终无法忘却与晋国的仇恨，隔三差五就去骚扰晋国。秦、晋之间不再友好，甚至成为无法化解的死敌。

一鸣惊人

当秦、晋死斗的时候，南方的楚国迎来了发展的好时机。

公元前613年，成语"一鸣惊人"的主角楚庄王登上了历史舞台。

楚庄王的父亲楚穆王是一个"灭爸"，为了王位把自己的父亲楚成王逼得上吊自尽，叱咤风云了一辈子的楚成王落得一个凄惨下场。

楚穆王政绩平平，没有什么亮眼之处，对儿子的教育也很忽视，只给他随便找了两个老师，一个叫子仪，一个叫王子燮。这两位看不上教师这个高尚的职业，一心想当楚国权臣。不认真备课只想着升官发财，他们的教学质量可想而知。

楚穆王死后，太子熊旅继位，也就是楚庄王。权力更迭之际，两位老师发动了叛乱，只是他们心比天高，命比纸薄，叛乱之火很快就被扑灭了。

最亲近的人展示出来的都是人性的阴暗面，年少的熊旅眼看着父亲为了王位逼死爷爷，老师为了权力发动叛乱，心理受到影响变得扭曲，想做一个正常人都难。他一生脾气都阴晴不定，一会儿如春天和煦的阳光般温暖，一会儿如冬天凛冽的寒风般冷酷。

公元前611年，楚庄王已经继位三年，他如同行尸走肉一样混沌度日，沉溺于荒淫生活，无心朝政。为了让自己耳根清净，楚庄王还在宫门上悬挂起一块大牌子："有敢谏者死无赦！"至于朝政，则由若敖族把持着。

这一年楚国西南发生灾荒，难民集结成叛军，为了生存爆发出骇人的战斗力，在楚国境内如入无人之境，最后奔着郢都（今湖北荆州江陵县）而来。周边臣服于楚国的小国见此，也抓住时机开始反叛。

楚国上下陷入了惶恐，是死战还是逃离郢都？大家都等楚庄王发话，可楚庄王还在后宫出不来呢！

天灾人祸，叛乱不断，昏君当道，最后王朝关门打烊，这个套路似乎很熟悉。为了避免国家的覆灭，两位有良知的大夫冒着生命危险向楚庄王谏言。

伍举是谏言敢死的第一人。他直奔楚庄王后宫，眼前的一幕让他直呼辣眼睛——只见楚庄王左右各抱一位美女，毫不回避。

见到来人，楚庄王奇道："伍举，你是来谏言的吗？"

伍举答："不是，我来给大王说一个故事。"

听到讲故事，楚庄王立刻来了兴致。

伍举继续说："从前楚国的山上有一只神鸟，它三年不飞，三年不鸣，这是怎么回事呢？"

听到这儿，楚庄王知道是在说自己了，他沉吟片刻后答道："这只鸟，不飞则已，一飞冲天；不鸣则已，一鸣惊人！"

伍举吃了一惊。大王是醒悟了吗？太阳打西边出来了吗？他半信半疑地回去了。

等了几个月，楚庄王还是一副死猪不怕开水烫的不悔改样子，大夫苏从忍不了了，做了谏言敢死第二人。他冲入宫内，怒斥楚庄王的荒唐行为。再次被不怕死的忠义之士感动，楚庄王终于决定振作起来，于第二天召开廷议。

满朝大臣对是战还是迁各执己见，争论不休。楚庄王是主战的，他一怒之下将主张迁都的上百位大臣全部处死，然后提拔了以伍举、苏从为首的上百位主战派大臣。脱胎换骨的楚庄王再也不是一个混吃等死的宅男，他让楚国上下看到了希望，在他的领导下楚国军队迅速平定了叛乱。

战后，庆功宴上发生了一个小插曲。堂中刮来一阵风把蜡烛吹灭了，有一位喝大了的将领趁黑拉扯了楚庄王身边妃子的衣服，妃子立马惊喊，一把扯下那人头上的冠缨。妃子向楚庄王禀告经过，楚庄王不仅没有生气，反而还哈哈大笑。他让所有人把冠缨摘下，然后才命人把灯点上，就当什么事也没发生过。

公元前606年，思路不同于常人的楚庄王又干了一件匪夷所思的事——勤王。

你没有看错，一直被周天子鄙夷的楚国要主动帮助周天子了！更奇怪的是，当时周天子的小日子过得还不错，并不需要帮助，更不用说邀请楚庄王前来了。

"周天子居住的洛邑附近有陆浑之戎，我为了周天子的安全，不需要周天子的邀请，自动发扬无私奉献的精神，帮助周天子铲除身边的危险！"这是楚庄王的脑回路。

与楚国八竿子打不着的陆浑之戎莫名其妙被楚庄王一顿暴揍，之后楚庄王就抛下他们，率军掉头直奔洛邑城下。这可把周天子吓得要死，要知道，周王室一直与楚人不对付，万一这次楚庄王勤王是假，灭国是真，那可如何是好？！过着提心吊胆日子的周天子决定派能说会道的王孙满[①]前往楚军大营一探究竟。

楚庄王听说周王室特使王孙满前来，立刻下令在洛邑城外摆好阵势，准备带着特使来个大阅兵。

王孙满看着杀气腾腾的楚国大军，明白这是楚庄王在对城内的周天子示威。周天子作为天下共主，被楚军兵临城下却没有一个诸侯赶来营救，现如今，真正决定周天子生死的只有楚王了！

楚庄王戏谑地对王孙满说："洛邑里陈放着象征天命的九鼎，我很好奇，九鼎有多重啊？"

---

① 王孙是指周天子的孙子，满是人名。

王孙满心里咯噔一下，明白楚王抛出这个问题是不怀好意。他回答："在德不在鼎，这是周天子成为天下共主的原因！"

　　楚庄王听了面露杀气："楚国只需要收集兵器上的刃尖，便足够铸造九鼎了。"

　　王孙满毫不畏惧，义正词严地回击道："周德虽衰，天命未改。鼎之轻重，未可问也！"

　　楚庄王被眼前这位铁骨铮铮的汉子折服了，虽然他的身后是实力衰微的周王室，但是他说出的话却振聋发聩。

　　一个国家、一个王朝想要长治久安，靠的不是武力，靠的不是权术，唯一可以依靠就是"德"！楚庄王从年幼时就看到身边最亲近的人为了权力化身为魔鬼，这成了他的梦魇，或许"德"才是最好的解药。

　　楚庄王撤兵回国了，挥一挥衣袖不带走一片云彩，不过这一趟也没有白跑，他达到了震慑天下诸侯的目的，也因此诞生了"问鼎中原"这个成语。

　　接下来，楚庄王要集中精力处理楚国政坛上的顽疾——若敖族了。

　　若敖族把持楚国朝政时间已久，再加上拥有强悍的若敖六卒，历代楚王都对他们束手无策，忌惮三分。现在担任楚国令尹的是若敖族的领袖斗越椒，字子越，当年正是他在城濮之战中一箭射落晋国中军大旗的。

　　楚庄王下令，将令尹子越的兵权交予他人，这是摆明了态度：不管你势力如何庞大，曾拥有何种战功，我就是要遏制你。

　　在楚国朝堂混迹多年，子越知晓楚庄王脾气无常，说翻脸就翻脸，行动往往让人措手不及。鬼知道楚庄王的下一步会不会就是诛杀若敖族，子越决定先下手为强。

　　心理压力巨大的子越潜回若敖族的封地，率领若敖六卒起兵造反了，正愁没有正当理由铲除若敖族的楚庄王立刻率军平叛。两军在皋浒（今湖北襄樊西）遭遇，不按常理出牌的楚庄王并没有坐镇中军指挥大军作战，反而冲在前方对着叛军大喊：

　　"子越有种来致师啊！"

两军蒙了，所有人都满脸诧异地看向楚庄王。

所谓"致师"就是单挑，由于春秋时是以车战为主的，所以当时的单挑也就是一乘战车对战另一乘战车。

子越战力很强，不惧单挑，当下就应战了。他乘坐驷马战车飞驰到阵前，楚庄王也毫不示弱乘坐战车来到阵前。不过楚庄王不是一个人前来的，他的车上还有楚国第一神箭手——养由基。成语"百步穿杨"的主人公正是养由基，人称"养一箭"。

楚庄王大声挑衅："子越，你有本事就朝我射箭啊，让我看你能不能射中！"

子越从没有见过这样不要命的君主，一瞬间竟被楚庄王的强大气场震慑到了，有点发挥失常，连续两箭都没射中。

"哈哈哈哈，轮到我了！养由基，射死他！"

楚庄王大手一挥，养由基张弓搭箭，一箭射中子越的咽喉。若敖六卒看到自己的领袖死了，而楚王有如神助，顿时心态崩溃，四下奔逃。楚庄王抓住机会下令全军出击，一举击溃了若敖六卒。

楚庄王大胜而回，他没有慈悲为怀，而是下令诛杀所有若敖族人，令历代楚王忌惮的强悍若敖族就此消失在了历史的长河里。

若敖族里有一个叫斗克黄的人，当时正好代表楚国出使齐国，他收到若敖族被灭族的消息后没有逃跑，而是毅然决然地回国了。楚庄王看到斗克黄不怕死，敬佩他的勇气，便没有杀他，还让他官复原职。

解决了国内的问题，楚庄王再次将目光投向中原，为称霸天下做准备。此次出击，首战便是天下的交通中心郑国。

倒霉的郑国，不论是谁想争霸天下，都要先拿它来练手。

邲之战

城濮之战后，郑国就倒向了晋国，本来以为背靠大树好乘凉，不承想楚国杀了过来。

公元前597年春天，楚庄王率领大军直扑郑国，围困郑都数月，城墙也被攻破了，逼得郑襄公不得不举行牵羊礼。这是投降的仪式，只见郑襄公光着膀子牵着羊，出城跪在楚庄王面前。楚庄王很大度，下令撤军30里，说是要与郑国和谈。

楚军都傻眼了，没见过这么干的！已经把对方打到灭国了，为什么还要撤军和谈？！

原来，楚庄王要的是对手心服口服，而不是简单的军事征服。现在郑襄公从精神到肉体都彻底臣服了，这不正是他所追求的吗？

听说楚国征服了郑国，作为北方超级大国的晋国不再袖手旁观。

此时的晋国内部早已不是晋文公时期君臣团结、上下齐心的局面了。晋文公死后，国君与大夫集团之间的权力天平开始倾斜。晋文公的孙子晋灵公被赵穿弑杀，权臣赵盾又扶持了晋文公的儿子晋成公继位，从此赵家主宰了整个晋国朝堂。晋成公死后，他的儿子继位，也就是晋景公。晋景公年幼，朝政都交给了资历最老的五朝元老荀林父处理。

听说楚国围困郑国，本该颐养天年的荀林父被迫领兵出征了，他的手下是一帮少壮派将领，他们仗着自己家的世代功勋，丝毫不把荀林父放在眼里。

整个晋军就像年迈的荀林父一样行动迟缓，等他们来到黄河边准备渡河时，楚军攻破郑都的消息已经传来了。收到消息后，荀林父内心相当开心："看来仗不用打了，郑国都被楚国打服了。"可就在荀林父想班师回国的时候，将领先縠（hú）跳了出来。

先縠是城濮之战中晋军主帅先轸的孙子，他对众将说："我堂堂晋国三军尽出，一仗都没打就回去了，实在有损威名！"说完，先縠便率军渡过了黄河，年轻气盛的将领们被鼓动，跟随先縠纷纷渡过黄河。年迈的荀林父看着自己就要变成光杆司令了，也不得不跟着渡河。

晋军行动看似统一，实际上内部已经产生分裂，上下不和。这个时候，战争胜负的天平已然倒向了楚庄王。

晋、楚两军在邲（今河南荥阳东北）遭遇，城濮之战后晋、楚两个超级大国之间的又一场国运之战——邲之战一触即发！

一场大战往往尸山血海，场面惨无人道，然而这场战争在整个中国古代历史上都算是一朵奇葩，对战双方既有君子风度，又不讲武德。

交战前，楚庄王派使者来到晋军大营。

使者说道："寡君少遭闵凶，不能文。闻二先君之出入此行也，将郑是训定，岂敢求罪于晋。二三子无淹久。"他的意思是，我们楚国国君年少时受难，心理受过创伤（老爹逼死爷爷，老师造反），不善于言辞，可能说话要不好听了。我们楚军来到这里是要安定郑国、助人为乐的，哪敢得罪晋国？诸位将领不要在此了，早点回吧。

荀林父身边的高级将领士会客气地回答："昔平王命我先君文侯曰：'与郑夹辅周室，毋废王命。'今郑不率，寡君使群臣问诸郑，岂敢辱候人？敢拜君命之辱。"这个意思是，曾经周平王命令我们的先君晋文侯一定要与郑国共同辅佐周王室，我们不能废弃天子的命令。现在郑国没有做好，晋国国君便差遣我们前来质问郑国，哪敢劳烦楚国君臣？在此感谢楚国国君了。

一番暗流涌动的唇枪舌剑后，楚国大使准备返回，不料一出门就被一个态度极其狂妄的人拦下了。这人叫赵括，是先縠派来的，他对着大使叫嚣道："我们晋军前来，就是要把楚军赶回去的！"

楚使回到楚军大营，详细汇报了自己的所见所闻，楚庄王听得乐开了花，对晋军内部的不和算是心知肚明。

楚庄王派人向荀林父请和。荀林父本来就不想打仗，现在看到竟然能不费一兵一卒就让楚国主动屈服，当然是满口答应，还和楚人约定了会盟时间。可惜荀林父岁数大了，头脑不清，不知道自己已经上了楚庄王的大当。

正常来说，既然讲和，双方等着签订和平条约，之后就能各回各家了，因此晋国一方的气氛变得轻松。然而胸怀天下的楚庄王这次只是虚晃一枪，他真正的目的是迷惑晋军。

就在晋军上下放松了警惕只等会盟到来时，一乘战车突袭了晋军大营，见人就杀。这辆车来自楚营，车左乐伯箭无虚发，车右摄叔抓住一个俘虏困在车上，车御许伯牵着缰绳看热闹。

晋军的反应还算快，不久就开始反击。哪怕武功盖世，三个人也抵挡不住众多晋军的攻击，他们见好就收，赶紧跑路。

晋军将领鲍癸紧紧跟在突袭的楚军战车后面。车左乐伯之前用的箭太多了，现在箭囊里只剩下一支箭。眼瞅着就要被鲍癸追上，碰巧一只麋鹿出现在乐伯眼前，乐伯便一箭射死了麋鹿，并大声对身后的鲍癸喊道："麋鹿是我送你的，请你享用！"鲍癸一看乐伯挺上道，用一头鹿来表示服软，便停止了追击。

晋军被这一场莫名其妙的小突袭搞得颜面尽失，很多少壮派将领再提决战。他们本就对荀林父和谈极其不满——没有仗打哪里来的军功？没有军功自己怎么往上爬？

为了挽回晋军的面子，一个叫魏锜（qí）的人独自驾车奔向楚军大营，高喊要致师，应战的是楚国第二神箭手潘党。

魏锜哪是潘党的对手，一照面就只有被潘党追着打的份。疯狂逃命的魏锜也看到有一只麋鹿经过，便射杀麋鹿，对身后追击而来的潘党大喊："这鹿是送给你的！"潘党见魏锜服软，也放弃了追击。

射头鹿送给敌人表示服软认输，对方就不再穷追猛打下死手，这就是春秋时代的对战规矩。

看见魏锜屁滚尿流地跑回来，不但没争回面子，小命也差点丢了，另一个不服气的晋军将领站了出来，他叫赵旃（zhān）。

赵旃信誓旦旦地出发了，却没想到自己的所作所为会将魏锜的丢人发扬光大，还成了邲之战的开端。

赵旃驾车来到楚军大营门口，喊着要致师，结果没人理他，把他当空气。等到周历六月十六日的早晨，赵旃终于看到楚军大营门打开了，但他没有等到前来单挑的人，而是等来了楚庄王。

只见楚庄王带着贴身警卫部队朝着赵旃冲过来，单挑变成了群殴，赵旃吓得大惊失色，高喊楚军不讲武德。可楚庄王才不屑与赵旃致师，他亲率自己的贴身部队打先锋，楚军主力跟在他身后发动总攻。

自知不能以一敌百甚至敌千敌万的赵旃夺命狂奔，为了减轻车身自重让速度更快，他把身上的盔甲都扔了，一路驾车往晋军大营狂奔。

荀林父还在幻想与楚军和谈，看见楚军以迅雷不及掩耳之势朝这边杀来，只能在心里大骂："楚王言而无信！"可现在这情况骂也不管用了，无奈的荀林父只能下令撤退。

"先渡过黄河者有赏！"

晋军主将直接下达逃跑的命令了！原本还在抵抗的晋军立刻作鸟兽散，很快，对战就变成了楚军单方面的追击和屠杀。

一乘晋军战车在逃跑途中陷入泥地里怎么也出不来，眼瞅着就要被追击而来的楚军撵上，晋军士兵十分害怕。没想到楚军战车虽然追了上来，却停在了他们旁边，帮忙把他们的战车从泥地里拔了出来，客串了一把道路救援。得救的晋军士兵再次启程逃命，他们没有感谢楚军的不杀之恩，而是嘲笑道："看来楚军擅长逃跑的技能啊！"

从泥潭中逃出生天的晋军哪里知道，真正的鬼门关竟是在黄河边上。为了尽快渡过黄河，溃散的晋军不顾一切地争抢渡船。他们自相残杀，上了船的人用剑劈砍扒在船边急于上船逃命的友军，船里堆满了被砍下来的手指，无数晋军被淹死在黄河里。

邲之战以楚军的胜利告终。

第二天，取得大胜的楚庄王来到尸横遍野的战场。随行的潘党建议将晋军的尸首做成京观[①]，楚庄王听了，冷冷地看着潘党问："你告诉我，武字是怎么写的？"

潘党说："武字是由止与戈组成的。"

楚庄王道："止戈为武，光靠杀戮是无法让对手屈服的。"

邲之战结束，楚庄王来到践土。35年前，晋文公在城濮之战大胜楚军后举行了践土之盟，登上霸主之位，号令天下诸侯；35年后，楚国终于也成了天下霸主。楚庄王来到同一个地方，在这里修建了宫殿，祭祀了楚国先王，告慰了列祖列宗的在天之灵。

公元前595年，楚国大使出访齐国，途经宋国。按理说，从他国领土上过起码要跟主人打声招呼，可蛮霸的楚庄王觉得自己既然是天下霸主，自己的大使路过别国时也就不需要借路。

宋国与楚国是老冤家了，宋国虽小，宋人却很有脾气，一直看不起楚人。如今见楚国大使竟然把宋人当空气，大摇大摆地从宋国的领土上穿过，恼羞成怒的宋人竟然把楚国大使给杀了。

消息传到楚国，楚庄王爆发雷霆之怒，鞋子没穿宝剑也没有佩带，挥着袖子立刻起身冲了出去，要发动战争灭了宋国。

楚军奔袭千里，把宋国都城睢阳团团围住。宋国面对强大的楚国毫不畏惧，决定和楚国死磕到底，反正这也不是楚军第一次兵临城下了！

这场围城战破纪录地打了9个月，天下诸侯大呼楚国真土豪也！要知道，楚

[①] 京观，即把敌军尸首堆在一起，然后封上土的一个高冢。

军可是在远离本土的地方作战，不花费大量人力物力提供强大的后勤补给，大军不可能持续在外作战这么长时间。

宋和楚继续僵持着。到了第二年开春，要播种了，楚国大军还在外国，国内根本没人种地。再这样下去，等到秋天大家就要喝西北风了，但楚庄王是一个狠人，他不肯善罢甘休，直接命令将士们就地种田，自给自足，直到攻破宋都睢阳为止。

城内的宋人也好不到哪里去，囤积的粮食早吃光了，现在城中百姓都在易子而食。看到楚军在城外种田，一副不肯罢休的样子，他们吓得魂不附体。什么也没有生存重要，宋国不得不放下傲慢的姿态主动求和，还表示愿与楚国结盟，拜楚国为大哥。楚庄王就坡下驴应了下来，撤军回国，赶紧让将士们下地种田，再晚楚国就真的要闹饥荒了！

在春秋时代乃至于整个中国古代历史上，楚庄王都是一个特立独行的人。他的性格就是两个极端，甚至说他就是矛盾的融合体。有的时候他豪爽霸气、仁慈善良，充满了人格魅力；有的时候他又残酷无情、不讲信用、唯我独尊，像魔鬼一般。可偏偏就是这么一个喜怒无常的人，将楚国推向了顶峰。

晋、楚两个超级大国你来我往，在中原大地展开争霸战争，中原各小国成为他们的战场。但是再彪悍的人也有打累想休息的时候，在公元前579年和公元前557年，晋、楚两国带着各自的小弟先后举行了两次弭兵[①]大会。

和了！晋、楚两国终于不再打了，也打不动了，中原大地迎来了久违的和平。

这时，两位圣人出现在华夏大地上，他们的思想如同万丈光芒，照亮了饱经战乱的人们。

这两个人便是老子与孔子。

---

① 弭兵，平息战争的意思。

轴心时代里的中国

大儒常无父

20世纪40年代末,德国学者雅斯贝斯提出一个非常著名的历史名词——"轴心时代"。这个词是指公元前800年至公元前200年,在这个时间段的北纬25°至35°之间,世界各地的文明同时诞生了一批伟大的思想家。

在古希腊,毕达哥拉斯用数学诠释世界,苏格拉底和他的徒弟柏拉图、徒孙亚里士多德开启了希腊哲学的黄金时代。

在位于恒河流域的古印度,释迦牟尼于菩提树下悟道成佛,佛教就此诞生。

在中国,当时正处于春秋时代,孔子以一己之力拉开了百家争鸣恢宏时代的序幕,老子则用"道"来诠释宇宙运行的规律。

下面,我们就来聊聊孔子与老子。

孔子的父亲叫叔梁纥（hé），纥是他的名，叔梁是他的字。他姓子，氏孔，年轻的时候孔武有力，屡立战功，后来成为鲁国昌平乡陬邑（zōu yì，今山东曲阜）的地方官。

叔梁纥70多岁了，和正妻生了9个孩子，清一色都是女儿，一心想要儿子的他又娶了一个妻子，结果生出一个跛脚的儿子，取名孟皮。最后，已经到了风烛残年的叔梁纥找到贫寒的颜家，娶了颜家的小女儿颜徵在。

由于叔梁纥与颜徵在岁数差距巨大，几乎是爷孙辈，他俩的婚姻不符合礼法，所以被称为"野合"。

公元前551年，年轻的颜徵在为叔梁纥生了一个健康的男孩，他就是孔子。孔子出生时并没有像历史上的其他名人那样伴随什么神奇的自然现象，看起来他似乎只是一个普普通通的婴儿。

颜徵在住所旁有一座神山叫尼丘山，她曾向尼丘山祈福。孔子出生后头顶凹下去，就像尼丘山，因此她把"尼丘"两个字用在孩子的名字上，"丘"作为名，"尼"用作字。古人常用孟（伯）仲叔季给兄弟排行，孟（伯）是老大，仲是老二，叔是老三，季是老小。因为孔子有一个同父异母的哥哥叫"孟皮"，所以孔子的字就成了"仲尼"。

总结起来，孔子姓子、氏孔、名丘、字仲尼，人们常称他为"孔丘"，称"孔子"则是出于尊重。

孔子3岁时父亲叔梁纥就去世了。叔梁纥虽是陬邑的地方官，但没有给孔丘留下多少财产，不能提供给他优渥的生活环境。大儒常无父，从小缺少父爱对于一个孩子来说是不幸的，但不幸是把双刃剑，它既带来了苦难，也磨练了意志。

颜徵在一个弱女子无法独立抚养儿子，只能带着年幼的孔子投奔娘家人。虽然父爱缺失，但是母亲颜徵在和她的娘家人给了孔子很多关爱，为他的成长提供了巨大帮助。孔子大约很感激他们，所以对颜家人多有关照，以至于他后来的学生里就有很多颜家子弟，比如颜回。

鲁国的初代国君是西周开国大功臣、制定周礼的周公旦，所以周礼影响了鲁国上到国家组织架构、外交战争，下到百姓婚丧嫁娶、衣食住行的方方面面，就连人与人之间的交往行为也以周礼为规范准则。有一次，春秋时期的超级大国晋国派大使访问鲁国，大使参观了鲁国的图书馆，看到浩瀚的周礼典籍，情不自禁地发出感慨："周礼尽在鲁矣！"

陬邑作为鲁国的首都，文化气氛更是极其浓厚。颜徵在对儿子的教育也极其重视，在孔子8岁的时候，她给他报名，送他上学。当时的学校都是公办的官学，主要招收贵族子弟，虽然孔子家道中落，但好歹父亲曾担任过地方官，勉强算是贵族，有入学的资格。

一个贵族要完成两个教育阶段才能算正式学成，先是小学，到了15岁就可以上大学，学习的难度与深度是不断提升的。

贵族教育的目的是培养一个能文能武的全才，武能上阵杀敌，文能弹琴吟诗，所以他们学习的科目主要是六门，即礼（周礼）、乐（音乐）、书（书写）、数（数学）、御（驾车）、射（射箭）。这六门课里既有生活常用与保家卫国的实用科目书、数、御、射，也有提高自身人文修养的科目礼、乐，其实也就是德智体美全面发展。这不就是我们常说的素质教育吗？

在鲁国，周礼是一门必修课，专门讲授并指导人遵从"礼"的人被称为"儒"，孔子上学后认真学礼，儒家就是这样来的。

上了学的孔子展现出学霸的气质，不光聪明，还勤奋刻苦。孔子曾说："吾十有五而志于学。"（我15岁立志要好好学习。）可见到了15岁上大学时，他已经立志要在学术上做出一番成就。后来，学校里的知识已经不能满足他的需求了，只要是别人明白而自己不明白的道理，孔子都会虚心请教，这就是"三人行，必有我师焉"。

17岁那年，就在孔子专心研究学问的时候，家里传来噩耗，母亲去世了。

颜徵在是一个伟大的母亲。她年纪轻轻嫁给一个行将就木的老头，早早便守寡了，不但没有感受过幸福的婚姻，还要独自抚养儿子长大。如此遭遇，她对孔子的教育却没有丝毫放松。孔子长得高大强壮，却没有成为像父亲那样的武将，而是成了一位影响中国数千年的文化圣人，不能不说他是受了母亲颜徵在的影响。

母亲死了，孔子按礼要守孝三年。正逢鲁国的权臣季孙氏宴请鲁国名士，孔子虽然很年轻，但是学霸的名声已经传开了，因此也成为被邀请的嘉宾。孔子披麻戴孝地前往季孙氏家，季孙氏的家臣阳虎一看他这副打扮，深觉晦气，竟把他赶走了。

阳虎与孔子并未就此天各一方，他俩作为敌人的宿命才刚刚开始。

孔子长到19岁，娶了亓（qí）官氏为妻。这位姑娘是宋国人，成亲的第二年就为孔子生了一个儿子。孔子在鲁国已经小有名气，鲁国国君听说他有了儿子，还特意派人送来一条大鲤鱼表示庆贺，为了纪念，孔丘给儿子取名叫孔鲤。

20岁的孔子步入仕途，他没有过硬的背景，只能一步一个脚印地从基层做起。孔子先给季孙氏当仓库管理员，接着当了管理畜牧业的小吏。不管做什么事，他都从来没有出过错。

到了30岁，孔丘升任鲁国的司空，成了国家的高级干部，相当于现在住建部部长。如果孔子接着做官，或许能成为一个成功的官僚，但是他的名字很可能会消失在历史长河里，好在上天让他做出了另一个选择。

公元前518年，34岁的孔子决定砸碎手中的金饭碗，去洛邑游学。

游学在春秋战国时期是一件极其常见的事，一个人想要多学知识、开阔眼界，就必然会去游学。先秦的诸子百家如果没有游过学，都不敢说自己有学问。

洛邑是周朝的都城，那里有着全天下独一无二的巨型图书馆，管理这些珍贵典籍的人是周朝的史官——老子。

老子，传说是道教的开山老祖，也是《西游记》中把孙悟空关在炼丹炉里七七四十九天的太上老君的原型。在真实的历史上，他博学多才，是当时名闻天下学术明星，号称全天下最懂"礼"的人。

孔子此次洛邑游学的目标正是老子，他打算带上自己的学生南宫敬叔前往梦寐以求的精神圣殿，向老子学习。鲁昭公听说孔子要游学，认为这是一件促进文化交流的大好事，立刻派了一辆车、两匹马、一个童仆跟随。

道可道，非常道

历史上对于孔子与老子的会面并没有太多详细的记载，只有《史记》简单讲述了一下。

老子是陈国苦县厉乡曲仁里（今河南鹿邑县一带）人，姓李、名耳、字聃（dān）。孔子来到洛邑，见到了这个全天下最懂礼的人，向他请教关于礼的学问，可是老子的回答让孔子摸不着头脑，甚至怀疑自己找错了人。

老子笑着对眼前这位年轻人说道："你想请教礼，可是提倡礼的人早就死了，尸骨也已腐朽，只有说过的话还留在人间。君子获得良机时，可以施展自己的抱负，可运气不好时，也会如同蓬草一样随风飘散。聪明的商人会把自己最值钱的货物藏起来，品格高尚的君子看上去就像个愚钝的人。"

孔子错愕地望着老子，老子接着说："我看到你身上有着傲气与欲望，还能看到你那过高的志向。把它们散去了吧，这些对你没有好处。我能告诉你的只有这些。"

《史记》里的记载就这么多，却道出了老子对"礼"、对世界、对宇宙的看法。

老子是周朝的史官。在当时，史官不仅要记录历史，还掌管天象观测，根据日月星辰运转的规律制定历法，有时国君也需要他们对国家大事占卜预言，所以史官的社会地位极高，他们的每一句话都影响着国家的决策。

史官们在长期的天文观测与占卜预言活动中发现，宇宙乃至万事万物都在不断地变化与运动，且都有运行的规律，所以他们认为人应该顺应自然运行的规律，不应该瞎折腾。但是春秋乱世礼崩乐坏、道德沦丧，人已经不是人，而是一团欲望的火焰，根本不满足于顺应自然。为了利益，国与国之间相互征伐，上演无休止的不义战争；为了权力，国君家里父子相残，朝堂上大夫弑君。世间民不聊生、尸横遍野，如同炼狱一样。

作为史官，老子观察着这个时代的面貌。

他发现高高在上的君王过着锦衣玉食的日子，大口大口吸着百姓的血，干着吃人的事儿：

"朝甚除，田甚芜，仓甚虚；服文采，带利剑，厌饮食，财货有余；是为盗夸。"（朝堂混乱，田地荒芜，粮仓空虚；贵族们身穿华服，佩带利剑，吃着山珍海味，家里堆积着从百姓那掠夺的财货。他们才是真正的大盗。）

他发现为政者本该用适合百姓的方式治理天下，如今君王却在残杀百姓，而百姓则看惯了生死，根本不怕死：

"民不畏死，奈何以死惧之！"（乱世中的百姓对死毫无畏惧，为什么偏偏还要用死来吓唬他们呢？）

绝顶聪明的老子看透了这个惨绝人寰的世道，他感到莫名的孤寂、痛苦：

"天地不仁，以万物为刍狗[①]。"（老天如果像人一样有意志的话，它一定是残暴不仁的，把万事万物包括人的生命当作刍狗。）

老子学识渊博，是当时天下最懂"礼"的人，他发现"礼"是周公旦为了用以指导人们的生活而制定的规范，可现在却沦为统治者束缚人们的工具。政客为了一己私利弄出了各种压榨百姓的治国政策，而天下动乱愈演愈烈，在这样的世道里，"礼"就是狗屁：

---

① 刍狗，祭祀时用草扎成的狗。

"夫礼者，忠信之薄，而乱之首！"（"礼"这个东西，是忠信的不足，是祸乱的罪魁祸首！）

人为什么要被"礼"束缚，没有了生活的乐趣？人活一世，应该以宇宙万物运行为生存的法则，一切顺乎自然，才能活得自由自在。这是老子对人生的追求，他也对自己心中的理想国做了描述，那就是"小国寡民"。

在老子看来，国家小，百姓少，人们很少远离故土，就能够活得很满足，而邻国之间可以相互望见，鸡犬相闻，但是百姓们到死都不相互来往。这才是一个美丽的乌托邦！

至于如何治理国家，老子也给出了答案，那就是"无为"。

所谓"无为而治"，无为即是有为，有为反而不如无为。统治者减少自己的欲望，少折腾，最好什么都别干，老百姓并不傻，知道自己想要什么该干什么，这样下去国家便会长治久安：

"我无为，而民自化；我好静，而民自正；我无事，而民自富；我无欲，而民自朴。"（我作为君王，无所作为，百姓会自我教化培育；我喜欢安静，百姓会自己走正道；我不做事，百姓自己会富足；我没有欲望，百姓自然会变得淳朴。）

统治者对百姓的干预越少，他们的生活就能越好。百姓们不是傻子，农民知道自己该耕田，商人知道自己要做买卖，工匠知道自己该做工，而打乱这一切的都是统治者的欲望，这才是天下祸乱的根源。

老子的这一观点被后世人应用到了实际中。秦始皇在建立了中国历史上第一个大一统王朝——秦朝后，颁布诸多政策治理国家，可一通操作猛如虎，反倒给王朝服下毒药，结果是他死后三年王朝也土崩瓦解了。刘邦推翻秦朝建立汉朝，当时天下饱经战乱，人口锐减，大汉王朝需要慢慢调理，于是汉初几代帝王都采用老子无为而治的策略，政府尽量减少对百姓的干预。经过数十年休养生息，到了汉武帝时期，大汉王朝才变得实力强悍，能开挂一般地吊打四方，开疆拓土。

看到这里，如果你以为老子只是一位政治思想家，那就太贬低他了，他还是中国历史上第一位哲学家！他的所有思想源头都来自一个字——"道"。

这就不得不提一部重量级著作——《老子》，又被称为《道德经》。它是道家的经典。

普通人读《老子》的时候会感觉它深奥玄妙，直呼看不懂。的确，《老子》并不像道家的另一本经典《庄子》那样有很多的寓言故事，内容生动有趣。翻开《老子》的第一页，映入眼帘的第一句话就很晦涩：

"道可道，非常道。"（"道"如果可以说出来，那么这个"道"就不是永恒不变的。）

那么究竟什么是"道"呢？

"道生一，一生二，二生三，三生万物。"（"道"是万物运行的规律，是宇宙的本原，万物无不由它产生。）

"天下万物生于有，有生于无。"（可是它没有具体的形状，看不见摸不着。"道"就是"无"。）

这样的解释太过玄奥，凡夫俗子哪能理解？为了方便世人揣摩，老子又写了一句直白的话：

"上善若水。水善利万物而不争，处众人之所恶，故几于道。"（美好的品德如同水一样，水帮助万物生长却从来不争，居住在人们讨厌的低洼之处。水的特性如同"道"。）

号称西方古典哲学集大成者的黑格尔曾说："中国没有哲学。"其实这是黑格尔以西方人的视角擅自揣摩中国古人智慧才得出的结论。中国当代著名哲学家冯友兰在自己著的《中国哲学史》一书中，于开篇第一句就写道："哲学本一西洋名词。"在西方人眼中，哲学总得有逻辑、推理等，而中国古代没有哲学的概念，只有思想。用西方人的思维去理解中国古代思想，必然存在偏差。

《老子》中，有宇宙、有人生、有知识，老子将它们杂糅在一起，化于"道"之一字。这样的思想，其实就是中国的哲学。

《史记》记载，《老子》一书是老子辞官离去经函谷关时写下的。当时老子看到周王室衰微，决定西去，在函谷关遇到了戍守在这里的关令尹喜。尹喜是老子的粉丝，看到学术界的天王巨星从自己管辖的地界路过激动不已。普通粉丝碰见偶像无非是要合影、签名，可这些在尹喜看来都太低端了，他请求道："您既然要西去，我恐怕再也看不到您了，签名就不用了，不如您给我写本书吧！"

就这样，老子在狂热粉丝的恳求下写了名震古今的《老子》，即我们常说的《道德经》，这本书分上下两篇，5000余字。写完后，老子便西去了，从此不知所终。

这么看来，在孔子与老子见面时，恐怕《老子》还未成型。那么他们两人具体交谈了些什么呢？史书上并没有明确地写，我们不得而知，但可以肯定的是，老子将孔子引向了一个全新的境界，因为孔子在离开老子后曾对弟子感慨地说："龙驾着风飞向天空，我今天看到老子，觉得大概龙就是长这样的吧。"

面对乱世，老子放弃了"礼"，选择了回避，去探索宇宙运行的规律，创造了玄而又玄的"道"。老子西去，无影无踪，如同遁入无穷无尽的"道"之中。

可孔子是一个积极入世的人，他要的是改变这个世界。既然老子的观点是"天地不仁"，那不正说明"仁"是世人所缺的吗？如果每个人都心存仁爱之心，做的事都符合"礼"的要求，那么混乱的天下不就能变得井然有序了？所以孔子继承了"礼"，发扬了"仁"，以恢复天下秩序为己任。正是因为他有这样一个宏大的目标，且为之奋斗，所以他才担得起"子"的称呼。

什么是"仁"？一位叫樊迟的学生曾问孔子这个问题。

"仁"不需要用复杂华丽的辞藻去定义，孔子仅仅回答了两个字："爱人。"而"礼"与"仁"并非相互独立的概念，而是相互依存的，所以孔子又说："克己复礼为仁。"（克制自己内心过度的欲望，行为按照礼的要求，这就是仁。）

老子与孔子的会面是先秦时期文化界的高光时刻，是一场思想的大碰撞，更是后来百家争鸣的序章。由他们二人延伸出的道家与儒家虽是两个不同学派，但它们没有斗得你死我活、势不两立。儒家鼓励人们积极入世，用自己的行动向好的方向改变世界；道家关注人的内心，追求自然无为，顺应宇宙运转的规律。它们相互补充，塑造了早期中国人的精神世界。

然而，很多人都怀疑老子是否真的存在，因为他的身世存在诸多疑点。

疑点一：《史记》里介绍老子是楚国苦县人，而苦县原是陈国的领土，公元前478年楚国灭了陈国，苦县才到了楚国手里。孔子拜见老子一事发生在公元前518年，那时距离陈国灭国还有40年。这个记录岂不是自相矛盾？

疑点二：《史记》里描述，老子活了150至200岁。按照常识，这样的岁数已然超出了人类的极限，不是长寿而是成精了，恐怕可信度不高。

疑点三：《史记》里记载，老子西去函谷关。孔子见老子发生在春秋末期，说明老子是生活在春秋末期的人，而函谷关是战国时的秦国在夺下东出中原的崤函道后才营造的，二者时间相隔100多年。

疑点四：司马迁对老子到底是谁其实写得也很含糊，他先说了李耳是老子，后来又补充说老莱子和太史儋也有可能是老子。这么看来，恐怕老子到底是谁，司马迁也是一头雾水。

老子如同神龙，见首不见尾，他的存在如同他提出的"道"一样玄幻，甚至很多人怀疑孔子拜见老子也是一件子虚乌有的事。

是这样吗？

探寻历史的真相如同破案一样，要抽丝剥茧，要有证人，要有证据。

证人，都死了2000多年，可是证人的证言却写在书里。儒家的"四书""五经"里有一本书叫《礼记》，里面有一篇《曾子问》，记录了曾子向孔子请教"礼"的全过程，其中就提到了孔子拜见老子。

试想一下，《礼记》作为儒家的经典被历代弟子学习，孔子拜见老子必然发生过，否则儒家弟子没必要降低儒家开山老祖孔子的段位去抬高道家的老子。

通过《礼记》，我们知晓孔子拜见老子应该是真实存在的。

可是老子活了那么久，又有那么多人被称为老子，这些问题该怎么解释？

《老子》中有一句话:"三十辐共一毂,当其无,有车之用也。"(车轮是由30根辐条组成的,车子底部中空的部分可以装车轴,车子才有用处。)这句话告诉我们,写这本书的时候,车轮是30根辐条。可目前出土的春秋时代马车从没有过30根辐条,直到战国时代车轮辐条才开始增多,最后出现了30根辐条。由此看来,《老子》一书中的内容(至少是一部分内容)是战国时代写成的。

我们可以做一个大胆的猜测:其实《老子》的作者不是一个人,而是一群拥有道家思想的人。他们分别活跃在从春秋到战国的几百年间,来自不同的诸侯国,都被人尊称为"老子",所以老子才会被误认为活了150至200岁,所以老子才会经过战国时才出现的函谷关。

削三桓

孔子回到鲁国后没多久,公元前517年,鲁国爆发内乱,鲁昭公作为国君被架空了,成了傀儡,"三桓"成为鲁国的实际主宰者。

有人会问:"三桓"是谁?

它不是一个人,而是三个大家族。

200年前,鲁桓公有三个叫孟孙氏、叔孙氏、季孙氏的孩子,人们将他们称为"三桓"。这三人都不是嫡长子,没有资格继承国君之位,只被封为卿大夫,也就是高级公务员的职务。不过卿大夫也是有封地的,每一块封地都是一个独立的小王国,卿大夫可以在封地内征兵征粮。

三桓的后代很争气，经过200年的发展，他们权倾朝野，甚至到了国君如果不听他们的话都要被迫浪迹天涯的程度。

人活一口气，佛争一炷香。鲁昭公作为国君不堪忍受被人控制的感觉，率先向三桓发动袭击，想逆风翻盘。可是自古以来傀儡君主都很少能打赢权臣，这一次也不例外，鲁昭公被三桓赶跑了。

孔子是忠君派的人，受到牵连，不得不离开故乡鲁国，逃到齐国国都临淄。逃亡到临淄的孔子十分开心，因为临淄是音乐之都，有许多精通音乐的乐官，还有各种好听的音乐。孔子天天与乐官切磋交流，听到爆款音乐《韶》后更是沉迷其中无法自拔，连续三个月都尝不出肉的味道。

一年后，鲁国局势稳定，孔子回到了鲁国，可他曾经的老板鲁昭公还在外乡漂泊，无官可做的孔子只能自己创业。他开设私学，搞起了民办教育。

不要小看孔子的举动，这在中国历史上可是开天辟地的事。

孔子之前，教育都被官学垄断，想上学的人起码得有个贵族身份。贵族垄断了知识资源，让平民没有上升的空间，造成了阶级固化。孔子开设的民办教育打破了贵族公办教育垄断知识的局面，让普通平民有了阶级跃升的可能。平民只有掌握知识，才有力量和能力去挑战高高在上的贵族老爷。后来众多学者效仿孔子开办私学，到了战国百家争鸣的时代，"布衣相卿"成为常态。到了汉代，由一群平民创立的大汉王朝正式屹立于世界的东方，而当时地球上的其他国家仍由贵族统治着。

从这个角度看，我们甚至可以说，孔子对历史的最大贡献就是为平民开私学，这是一场教育革命，彻底改变了中国社会。

有教无类、因材施教是孔子的办学理念。不管是贵族还是平民，只要想学，缴纳10条肉干（束脩）作学费，就可以跟在孔子身边学习，并且孔子会根据学生的知识水平、理解能力等制定不同的教学方法。由于教学质量好，孔子渐渐成为鲁国名师，后来名声更广，甚至被后世誉为"大成至圣先师"。现如今每逢考试，学子家长都会拜孔子像，祈求名师孔子保佑考得高分。不过孔子如果知道自己被当作考神供奉，还要帮学生提分，估计能气活过来，因为他是很反感鬼神之事的，曾说："子不语怪力乱神。"

当孔子开办私学之时，他被一位野心家盯上了，这个人就是阳虎。阳虎再次出场的时候依旧是三桓里势力最大的季孙氏的家臣，担任家宰一职，但他也已经是鲁国最有权势的人了。

公元前505年，季平子死后，他年幼的儿子季桓子继承季孙氏族长之位，而阳虎虽然只是家宰，却管着季孙氏家里的大小事务，季孙氏家里上下全是阳虎的人。渐渐地，阳虎萌生了一个大胆的想法：不如趁族长年幼掌控季孙氏，然后吞并三桓，成为鲁国的实际统治者。

说干就干！阳虎把季桓子当作傀儡，又杀死了季孙氏内部很多不服自己的人，掌控了季孙氏，而叔孙氏与孟孙氏的实力不如阳虎操控下的季孙氏，一时间，阳虎竟真的成了鲁国的当家人，是鲁国人谈之色变的对象。

孔子是一个正直的人，他怒斥阳虎大逆不道的行为是"陪臣[①]执国命"。

阳虎也知道自己是乱臣贼子，好面子的他需要名人给自己背书，而他第一个想到的就是孔子。为了拉拢孔子，阳虎命人送来一头烤猪。孔子看到阳虎送来的烤猪，内心别提有多恶心，可他是懂礼遵礼的人，理应去阳虎家拜谢。既不想破坏礼数，又不想与阳虎同流合污，孔子干脆选择阳虎不在家的时候登门拜谢。

公元前502年，阳虎决定彻底消灭三桓。他本来信心满满，却没想到危急关头充满求生欲的三桓团结在一起，最后竟把他赶跑了。

阳虎去浪迹天涯了，留下一个烂摊子摆在三桓与鲁国国君面前。此时的鲁国充满内忧外患，外有齐国虎视眈眈，内有三桓家臣作乱。

公元前501年，孔子作为鲁国最有威望的人被请了出来，在两年之内从中都宰、司空一路升为大司寇，主管司法。

---

① 陪臣，即家臣。

公元前500年，不怀好意的齐景公想假借会盟把鲁国国君绑票，此时鲁国的国君是鲁定公。面对齐国提出的会盟要求，即便知道对方不怀好意，腰杆不硬的鲁定公也只能硬着头皮去，好在这次他把孔子带上了，而孔子凭一己之力化险为夷。

齐、鲁两国国君来到会盟地点夹谷，齐景公安排蛮夷莱人劫持鲁定公。孔子早有准备，大喊将士保护国君，并带着鲁定公退往安全地带，然后怒斥道："两国国君见面，竟然安排蛮夷来捣乱！这是道德沦丧，礼仪缺失，有损齐国威名！"

齐景公见自己的劫持计划失败，又被孔子骂，面子上十分挂不住。他让蛮夷莱人退下，接着召开会盟，并让最懂礼法的孔子负责主持会盟仪式。会盟仪式上有音乐舞蹈，齐景公就让艺人与侏儒上台表演助兴，没想到这一举动又撞到了孔子的枪口上。

"来人，把这些迷惑诸侯的人腰斩！"

孔子杀人的理由是这些演员在会盟的场合表演低俗的节目，不符合礼。齐景公彻底吓傻了。自周平王东迁洛邑，天子大权旁落，礼崩乐坏几百年了，谁还记得烦琐的礼仪规范啊？可是孔子又的确是按照礼的规范来处置的，齐景公只能吃个哑巴亏。

到了双方商讨谈判细节时，齐景公说道："齐国对外征战，鲁国必须派300乘战车随行，不然就制裁鲁国。"

鲁国人蒙了，这是赤裸裸的霸权思维、流氓行径！凭什么你打仗我派兵，不派兵还找我算账？

孔子针锋相对道："齐国必须归还侵占鲁国的汶水北岸的国土，这样我们才能答应齐国的要求。如果齐国没做到，也要受到惩罚。"

齐景公又被孔子将了一军，只能将曾经侵占鲁国的土地还了回去。

只凭三寸不烂之舌就让吃肉不吐骨头的齐国把鲁国领土吐了出来，夹谷会盟让孔子名声大震！

看到孔子超凡的能力，鲁定公和三桓决定找孔子帮忙打开国内的局面。

等一下！鲁国国君与三桓不应该是水火不容的敌人吗？现在怎么联合在一起来找孔子啊？

当初周公旦发明了分封制，天子将天下分封给诸侯，诸侯将国内土地分封给卿大夫，卿大夫将封地分封给家臣，层层转包。几百年过去，天子被诸侯架空了，诸侯被卿大夫架空了，而卿大夫也好不到哪里去！

三桓作为卿大夫都有自己的封地，分别是郈（hòu）邑、费邑、郕（chéng）邑，但他们本人不住在封地里，而是住在鲁国首都陬邑，方便掌握朝堂动向，对付国君。三桓把封地都交给家臣来打理，久而久之，家臣反倒成了封地的实际主人。这下悲催的三桓老巢被家臣霸占，想回都回不去了，只能怪当年自家修城墙的时候太用功，把城墙修得又高又厚。

三桓想夺回老巢，就必须把城墙拆了，而鲁定公要掌握大权，就必须要遏制三桓的势力，也必须把三桓老巢的城墙拆了，让那里变成不设防的城市。就这样，曾经零和博弈的国君与三桓竟然团结在了一起。

孔子的名气大，鲁定公和三桓都决定让他去主持城墙拆迁工作，项目名称是"堕三都"。

占据三桓老巢的都是三个家族里负责城市管理的邑宰，他们为维护自身利益，发起了顽强抵抗。武力和劝说轮番上阵，孔子完成了对郈邑、费邑的拆迁工作，面对孟孙氏的郕邑却遇到了困难。郕邑是鲁国边境军事重镇，是对抗齐国的桥头堡，拆了这里的城墙，反而会让齐国遂了心愿。最终，郕邑的邑宰表示愿意听从老主人孟孙氏发话，孟孙氏拿回主导权，也就不纠结于城墙了，郕邑的城墙得以保留。

鲁定公削弱了三桓，三桓也能安心回老家了，干了件大事的孔子被提拔为代理国相。

此时已经54岁的孔子欣喜若狂，如果自己再努力一把，"代理"两个字就能去掉，成为国相，自己的抱负就能更好地实现！为此他辛勤工作，把鲁国治理得路不拾遗、夜不闭户。

春风得意的孔子很快就被现实狠狠地打了脸。

齐国担心鲁国在孔子的治理下变强,故意海选了 80 名美女送给鲁定公,鲁定公把持不住,渐渐沉迷酒色。而差点被阳虎害死的季桓子此时也已长大成人,作为三桓里势力最大的一个,他丝毫不把低级贵族出身的孔子放在眼里。

有一次,鲁国举行祭祀活动,鲁定公不理朝政到连这么重要的事都让季桓子代替。按程序,仪式结束后祭肉要分给众人,可季桓子故意忽略了孔子。

作为代理国相的孔子愤怒了,可是他又能怎样?

自己虽是国相,却没有封地,也没有兵权,唯一可以依靠的国君如今又变成了无用之人。想到这里,孔子生出辞官的心。

孔子是一个高傲的人,他觉得自己凭三寸不烂之舌帮鲁国外御强敌,又实现了历代鲁国国君都完不成的"堕三都",也算取得了一些成就,凭着这样的本事,应该到哪里都会受到重用。

周游列国去吧,去他国传播自己的政治理想!

诸子百家的先锋

有句话是怎么说的来着?巅峰时刻谁都有,莫把一刻当永久。

孔子离开了鲁国,可等待他的不是期待中轻松愉快的旅行,而是充满危机的探险。路途上,孔子险些丧命。

公元前 496 年,孔子带着弟子们浩浩荡荡地来到了第一个目的地卫国,国内当政的是卫灵公。卫灵公的老婆叫南子，美若天仙，却乱搞男女关系，在卫国号称"美而淫"。

卫灵公给了孔子丰厚的待遇，南子也想见见传说中的大名人孔子。吃了人家的饭，不好意思不给面子，孔子只好答应了。

孔子的弟子为老师此举感到羞耻："您怎么能见生活作风如此差的女子呢？"

孔子不得不发誓："予所否者，天厌之！天厌之！"（我是不得已！而且啥也没干，如果干了就遭天谴！）

在卫国住了三年却没有得到重用，人还变胖了，孔子决定离开。

一行人来到宋国，宋国主管军事的司马桓魋（tuí）嫉妒孔子的才能，想要下黑手将孔子和他的弟子们一锅端，好在孔子和他的弟子跑得快，逃过一劫，不然历史上就没有儒家这个学派了。

好不容易逃到郑国，结果孔子走丢了！那时没有派出所，也没有手机，人口走失是件麻烦的事情。就在弟子们到处寻找老师的时候，一位好心人给他们提供了线索：外城东门有一个神情像丧家犬的人，或许就是你们要找的人。根据线索，弟子们果然找到了孔子。孔子听闻自己被人描述成丧家犬，一脸苦笑没有辩白。

小国都不待见自己，那就去大国吧！这一次，孔子瞅准了楚国。前往楚国要途经陈、蔡，它们都是被楚国反复蹂躏的小国，对楚国十分忌惮。听说孔子想要投奔楚国，这两国的大夫们十分恐慌，生怕他会壮大楚国的实力，于是决定派人把孔子困死在半道上。孔子被困在半路七天，带的粮食都吃完了，眼看就要饿死，好在弟子子贡突出重围从楚国找来了救兵。

到了楚国，孔子的思想依旧没有市场，沉重的失落感让他感到无比痛苦。

孔子一直想通过恢复周礼的方式让乱世恢复井然有序的秩序，让每个人恪守自己的本分，君君臣臣，父父子子，他还认为只要人们心中有仁爱之心，天下就会太平。可是春秋时代要想活着，就必须遵守野蛮的丛林法则。"弑君三十六，亡国五十二，诸侯奔走不得保其社稷者不可胜数。"诸侯们相互征伐，所想都是怎么壮大自身然后吞掉对方，连君臣之间也相互提防，生怕对方杀害自己，在这样的时代里仁爱之说哪有市场？

公元前484年，此时鲁国季孙氏的首领是季桓子的儿子季康子，他是一个开明的政治家，放下身段迎回了孔子。

孔子55岁周游列国，68岁回到祖国，历经14年的磨难。在艰苦漫长的路途中，孔子修炼了内心，见识了形形色色的人，尝尽了人情冷暖。

一把年纪的孔子意识到自己该给世间留下点东西，便开始做一件影响中国文化的重要的事——修书。

孔子重新修订了当时市面上常见的《诗》《书》《礼》《乐》《易》。这五本书里我们最熟悉的就是《诗》，即《诗经》，孔子也对《诗》给予了高度评价："不学诗，无以言。"在春秋时代，一个人如果不会吟诵《诗》，会被看作没文化。

孔子又根据鲁国史官记载的史料开始编修史书《春秋》，这本书记载了从公元前722年开始一直到公元前481年结束的历史事件。《春秋》言简意赅，但字字针砭，包含了孔子对历史上每一个重要人物的客观评判。

按照孔子的说法，他"七十而从心所欲"，可是实际上，到了70岁的他仍然对现实世界有着强烈关怀，始终无法达到老子超然物外的境界。

71岁时，孔子听说鲁国国君捕获了一只叫"麟"的神兽，不由联想到自己的经历，心中悲凉。麟是圣君统治时才会出现的祥瑞，没想到却在无道乱世被抓获，而孔子自己如同这只麟一样生不逢时，得不到应有的重用，一生怀才不遇。此后，他停止了《春秋》的编写工作。

72岁时，孔子心爱的弟子子路在卫国做官时死于内乱，被剁成了肉泥。孔子听闻后痛哭不止。

73岁时，孔子身体每况愈下，宛如风中残烛。一天他突然醒来，发现自己已经好久没有梦到周公了。周公旦是孔子的偶像，他这跌宕起伏的一生都是为传播周公旦制定的周礼。

弟子子贡前来探望，孔子先是埋怨他："我都快死了，你才来看我。"然后一边流泪一边说："天下无道久矣，莫能宗予。"（天下无道已经很久了，没有人坚持我的主张。）

7天后，孔子死了。

孔子虽然死了，他的精神并未消亡。他有三千弟子，弟子里有七十二贤人，这些孔子门人被称为儒家，他们在孔子死后传播他的思想，他们的学说后来成为中国人精神世界的重要支柱。

孔子跌宕起伏的一生，正是为了创建"礼"的社会不断斗争的真实写照。他是诸子百家里的先锋战士，凭借一己之力拉开了百家争鸣的恢宏大幕，在他之后，璀璨夺目的诸子百家齐齐出手，把中国的思想推上高峰。

轴心时代里，中国用思想的光芒照耀着整个世界。

兵 圣

复仇

公元前522年,一个头发花白的人偷偷穿越楚国边境,到了吴国地界,他回头望着不远处的楚国,满眼泪水,心里充满了愤恨。这个人叫伍子胥,只有30多岁,不久之前他还是满头黑发。

是什么让他华发早生?

伍子胥的父亲伍奢是楚国的太傅,专门负责太子建的教学工作。太子建长大了,要结婚了,楚平王便给他找了一个秦国公主。可是秦国公主长得漂亮,奸臣费无忌撺掇楚平王做出了一个违背人伦的决定——自己把秦国公主娶了。

老爹抢了原本属于儿子的老婆,这场狗血的家庭伦理剧没有到此结束,而是即将变成一桩血案。

秦国公主给楚平王生了一个儿子,楚平王对这个小儿子非常疼爱,决定把他立为太子。可是太子建怎么办？

昏君与奸臣是工作上的好搭档，奸臣干的都是下三滥的事。在费无忌的陷害下，太子建逃亡国外，最后客死异乡。作为太子党的伍奢一家也难逃厄运，除了伍子胥跑得快，他们一家都惨遭楚王与奸臣的毒手。

满怀仇恨的伍子胥之所以逃亡吴国，是因为此时此刻只有吴国能帮他复仇。

吴国是春秋时代的后起之秀，位于长江下游，统治疆域在太湖一带，文化习俗不同于中原国家，吴人都要断发文身（剪短头发，身上有文身）。

自从弭兵大会结束后，晋、楚两个超级大国就没有再起纷争，而是各忙各的。晋国内耗不断，大夫们不停地内战，相互抢地盘。作为南方一霸的楚国也不好过，被东南新近崛起的吴国拖入了无止境的战争泥潭，打了数十年仍未见胜负。

伍子胥投靠在吴国公子光门下，公子光原本有资格继承吴王的位子，可是却被他的堂弟吴王僚抢了先机。

讲到这里，不得不提一下吴国的王位继承方式。当时各个诸侯国都在遵循嫡长子继承制，而吴国仍然采用兄终弟及制。比如诸樊、余祭、余眛是亲兄弟，他们按照年龄大小先后担任吴王。公子光是诸樊的儿子，吴王僚是余眛的儿子。父辈可以按照年龄大小排好顺序当大王，可是父辈都死光了，儿子辈谁来当大王，就要看谁的胳膊粗。显然，公子光没有吴王僚的实力强。

要想以弱胜强，只能铤而走险，暗杀成为公子光的首选。

暗杀就要找刺客，伍子胥立刻想到自己在吴国结交的一位壮士，他叫专诸。公子光与伍子胥对专诸异常热情，要啥给啥，单纯的专诸哪知道自己已落入杀猪盘的圈套，只觉得公子光与伍子胥比亲妈还亲。

没有无缘无故的爱，杀猪盘的猪越养越久，骗得也越来越狠。公元前515年的一天，公子光与伍子胥告诉专诸："你要刺杀吴王僚。"

先秦时虽然礼崩乐坏，但是人的私德非常好。如果你对我好，我就加倍对你好；如果你把我当兄弟，我就为你两肋插刀。不少思想单纯的壮士就是中了这个套路，当了壮烈的刺客。

受了公子光与伍子胥那么多恩惠的专诸一口答应了。吴王僚在位第13年的四月丙子日，公子光邀请吴王僚来聚餐，吴王僚作为国君，安保级别极高，带着一大批卫兵，这些安保卫队从宫门口一直排到公子光家门口，身上穿了刀枪不入的三层软甲。吴王僚爱吃鱼，公子光特意让人做了太湖烤鱼，专诸端着烤鱼来到吴王僚面前，猛然从鱼肚里抽出一把短小的利剑刺向吴王僚，吴王僚万万没想到，一把短剑可以刺穿他的三层软甲，瞬间一命呜呼。

专诸使用的可不是普通的短剑，而是越国铸剑大师欧冶子所铸造的鱼肠剑。这把剑无坚不摧，是公子光重金购得。

吴王僚带来的卫兵立刻将专诸杀死，公子光与伍子胥趁乱逃了出来，发动政变，夺回了王位。

兵圣

公子光成为新任吴王，也就是吴王阖闾（hé lú）。他上位之后面临着一个棘手的问题：吴、楚两国多年交战已成死敌，而吴国又不像晋国，与楚国间有中原小诸侯当缓冲区，吴、楚之间是零和博弈的不可调和关系。

吴王阖闾想侵占楚国领土，壮大吴国，伍子胥想灭了楚国，为亲人报仇，君臣二人一拍即合。然而吴国只是个新近上位的小强国，楚国则是经营数百年的超级大国，想完成蛇吞象的壮举，在常人看来无异于痴人说梦。

为了达成所愿，伍子胥为吴王阖闾推荐了一位旷世奇才。

孙子，原名叫孙武，字长卿，被后世尊称为"兵圣"，是诸子百家中兵家的创始人。他原是齐国人，由于齐国内乱逃到吴国避难，一边隐居种田一边写兵书，这就是大名鼎鼎的《孙子兵法》十三篇。这本书流传千年，成为后世将领的必读兵书，如果能参悟其中奥义，便能所向无敌、用兵如神。

吴王阖闾接见了孙武，看过他所著的兵法十三篇后惊为天人。

吴王阖闾问："先生能为我现场演示教学吗？就在宫里，以宫女为士卒！"

孙武从容回答："没问题。"

如果吴王阖闾提前知道孙武要做什么，一定会后悔得肠子都青了，可现在他还想着要看热闹。

吴王阖闾把宫女们都叫了出来，还安排自己最宠爱的两个妃子当队长。孙武军旗一挥，宫女们却以为在玩闹，不当回事。

孙武大怒："不听指挥，按照军令，应斩队长。"

两个妃子人头落地，吴王阖闾差点没昏死过去。丧偶的吴王阖闾想砍死孙武，经伍子胥一再劝说才作罢。

在孙武的指挥下，被吓破胆的宫女们都按照要求整齐划一地操练。旷世的将才很稀有，看来伍子胥是给他挑对了人，吴王阖闾选择了原谅他。

吴王阖闾、伍子胥、孙武三人团结一心，吴国兵力大盛，而此时的楚国对即将到来的灭顶之灾还浑然不知。

作为南方超级大国的楚国自打建国以来屡屡做出惊天之举，干死过周天子，打败过天下霸主，武功盖世，无人能敌。楚国北面是南阳盆地，楚人围着南阳盆地修建了漫长的楚长城，其中方城是楚国的大门，被修建得如同铜墙铁壁，楚国主力驻扎在此。此外，楚国还有难以逾越的天险可守，东面就是绵延数百公里的险峻大别山。兵力强盛又有重重防护，数百年来没有任何一个诸侯国攻入过楚国内地。

然而吴国却是一个例外。

春秋时期，战场上的主力是驷马战车，它就如同现代战争里的坦克一样，无论机动性还是杀伤力都是一流。可是驷马战车有一个致命弱点，只适合在平原地区作战，一旦遇到山区就玩不转了。

吴国是个新兴小强国，能动员的兵力只有3万多人，硬攻方城如同以卵击石，唯一的方法只有翻越大别山！对于以战车为主的中原诸侯来说，要想让驷马战车翻越崇山峻岭是一件不可能的事，但是对于吴国来说却轻而易举，因为他们的主力不是战车，而是其他诸侯眼中的孱弱步兵！

那时候，武艺精湛的贵族都在战车上作战，很是拉风，而被征召的平民只能跟在战车后面充当打酱油的步兵角色。吴国地处东南，水网发达，却不适合养马，只能反其道而行，重点培养步兵。再加上吴国是年轻的国家，国内没有数百年的老贵族，以平民为主，知道自己为谁而战，由他们组成的步兵具有极强的战斗力。

善于练兵的孙武到吴国后，一手把平民军队打造成了战斗力更加爆表的步兵军团，向以贵族为首的楚国发起了灭国战争。吴军虽然只有3万，但是他们爆发了强大的小宇宙，给天下诸侯上了一堂生动的步兵进攻教学展示课。

"其疾如风，其徐如林，侵掠如火，不动如山。"《孙子兵法》里这句话是指一支部队应该具有的战术素养，后来被日本战国时的第一兵法家武田信玄总结为"风林火山"。吴灭楚之战，步兵们就打出了风林火山的气势。

公元前506年十一月初，楚国君臣收到了一条十万火急的军情："大批吴军翻过大别山，正朝汉水方向移动，而郢都正在汉水旁！"

孙武曰："兵者，诡道也。"吴国不按常理出牌令楚国朝野震动，几百年来，从来没有军队翻越天险大别山！此时的楚国主力在遥远的方城，来不及援助，而孙武的战略目标很明显，就是要直扑郢都。

老爹造的孽让儿子遭殃。此时在位的楚昭王17岁，正是楚平王与秦国公主生的儿子，他可以依靠的只有令尹囊瓦与左司马沈尹戌。

令尹囊瓦以王卒为主力拼凑了10万人想拖住吴军，左司马沈尹戌则趁机火速赶往方城调回楚军主力，想尽快使两军会合在一起，以压倒性优势全歼吴军。

令尹囊瓦率领10万大军赶到汉水边上与吴军隔河对峙，只等着左司马沈尹戌率领方城的楚军主力回援，但再完美的计划都怕猪队友出现。

一位叫史皇的将领对令尹囊瓦说："如果让左司马沈尹戌带兵回来，打败吴军的功劳就有他的一份，再说我们有10万大军，其实根本不用怕吴军。"令尹囊瓦觉得很有道理，于是下令全军渡河攻击吴军。

楚军渡过河，摆好阵势，准备与吴军展开决战。

因为拥有数量庞大的战车，所以楚军在最初面对吴军两条腿的步兵时还颇得意，幻想着站在战车上碾压吴国步兵的快感，可现实很快打了脸。

只听楚军开始击鼓，驷马战车朝着吴军奔驰而去，而吴军齐刷刷地举起了一项划时代的发明——弩。

弩是春秋末期出现的远程射击武器，它外形似弓，却安装了弩机与箭道，杀伤力、射程、破甲力、精准度都远胜于弓。更先进的是，弩只要几天便能快速掌握，而熟练掌握弓的用法起码要练习三年。

手拿一张弩，战场我最狠！

傻乎乎的楚国贵族朝着吴军发动了自杀式冲锋，吴军则开始朝着楚军方向精准地发射弩箭。在楚军战车上车左的弓箭还射不到吴军时，战车上的贵族和牵引马匹就已经被成排成排地射倒了。

令尹囊瓦傻眼了，从未见过如此恐怖的武器！但他心里并不害怕。楚军人多势众，死了一批还有下一批，只要吴军一轮箭放完，楚军趁机冲到吴军阵前就能取胜了。令尹囊瓦不停地下令冲锋，但他哪里知道，第一排吴军放完了弩箭，后一排会立马跟上，根本没有喘息的机会。

弩箭如同不停歇的暴雨倾泻到楚军头上，战场上堆积的楚军尸体越积越高，不停的冲锋变成了添油战术，用人海填箭海根本就是无用功。看不到希望的楚军开始溃散了，驾驶战车的贵族死伤惨重，充当步兵的平民只想逃命。

孙武下令展开反击，楚军兵败如山倒，争抢着渡过汉水逃命，无数人被淹死在那里。令尹囊瓦带着溃逃出来的楚军被吴军一路追着打，最后被追到了柏举。令尹囊瓦知道自己已经没有胜算了，可仗打得如此窝囊，他是第一责任人，回到楚国也没有好果子吃，没办法，他决定与吴军死战到底。

柏举之战的结局不用猜，令尹囊瓦战死，楚军全军覆没。

这时候，左司马沈尹戌从方城带来的10万援军终于赶来了，但救援变成了送人头，已经打顺手的吴军顺手也灭了他们，沈尹戌光荣战死。

楚国郢都在不远处向吴军招手。楚人自打建国起从未被外国军队兵临城下，然而小小吴国的步兵从姑苏打到郢都城下，路途1000多公里，仅用了一个多月时间，这种狠炸天的战斗力让天下诸侯震动。

孙武做到了！

十一月二十九日，郢都沦陷，楚昭王逃亡国外，楚国亡了！

吴王阖闾开始劫掠郢都中的财宝。伍子胥为了复仇，找到了大仇人楚平王的陵墓，命人掘开陵墓，对楚平王的尸体无情地进行鞭挞，硬生生打了300多鞭。

一个叫申包胥的大臣没有放弃楚国，他来到秦国，希望从秦国搬救兵。

秦国自从崤之战后与晋国就成了不共戴天的死敌，楚国趁机与秦国结盟，相互通婚，只要有不利于晋国的坏事两家就一起干。然而，秦哀公对申包胥此次前来的目的感到很是头疼。不是他不想帮老伙计楚国，而是难度确实太大！要知道，申包胥是要求秦国帮楚国复国，这不是普通的援助，且花费都得秦国自己掏。

申包胥见秦君没有回复，天天在秦国宫墙边上哭，都上了秦国的新闻热搜了。秦国君臣为此做了专门的研讨，最后得出结论：如果楚国灭了，晋国将做大做强，而秦国将独自面对强悍的晋国，到那时要是被暴揍，自己想找帮手都找不到！

出兵，得帮楚国复国！

公元前505年，秦国出兵入楚，他们要面临的境况比想象中强不少。

此时的吴军在楚国烧杀劫掠日久，曾经的百战雄师已变成纪律涣散的土匪。而且吴军只有3万人，去占领偌大的楚国本来就等于泥牛入海，现在楚国百姓又掀起一轮抵抗运动，他们忙于应付，已经陷入人民战争的汪洋大海之中了。

就在吴军深陷楚国泥潭之时，吴国身旁的小国越国来了一记背刺，趁吴国国内空虚，倾全国之兵攻打吴国。吴王阖闾看到自己腹背受敌，伍子胥也大仇得报，便下令撤军回国，被打成废墟的楚国在秦军的帮助下勉强复国。

这场大仗虽然赢了，但兵圣孙武并不开心。他看到吴王阖闾为了财富而疯狂，伍子胥为了复仇而丧失理智，很是失望，觉得曾经可以信赖的战友都变了模样。

孙武是一个纯粹的人，他对功名利禄没有强烈的渴望，只是想实现自己的抱负，发挥自己的才能，仅此而已。

《孙子兵法》

历史上著名的王侯将相如过江之鲫，最后都化入黄土，不了解历史的人不知道他们是谁。可孙子的威名却传遍古今中外，无论哪朝哪代，无论中国还是国外，很多人都知晓他。有如此成就，是因为他著就了世界上的第一部兵书——《孙子兵法》。

即便没有看过《孙子兵法》的人，也都熟知里面的语句，比如"攻其不备，出其不意""兵者，诡道也""知己知彼，百战不殆"等。如果一个人看过《孙子兵法》，并能将它吃透，活学活用，那么他将纵横四海、独步天下。

《孙子兵法》总计十三篇，依次是《始计篇》《作战篇》《谋攻篇》《军形篇》《兵势篇》《虚实篇》《军争篇》《九变篇》《行军篇》《地形篇》《九地篇》《火攻篇》《用间篇》，每一篇之间都有严谨的逻辑顺序。

翻开第一篇《始计篇》，映入眼帘的第一句就是整个兵法的中心思想：

"兵者，国之大事，死生之地，存亡之道，不可不察也。"（战争是国家的头等大事，关系到国家生死存亡，不得不慎重对待。）

用两个字总结这句话，就是"慎战"。

战争总是伴随着杀戮破坏，怎么教人打仗的《孙子兵书》一开篇却教导人"慎战"，宣扬和平思想？

孙子不是疯狂的战争贩子，他深知战争对国家、对百姓的伤害，君王为了自己的欲望发动不义战争，只会导致生灵涂炭、民不聊生。所以除非到了万不得已的时候，否则不要随便打仗。即便要打，战前也要做好充足的准备，准备越充分，胜算就越大；接着还要制订详细的作战计划；最后还要根据战场的实际情况使用具体的战术。

《孙子兵法》只有区区5000多字，并没有详细讲解如何排列军阵、如何安排武器配比、如何发挥兵种相克的作用等，因为这些都是技术细节。在他看来，时代会变，武器会变，战争方式也会不停地更新换代，只有战争的规律不会变，掌握它才能所向披靡。孙子的思想维度极高，正是因为他的兵书是建立在哲学思想基础上的，所以才能流传2000多年而经久不衰。

如果你读过《左传》会发现，春秋时代每逢打仗之前，都要先做一下占卜，先看看占卜的预言结果，然后再打仗。如果预言结果好，将士打起来有劲，如果预言结果不好，士气都没了，还打啥啊。

孙子却对占卜迷信嗤之以鼻，他总结了决定战争胜负的五个因素：道、天、地、将、法。

"道"，指君臣一心，同生共死。战争信心不强，打仗只能溃散。

"天"，指天气因素。白天夜晚、阴晴、寒暑、四季的变化都会对战争造成影响。

"地"，指战场的地形，它对战争胜负的影响同样很大。

"将",指指挥战争的将领。领兵作战需要具有较高的军事素质,所谓"兵熊熊一个,将熊熊一窝",讲的就是这个道理。

"法",指军队的制度建设。有完整制度,秩序井然,将领才能明确自己的职责,后勤物资才能得到保障。

战争是由人打的,掌握客观规律才能赢,而不能由上天鬼神定胜负!孙子的思想,不就是现代人常说的唯物论吗?

除了讲解规律,《孙子兵法》还有反败为胜、以弱胜强、化腐朽为神奇的力量。孙子不相信"一定"二字。有的时候,对手比你强但他不一定能赢你,同样,你比对手强也不一定就能取胜。看似相互矛盾的双方,往往相互依存,互相转换,只有抓住有利条件,才能出现置之死地而后生的奇迹。

"故五行无常胜,四时无常位,日有短长,月有死生。"(战争的规律如同自然规律一样,五行相生相克,四季变化,日照有短有长,月亮有圆缺,一切都在不停地变化。)

辩证法讲看问题要全面,既要看到好的一面,也要看到坏的一面,要以发展的眼光去看问题,事物都在变化而不是静止。这么看,《孙子兵法》不就是在运用辩证法阐述军事思想吗?再加上他的唯物观念,可以说整本书的哲学基础就是唯物辩证的,这是一本用唯物辩证的方法来阐述军事思想的兵书。

西方也有一本著名的兵书,是1832年出版的德国军事家克劳塞维茨的《战争论》,"战争无非是政治通过另一种手段的继续"这句名言就出自它。

这本书是皇皇巨作,足足80万字。作者克劳塞维茨参加过对战"战神"拿破仑的战争,又非常喜欢德国古典哲学集大成者黑格尔,于是在黑格尔哲学和自己的沙场经验基础上编写了《战争论》。此书成书后,被当时的西方军事家当作圣经。

然而,读《战争论》你会发现,里面有像哲学那样逻辑烦琐的论证推导,读着读着很容易就会迷失自己。这与《孙子兵法》有很大不同,后者读起来文辞优美,朗朗上口。

《战争论》有很多可取之处，但也有糟粕。克劳塞维茨认为战争一旦打起来，就应该增加自己的实力，最大限度地使用暴力，让敌人无力抵抗，毁灭对方，赢得胜利。这一思想荼毒了克劳塞维茨以后的德国军事家，彻底消灭敌人、毁灭对方成为战争的最终目的。从这个角度看，德国发动一战、二战，对世界、对自己产生巨大破坏，其中都有克劳塞维茨的影子。

针对同一个问题，《孙子兵法》却说："是故百战百胜，非善之善者也；不战而屈人之兵，善之善者也。"百战百胜不是最好的军事策略，不打仗而让对手屈服，才是最好的军事策略。

无论哲学维度、可读性还是思想境界，2000多年前的孙子所著《孙子兵法》都要远高于19世纪克劳塞维茨的《战争论》。

中国人热爱和平，就连中国的兵书也宣扬慎战。历史证明，靠武力扩张的政权没有一个能长久。

卧薪尝胆

越国的崛起

吴王阖闾发动灭楚战争并取得大胜,结果背后遭到越国偷袭,只能匆匆撤退。吴王阖闾觉得,如果要称霸天下,必须先搞定身后的越国,否则说不准自己远征在外时老家就被强拆了,想想都可怕。

公元前496年,吴国正式对越国宣战。

灭楚战争的史诗级胜利让吴王阖闾信心倍增,他觉得越国在自己面前不堪一击。可是他哪里知道,正是这个他看不起的越国让他走上了黄泉路。

越国首都位于会稽(今浙江绍兴),紧挨吴国,两国同文同种,百姓都断发文身。虽然越国文化相对落后,但是它的武器制造业处于天下领先水平。

传说越国有一位名震天下的铸剑大师叫欧冶子,他铸造了五把绝世宝剑,分别是湛卢、巨阙、胜邪、鱼肠、纯钧。其中湛卢剑号称"天下第一剑",可让头发及锋而逝，铁近刃如泥，举世无可匹者！而鱼肠剑也是大名鼎鼎，正是刺客专诸刺杀吴王僚用的那一把。

此时的越王是新继位的勾践，这也是一个我们耳熟能详的名字。他之所以有名，不光是因为"卧薪尝胆"的故事流传后世，更因为一把青铜剑震惊世人。湖北省博物馆有一件镇馆之宝，正是春秋越王勾践剑。这把剑在1965年出土，历经2000多年依然不腐，锋利无比，剑身上花纹繁复，刻有"越王鸠（勾）浅（践）自作用剑"八个字。

勾践是一个有作为的君主，高薪招揽人才，吸引了文种、范蠡（lí）两位楚国人主动来应聘。高级人才的引进大大提升了越国的实力，所以当吴国大举进攻越国时，越王勾践并不惧怕，主动率兵迎战。

两军对阵，本该堂堂正正地打一场，可是勾践善于算计，从来都不想以过多的牺牲来换取自己想要的结果，而是先隐藏自己的真实想法，趁对手放松时出其不意，以最小的代价换取最大的利益。

吴、越两国大军在樵礼（今浙江嘉兴）遭遇。吴军是孙子一手打造的百战雄师，是春秋时代步兵战术运用的巅峰，称霸数百年的楚国也成为他们的手下败将，所以根本不把越军放在眼里。可是越王勾践不走寻常路，搞起了令人惊悚的恐怖活动。只见越军阵前来了一大群手持武器的犯人，他们没有充当敢死队向前冲锋突击吴军，而是在阵前集体自杀了！

吴军上下都蒙了，从来没有见过这场面。咋回事？这是什么打法？

趁吴军集体陷入不知所措的状态，越王勾践下令全军出击，吴军被击溃，吴王阖闾身负重伤，回国后没多久就死了。

吴王阖闾一生未尝败绩，没想到在樵礼之战上败得如此窝囊。他临死前对儿子夫差说，一定要复仇。

新继位的吴王夫差就是众人所知的勾践宿敌，他因做了大美女西施的老公而为人所熟知，人们还说，由于他沉迷女色，最后被越王勾践亡了国。但是平心而论，吴王夫差是一个有作为的君主，实现了吴国称霸中原的梦想，远远算不上昏君。

吴王夫差上位后励精图治，为复仇发动对越战争，一路上打得士气如虹，最后将越王勾践团团围困在会稽山上。

为了活命，越王勾践与文种、范蠡商议决定求和，无论吴国出什么条件都答应。

可毕竟越王勾践与吴王夫差有杀父之仇，如果直接求和，百分之百会被拒绝，那就只能找一个中间人撮合。文种、范蠡想到了伯嚭（pǐ），伯嚭也是楚国人，在吴国混到了太宰的职务，更重要的是，伯嚭很爱钱。

文种找到了伯嚭，送给他很多金银财宝，伯嚭也很讲信用，拿了钱立刻办事。

伯嚭对吴王夫差说道："越国愿意当吴国的附属国，越王还愿意全家到吴国侍奉大王。这样挺好！要是真的吞并了越国，我们吴国还得平定当地人的叛乱，又要驻军，又要花钱，不值得呀！"在一旁的伍子胥听到伯嚭的话一口老血差点没喷出来，当即表示强烈反对，吴王夫差却被说动了，灭越的决心产生动摇。最终他决定放越王勾践一马，让越国成为吴国的小弟之后就到此为止。

很多人认为吴王夫差的这个决策是错误的，如果吴王夫差下令围死越王勾践，吞并小小的越国，也许就没有后面的悲惨结局了。可这样的评论大约是事后诸葛亮，因为如果把你放在当时的时代大环境下，你也有可能做出与吴王夫差一样的决定。

春秋时期的仗已经打了几百年，但诸侯发动战争的主要目的仍是为了争霸，做天下的老大。没有小弟，怎么当老大？而且这时人少地多，自己国家的土地资源都未能充分地开发，大国对领土扩张的欲望也就没有后来那么强烈。到了春秋末期，随着生产力的提高，牛耕铁器开始普及，各个国家的人口迎来了爆炸性增长，这就像玩即时战略游戏一样，家里资源不够就得出去开拓，战争由此才渐渐变成不死不休，惨烈的战国时代来临了。

吴王夫差的确是威名赫赫的君王，可放在漫长的时间长河里，他也只是一个走在历史大路上的行色匆匆的路人，很难摆脱时代的局限。吴王夫差知晓之前几位春秋霸主的故事，那些霸主全都在走争霸路线，即使攻破其他诸侯国、俘虏了他国国君，他们也会放其一马，让其复国，将其收为自己的小弟，自己名利双收。他哪里知道，自己已经站在了历史的岔路口。随着时代发展，历史的大路出现了分岔，一条是争霸的老路，一条是全新的灭国路线，国与国之间要进行零和博弈，不是你死就是我亡。

看过以前那些成功称霸的君主，吴王夫差以为摆在自己面前的是一条笔直的大路，这条路直接通往霸主这个目的地，只要学习前辈的经验，沿着已有的路前进，就能在一路上畅通无阻。于是他选择了无数人走过的争霸路线，而后来越王勾践狠下心选择了另一条路。

吴王夫差选择宽恕了越王勾践，下令让勾践全家来吴国做人质，越王勾践的命保住了，越国也保住了。

接下来要上演的，是一场农夫与蛇的故事。

烈丈夫之死

公元前492年，越王勾践带着越国的大臣们来到吴国。因为父亲阖闾是在与越王勾践的战斗中重伤不治的，夫差出于报复特意安排勾践前去守陵，而平时只要自己出门又会安排勾践来牵马。

越国君臣毫无怨言，夫差让他们干啥他们就干啥，但这都是表象。暗地里，文种把吴国太宰彻底腐蚀了，隔三差五地往伯嚭府上送金银财宝和美女。文种看人很准，伯嚭爱财，拿了钱会办事，这种人会在关键时刻发挥重要作用。

有一次吴王夫差生了病，与勾践一起来到吴国的范蠡通过占卜测出并无大碍，于是想到了一个让勾践向夫差表忠心的大好机会。他建议勾践去尝吴王夫差的粪便，然后对夫差说，病过一段时间就好了。为了活命，为了自由，如此恶心的提议勾践也采纳并照做了。

吴王夫差被感动了，亲爸妈都没有为了儿子病情尝屎的！

公元前491年，吴王夫差见越国君臣在改造期间表现良好，决定放他们回去。越王勾践痛哭流涕，表示自己舍不得吴王夫差，发誓以后越国世世代代都是吴国的小弟。

对于吴王夫差的决定，伍子胥十分生气，他一个劲儿地劝说夫差不要做傻事，这是放虎归山，后患无穷。可是吴王夫差对这位父亲留下来的重臣并不感冒，嫌伍子胥总是仗着资格老对自己指手画脚。无可奈何的伍子胥感到失落，他发现自己被吴国抛弃了。

回到老家的越王勾践果然如伍子胥所想，准备复仇。他为了提醒自己不忘耻辱，一直睡在柴草上，还在房梁上悬了一颗苦胆，每天都要尝一下它，"卧薪尝胆"的成语由此而来。

为了积蓄实力，越王勾践在国内鼓励耕种，奖励生育。男人必须在20岁前娶老婆，女子必须在17岁前出嫁，大龄剩男剩女在越国等于犯罪。越国逐渐发展起来，不过善于隐藏自己的越王勾践不敢掉以轻心，依然在向吴王夫差释放烟幕弹。

美色如狼似虎，能瓦解人的心智。为了对付吴王夫差，范蠡在越国遍寻美女，找出了中国四大美女之一的西施。传说西施的美色可以跨越物种的隔阂，有一次她在河边浣纱，水里的鱼儿被她的美貌深深吸引，竟渐渐忘记游动沉到了河底。范蠡也被西施吸引，但为了越国，他还是把西施推向了吴王夫差。

很多故事里说吴王夫差因沉迷西施的美色而荒废了朝政，可是事实却是他不忘初心挥师北上，意欲争霸中原，而他拿来练手的正是老牌大国齐国。

超级大国楚国可是吴国战绩榜上的一枚闪亮勋章，齐国即将成为下一枚。

公元前484年，为了对付传说中能灭楚的吴军，齐国上下动员，但凡有头有脸的都去迎战。有多大脸，现多大眼。吴、齐两军在艾陵（今山东泰安东南）遭遇，齐国最终全军覆没，整个国家的国防力量全部报销。

连败楚、齐两个大国，战斗力如同开挂一般的吴国成为令全天下人畏惧的角色。夫差忘乎所以，只觉得自己已经成为天下诸侯敬畏的霸主。

伍子胥不这么想，他一直认为争霸对吴国没有任何意义，而吴国的最大敌人是越国，所以极力反对夫差攻齐。然而事已至此，伍子胥也劝不动了，于是开始消极怠工，甚至把亲人送到齐国，在吴国当起了裸官。

伯嚭与伍子胥两人本来就不对付，何况伯嚭还拿了越国的钱，要为越国办事。于是他向吴王夫差进谗言，添油加醋地对伍子胥诋毁一番，夫差听了十分恼怒。

吴王夫差让使者带上属镂宝剑去见伍子胥，让他自杀。伍子胥年轻时为了复仇逃到吴国，之后把毕生都献给吴国，使吴国变强。司马迁对此评价说："故隐忍就功名，非烈丈夫孰能致此哉？"（隐忍负重，成就功名，如果不是刚正有血性的大丈夫，岂能做出如此成就？）可是这样一位大丈夫，到头来却不得好死。

"我死后把我的双眼挖出来悬在吴国城门上，我要看看越国是如何灭了吴国的。"伍子胥这样对自己的门客说。吴王夫差肯定不会允许伍子胥干出这么耸人听闻的事，他命人把伍子胥的尸体放入麻袋，投入江中。

伍子胥死了，孙子看着自己老搭档的悲惨结局，明白吴国已经不需要老臣了，于是归隐山林，留下一心想当霸主的吴王夫差在这条死路上越走越远。

第五章 | 春秋

兔死狗烹

公元前482年，吴王夫差举全国之兵直奔黄池（今河南封丘西南），此前他与晋定公约定举行黄池会盟，想要让这个北方超级大国承认吴国的霸主地位。

"欲霸中国，以全周室！"吴王夫差对全军发出呐喊。

晋定公毫不畏惧，亲率大军来到黄池与吴王争锋。双方在紧张、恐怖的气氛中进行激烈的会谈，为了谁当盟主谁先歃血吵翻了天。

正当吴王夫差为霸主之位争得面红耳赤时，从老家姑苏来了一个上气不接下气的信使。

"越国突袭我国边境！"

吴王夫差此时本应该立刻回师救援，可是为了一步之遥的霸主之位，他咬咬牙选择留在黄池，选择相信以吴国的实力可以拖延越国一阵。

没想到信使接二连三地赶来，带来的噩耗一个比一个严重，直到第七个信使高呼：

"越军攻破姑苏城，太子被俘！"

老家被人端了，太子也没了，吴王夫差内心彻底崩溃了。可是霸主之位的魅力让他无法抗拒，如同吸了毒一样。

"把前来报信的七个人都杀了，不能走漏消息。明早全军列阵，如果晋国不同意吴国先歃血，就让他们有来无回！"

第二天早上，晋国君臣一起床，就看到对面吴军已经摆开了大阵，气势如虹。大阵由三个军阵组成，每个军阵的士兵身穿不同的颜色，红色如同烈焰，白色如同白茫茫的茅草，黑色如同压城黑云。

那可是灭楚破齐的无敌军队！晋国君臣明白，这样的阵势摆出来，如同把刀架在自己脖子上，今天要么是吴国先歃血，要么是有来无回。晋定公服软了，从心灵到肉体都同意吴王夫差先歃血，周天子也派人前来祝贺。

按照以往的霸主衡量标准，打败强国、主持会盟、获得天子承认，吴王夫差已是名副其实的霸主了，可是那又怎么样呢？等到吴军以火箭般的速度赶回来，他们的老家已经被越国拆光了。

夫差走到了死路的尽头。

吴、越之间又展开一场你死我活的对抗赛，可是这次主动权完全调换。欲戴其冠，必承其重，天下霸主的冠冕压得吴王脖子快断了。在长期的争霸战争里吴国是只赚吆喝不赚钱，早已没有积蓄与越国死磕，而越王勾践却一直在扩充实力，整军备战。

吴王夫差被越王勾践压着打，毫无还手之力。不知道这个时候他有没有想起伍子胥的话，有没有后悔自己的决定，如果不妄想称霸，也不会有此恶果。可惜世上没有后悔药，人生没有早知道。

人要倒霉，坏事是一件连着一件。公元前478年，吴国遭受大灾，越国再次发动战争。吴、越两军在笠泽（今江苏吴江市）交战，吴军主力惨遭全歼，越国趁机持续不断地吞噬吴国领土。

之前老家被拆，现在又遭大难，吴国被伤得元气都没了。吴国毕竟是小国，不像大国有几百年的积累经得起折腾，一旦被击倒很难有再次站起来的机会，何况越王勾践的目标很明确，一门心思就是要灭了吴国，绝不给吴国一丝存活的机会。

公元前473年，越军攻陷姑苏城，吴王夫差逃入附近的姑苏台，被越军团团包围。

历史总是惊人的相似。之前越王勾践被围困在会稽山，现在吴王夫差被围困在姑苏台。

历史又是那么不同。会稽山上，越王勾践求吴王夫差饶自己一命，夫差同意了；姑苏台上，吴王夫差求越王勾践饶自己一命，越王勾践不同意。

最终，吴王夫差自缢而亡，越国吞并吴国，之后北上中原，成为新一任的霸主。

吴灭楚及越灭吴的示意图

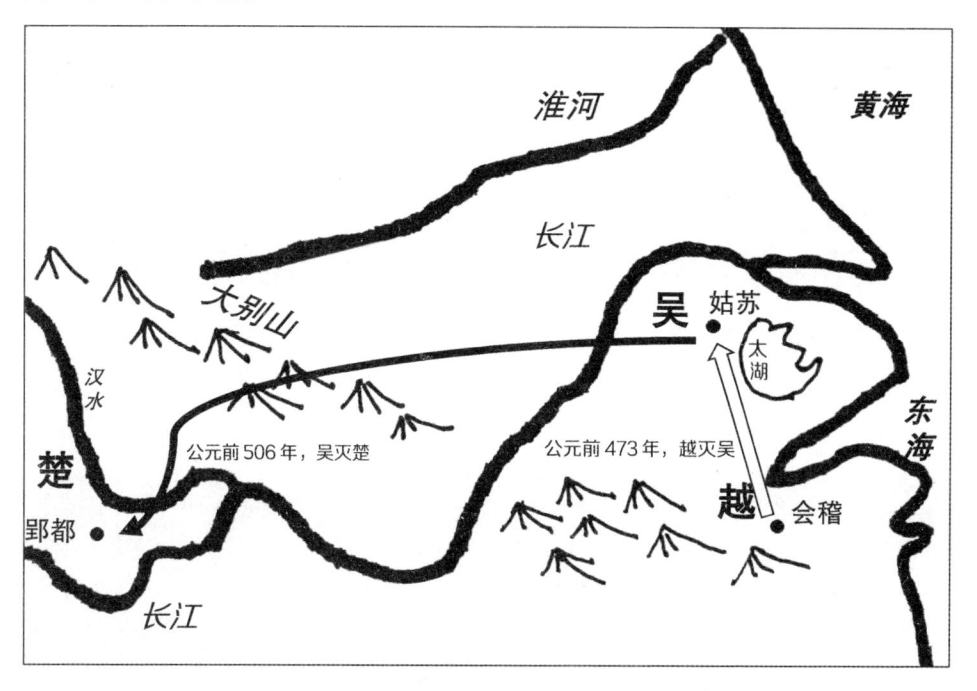

越国蒸蒸日上，作为越王勾践心腹大臣的范蠡却要离开了，传说他带着美人西施浪迹天涯，临走前还留下一句话给文种：

"飞鸟尽，良弓藏；狡兔死，走狗烹。"

文种留恋权位，不愿像范蠡一样归隐，不久之后他就收到了伍子胥自杀时用的属镂剑。聪明绝顶的他明白，这是越王勾践要他死。

没想到自己为勾践毫无保留地奉献了一生，到头来却被当作走狗，文种觉得自己的人生太荒唐太悲惨，怪不得人说"好人不长命，祸害遗千年"。

其实勾践只是站在历史的岔路口，选对了路，仅此而已。

但勾践的路也快走到尽头了，因为春秋时代已经到了尾声。

第六章 战国

战国时代，各个诸侯都面临零和博弈，一个国家的强盛必定建立在另一个国家的衰败之上，一场战争的胜负往往就能左右一个国家的命运。

变法图强

三家分晋

西周初年周天子大肆分封，大大小小的诸侯散布在天下各处，而诸侯们在自己的封国里也照葫芦画瓢，分封自己的大夫。

到了春秋，礼崩乐坏，天子不管事了，诸侯们野蛮发展，一个个混得比天子都阔，大夫们水涨船高，权势日重。

世道有轮回，苍天饶过谁。终于，大夫们也迎来了可以野蛮生长的春天。

大夫也有封地，他们在封地里抓生产、整军备，囤积力量，一个个脑大腰肥，不再把国君放在眼里。大夫们为了抢夺土地在国内相互征伐，实力不济的国君只能装作没事人一样看着大夫们在眼前大动干戈，连话都不敢说。

到了春秋末期，在号称春秋第一超级大国的晋国，国君已经变成了名誉董事长，国家大权由六卿（即6个大家族）把持，分别是智氏、范氏、中行氏、赵氏、韩氏、魏氏。六卿相互竞争，因为生怕自己被吃掉而不断对自己升级改造，不知不觉间，他们就站在了时代大变革的风口浪尖上。

站在风口上，猪也能飞起来！

六卿的风口是牛耕铁器的技术大普及。牛的力气比人大，耕起田来效率高；铁器指的是铁质农具，它比青铜器价格便宜，也比石器坚固。牛耕与铁器珠联璧合，开垦和种植农田变得更加容易，粮食产量大大提高。

那时的粮食产量相当于现在的国民生产总值，是一项重要的经济指标。只有产出更多的粮食，才能养活更多的人，才会有数量庞大的兵源，才能打败对手。

春秋时地广人稀，为了提高自身实力，有了"牛耕铁器"技术的大夫们自然就要拼命拉人过来种田，就这样，人变成了稀缺资源。

为了让老百姓前来投靠，六卿开出的待遇一个比一个好。

"只要你人来，我就给你田！"

更让人叹为观止的是，六卿已经不按照标准度量单位给老百姓地了，而是纷纷创造了"巨无霸"度量方法。

范氏与中行氏："百姓们，我们为了让你们来此处耕地是很有诚意的！通常100步是一亩地，在咱们这儿，160步为一亩！"

智氏："百姓们，我180步为一亩！"

韩氏："我200步为一亩！"

魏氏："我也200步为一亩！"

赵氏："都别跟我争了，我240步为一亩！"

当时的老百姓就跟现在的上班族一样，谁给的待遇好就去谁家，而土地就像股票，大夫如同企业老板，与持股的老百姓荣辱与共。

为了让老百姓来种田，大夫们不惜下血本分地，这在当时无异于爆炸性新闻，远在东南的吴王阖闾与孙子也有所耳闻。孙子分析后做出预言：范氏与中行氏最抠门，必先灭亡；赵氏最慷慨，是最后的胜利者。

一切都如孙子预料的那样。

公元前493年，范氏、中行氏灭亡，晋国的卿大夫只剩下智氏、韩氏、魏氏、赵氏四家。

智氏的首领叫智瑶，此人能力很强，担任晋国中军将的职务，一人之下万人之上，然而他有个致命弱点——极其自负。

要知道，政坛上的可都是人精，如果留下弱点给竞争对手，稍不留神就有可能万劫不复。

赵氏在晋国的实力仅次于智氏，而赵氏领袖赵无恤又被称为赵襄子，也是个狠角色。智瑶知道，自己只有把赵氏灭了才能高枕无忧，于是命令韩氏、魏氏跟随自己灭赵，一起瓜分土地。

韩氏的首领韩康子与魏氏的首领魏桓子嘴上说愿意，其实内心一万个不情愿，他俩清楚唇亡齿寒的道理。赵氏一灭，智瑶下一个要灭的就是他们两家！

可又能怎么办呢？智氏的实力最强大，得罪不起呀！

智、韩、魏三家围困赵氏的主基地晋阳，晋阳正是现在的山西太原附近，地势险要，易守难攻。

智瑶见硬攻不下，决定采用水攻。他掘开汾河，水灌晋阳城，城中顿时一片汪洋，可是赵襄子对老百姓一直不错，所以百姓们对赵襄子不离不弃，晋阳依旧在坚守。

智瑶带着韩康子与魏桓子参观了洪水现场，他得意扬扬地说："晋阳已经被水围困，只要耗下去，赵氏迟早灭亡。对了，安邑旁有汾水，平阳旁有绛水。"

韩康子与魏桓子听完吓出一身冷汗。安邑是魏氏的主基地，在现在的山西运城一带；平阳是韩氏的主基地，在现在的山西临汾一带。

智瑶用水攻灭了赵氏，下一步会不会复制水攻战术，对付韩、魏两家？

忐忑不安的韩康子与魏桓子吃不香睡不着，恰巧这时赵氏的使者张孟谈来到韩、魏营帐。张孟谈的目的很明确，他要说服韩、魏两家和赵氏里应外合灭了智氏。

公元前453年三月丙戌日晚，韩氏、魏氏掘开了大堤，汹涌的河水冲向智氏军营，赵襄子同时率军从城内杀出，被包围的智瑶死于乱军之中。

就这样，晋国卿大夫只剩下赵、韩、魏三家，一个微妙的平衡出现了：如果一家想要独大，另外两家必然联合起来。三角形是最稳固的形状，三足鼎立的政治亦是如此。

既然三家都无法吃掉对方，不如先捞点看得见的实惠。他们一点也不客气地瓜分了晋国，只给晋国国君剩下巴掌大的地方。

公元前403年，赵、韩、魏三家主动找到周天子，要求周天子册封三家成为诸侯。当时周威烈王在位，给了他们正式的册封，三家由此摆脱大夫身份的束缚，拿到了登上战国历史舞台的入场券。

时代分界线

战国是一个大变革的时代，技术大发展，人口大飙升。春秋时代的一场大战，通常一天就打完了，而到了战国时代，战争时间变长且规模空前，处处是杀人盈野复盈城的人间地狱。然而正是在这个惨无人道的时代，中国却迎来了历史上第一次思想大爆发，群星闪耀的诸子百家竞相登场，他们构建了宏伟的思想大厦。

"暴力"与"文明"，这一对看似对立的词推动着战国时代的历史车轮滚滚向前。

那么，血腥又绚烂的战国时代是从什么时候开始的？

我们可以先了解一下"春秋"与"战国"两个名词的由来。

前文讲到,"春秋"一词源于孔子编订的《春秋》,其实"战国"一词同样源于一本书,就是西汉大文学家刘向编订的《战国策》。

《战国策》讲的主要是春秋以后到秦始皇统一天下这段时间里,策士(纵横家)为各国君主出谋划策的故事,书里有一句话定义了这个战争爆发频率极高的时代:"万乘之国七,千乘之国五,敌侔争权,盖为战国。"(有七个大国拥有一万乘战车,还有五个小国拥有一千乘战车,各国之间相互争斗,这个时代被称为战国。)

春秋与战国两个时代是先后紧挨在一起的,那么得有一个时代分界线吧?就好比单位上一任领导某一年退休,下一任领导就在这一年接任。但其实春秋战国的时代分界线没有那么明确,由此衍生出了三个研究派别,这三派之间彼此争论不休。之所以如此是因为每个派别的需求不同,思想也就不同,对历史的解读也不同。

一、文献研究派

这一派以"史圣"司马迁为代表。司马迁担任汉朝太史令,这个官职相当于现在的国家历史研究院院长兼国家图书馆馆长,掌管着海量的文献书籍。为了写《史记》,司马迁充分利用手头可查的历史文献,对它们的研究可谓登峰造极。

那么,要将哪一年作为春秋战国分界线呢?司马迁选择以孔子编写的《春秋》一书为标准。

这就出现了一个问题:孔子的《春秋》只写到鲁哀公十四年,即公元前481年,那一年也是周敬王在位的第39年,而周敬王这时还没死,他一直活到了公元前476年。

司马迁可能是为了凑个整,所以将周敬王去世的后一年,也就是他的儿子周元王继位的那一年作为春秋战国分界线,即公元前475年。

《史记》里有这么一句话:"余于是因《秦纪》,踵《春秋》之后,起周元王,表六国时事,讫二世,凡二百七十年,著诸所闻兴坏之端。"(我根据手上的史料《秦纪》,接着《春秋》之后,以周元王元年为起点,列表记录秦灭六国的事件,一直写到秦二世,一共270年,把我所知的兴衰事情都写了下来。)说的就是司马迁记录的战国至秦的历史。

二、时代变革派

"战国"这个名词源于《战国策》一书，作者是刘向。在《战国策》里有这么一句话，介绍了这本书的内容是从哪一年起始到哪一年结束：

"其事继春秋以后，讫楚汉之起，二百四十五年间之事。"（书从春秋之后一直写到楚汉相争，总计245年。）

汉王刘邦与西楚霸王项羽于公元前208年正式登上历史的舞台，所以以公元前208年为基准，向前推245年，正是公元前453年，赵、韩、魏三家分晋的时候！

赵、韩、魏灭了智氏，瓜分了晋国。至此，晋国国君虽然还在，却只是一个傀儡；赵、韩、魏三家名义上虽是晋国大夫，事实上却像三个独立的诸侯国。他们三家深度推广变法，成为时代翘楚，打遍周边诸侯国，最终跻身战国七雄之列，成为当时最耀眼的明星。

在刘向眼中，名分都是虚的，在滚滚向前的时代大潮中，只有强者屹立于潮头。赵、韩、魏三家将春秋第一超级大国晋国瓜分，意味着旧的秩序完全崩塌。后来三家实施变法，各国纷纷效仿，为了引进人才不惜下血本，布衣卿相粉墨登场，平民代替贵族登上了权力的舞台。

时代的大变革，正是从三家分晋后开始的；《战国策》里纵横天下的奇才，也是从三家分晋后出现的。所以，如果以时代变迁来确定春秋战国分界线，必然是公元前453年。

三、正统思想派

我们小时候都听过司马光砸缸的故事，如果你对司马光的印象只停留在这个故事，那就太低估他了。司马光后来成为龙图阁直学士，编写了著名的《资治通鉴》，因此司马光与司马迁被人尊称为"史学双璧"。

作者在写书之前要先考虑自己的读者，司马光也是如此。他的读者不是普通人，而是皇帝。他的书是给皇帝看的帝王教科书，书里将众多历史事件整理成案例，让皇帝通过案例学习，吸取前人教训，知晓如何避坑、如何治国理政。

当司马光把写好的书呈给老板宋神宗后，神宗大为赞赏，批示"鉴于往事，有资于治道"，《资治通鉴》由此而得名。

《资治通鉴》是本编年体史书，按照时间顺序记录历史事件，开篇便是周威烈王二十三年，也就是公元前403年，此时羽翼丰满的赵、韩、魏三家带着丰厚的礼品一起请求周天子册封自己为诸侯。与其说是"请求"，不如说是"胁迫"，周威烈王只是一个橡皮图章，只要给钱，他就给你盖个合法的章。

周威烈王答应了赵、韩、魏三家的要求，让他万万没想到的是，就此打开了潘多拉魔盒。此后，天下诸侯纷纷自立为王，与天子平起平坐，再也没人去理会什么周天子。

司马光为什么将周威烈王册封赵、韩、魏三家为诸侯定为开篇呢？

一个人写书不可能不带有自己的主观性，宋朝儒学思想昌盛，深入影响每个人的思维，司马光这样写，就是要告诫宋神宗，君王统治天下要有正统合法性。

孔子说过："名不正，则言不顺，言不顺，则事不成。"所以儒家一直讲究"正名"（确定身份）。

君君臣臣，父父子子，每个人只有在自己所处的社会位置中扮演好自己的角色，社会才能和谐。就像你在公司里，如果身份是一个基层员工，就不能坐在经理办公室去指挥别人干活；同样，如果身份是经理，就不能不做决策，而去做基层员工的事。

在司马迁看来，三家作为大夫瓜分了晋国，虽然一开始在名义上没敢称诸侯，可是后来却跑到周天子那里要求册封为诸侯，把既成事实搞成合理合法，那就是犯上作乱，大逆不道。

多好的一个反面教学案例，任何帝王看了都会引以为戒！

所以在《资治通鉴》的开头，还能看到这样的话：

"臣闻天子之职莫大于礼，礼莫大于分，分莫大于名。何谓礼？纪纲是也。何谓分？君、臣是也。何谓名？公、侯、卿、大夫是也。"（天子的职责是维护礼，礼是用来区分身份的，区分身份最重要的是匡正名分。）

"夫以四海之广，兆民之众，受制于一人，虽有绝伦之力，高世之智，莫不奔走而服役者，岂非以礼为之纲纪哉！"（天子管理四海之内、广大民众。即使你能力超群、绝顶聪明，也得为天子效劳，这难道不是以礼作为纲纪的作用吗？）

总的来说，春秋时代礼崩乐坏，但天下霸主还是要尊王攘夷，打着周天子的旗号维护天下秩序，礼乐秩序有一息尚存；可是到了战国时代，礼乐秩序彻底消失，没有人再去维护天下秩序，不是你死便是我亡。

对于从春秋到战国的这一过渡，司马迁、刘向、司马光在自己的著作中展现时各有各的角度，各有各的说法，各有各的道理，没有绝对的对，也没有绝对的错。

司马迁是为了史学研究，"究天人之际，通古今之变，成一家之言"是他的毕生追求。

刘向身处西汉末年，他更看重政治力量对时代的左右。刘向的儿子刘歆与篡汉的王莽是站在同一阵营的，刘歆为王莽建立新朝提供了政治理论依据，用学问左右了时代。王莽篡汉建立新朝是开创新时代，而三家分晋同样是开创新时代。

司马光虽已为宋朝重臣，但他仍满怀天下读书人的最高梦想——做帝王师。皇帝读了自己写的《资治通鉴》，知道该如何治国理政，这对于他来说是莫大的荣光。

变法先锋

在战国时代,"变法"成了各个诸侯国的君臣嘴上经常提及的词语。那时的人要是不懂变法,就等于与时代脱节,无法在朝堂上立足。

什么是变法?

说专业点,就是对国家法令制度做出重大变革。

说直白点,就是原来的老一套管理办法玩不转了,需要搞制度创新。比如20世纪80年代以前,企业员工端着铁饭碗,大家干好干不好都能拿工资,但是生产效率低。后来时代变了,市场经济的大潮席卷整个社会,企业就要进行"变法",因为不砸破铁饭碗,不搞改革,就得破产清算。

周王朝一开始搞的是分封制,天子把土地分封给诸侯,诸侯把土地分封给大夫,大夫再把土地分封给士。土地分给你了就是你的,无论你干好干坏,都可以一直传给子子孙孙,世卿世禄,这就是一种铁饭碗。春秋时代,一个贵族如果家族没有几百年的历史,都不好意思说自己有贵族血统。

时代在变化,到了春秋末年,晋国内部为了争权打得你死我活,大夫们开始觉得必须对自己升级进化,否则就有被对手吃掉的风险。

必须打破大锅饭!于是大夫们用各种方法招揽百姓,把土地分给他们来耕种,而不是像之前那样搞分封;他们又搞起了职业经理人模式,聘请专业管理人员,干得好就给高薪,干不好就卷铺盖滚蛋,从此再也没有世卿世禄的铁饭碗。

孔子最讨厌的敌人阳虎是季孙氏的家臣,他依附在分封制上,借着季孙氏的势在鲁国只手遮天。后来阳虎被赶走,来到晋国的赵家应聘高管,老板赵鞅只让他当职业经理人,所以他在这个岗位老老实实、勤勤恳恳,不敢兴风作浪,生怕被开除。

赵、韩、魏作为晋国大夫死斗中最后活下来的三家,最能体会到"变法"的重要性。

魏国在三家分晋时占据的土地都是好地段，可以说魏国初代君主魏文侯手里拿着一把好牌。但家底再好，也要有帮手帮助才能成就一番大业，所以魏文侯面向全天下广罗人才。李悝、西门豹、乐羊、吴起是战国初期魏国四杰，他们都是在这次招聘活动中应聘的人。

李悝号称是法家的祖师爷，他的老师是孔子的弟子子夏，大名鼎鼎的商鞅在李悝面前只有给他拎包的份。

传说李悝担任秦、魏边境上地郡太守时，为了鼓励当地百姓对抗秦国，搞出了"射箭断讼"，即如果两个人要打官司，需要先比射箭，谁的箭术精湛谁就胜诉。后来李悝升入中央，主持魏国的变法。作为全天下第一个吃螃蟹的人，他已经明确了变法的核心目的——一切为了战争的胜利！

战国时代，各个诸侯都面临零和博弈，一个国家的强盛必定建立在另一个国家的衰败之上，一场战争的胜负往往就能左右一个国家的命运。

为了打胜仗，李悝制定了"重农抑商"的基本国策，这个策略深深影响着后世中国。

为什么要这样做？

李悝说过："一夫挟五口，治田百亩，岁收亩一石半，为粟百五十石。"意思是，一家五口人可以耕种100亩的地，每年每亩地可以交给国家一石半的粮食，总计可上交150石的粮食。魏国将土地授给百姓，就希望他们老老实实地在土地上耕种，哪儿也不要去，这样方便征兵征粮。如果老百姓都跑去经商，追逐高利润，粮食就没人种了，征兵时也找不到人，一旦打起仗来国家肯定玩完。

小农经济是魏国的基石，保护好小农，国家才能繁荣稳定。

确定了经济策略，李悝还要维护社会稳定，为此他颁发了中国历史上第一部系统法典——《法经》。

之前的春秋时代，如果百姓犯了罪，贵族可以随时惩处，而贵族犯了罪却不会受到惩罚。《法经》一经公布便改变了这种情况，违法必究，有法可依，只要有人犯罪就一定会被惩罚，肆意妄为的贵族们收敛了起来。

小学有一篇课文叫《西门豹治邺》，讲的是战国时期魏国西门豹去治理经常泛滥的漳河的故事。他看到当地权贵与巫婆勾结，打着给河伯娶妻的旗号搜刮百姓，便说新娘不漂亮，然后借口让他们亲自去见河伯说明情况，命人把巫婆和当地权贵投入河中。西门豹这是以科学的方式反对迷信。

为什么要治河？因为古代中国是依河兴起的文明，可是河水经常性地泛滥和改道又会造成困扰，尤其我们的母亲河——黄河。为了驯服大河，古代王朝必须集中一切力量治理它，这个时候，如何治理、如何使用资源等问题都必须听命于一个声音，如果谁都来指挥，必然乱成一团。由此判断，西门豹治河故事的背后显示出的是魏国已经具有了中央集权的能力，更彰显出魏国变法的成功。

李悝变法的目的是战争取胜，而战国时期的战争与春秋时期画风完全不同。春秋时期是争霸战争，让对手承认自己是天下霸主的地位，喊大哥；战国时期是兼并战争，抢夺他国土地，不是你死便是我亡！

魏国的北边有一个小强国叫中山国，土地肥沃、物产丰富，魏文侯看着直流口水。魏文侯派大将乐羊率大军吞并中山国，这一仗就打了三年，好在魏国经过变法成为氪金玩家，不然早打破产了。

乐羊围困中山国都城，碰巧乐羊的儿子在中山国做官，中山国国君痛恨乐羊，便把他儿子杀了煮成肉汤送给乐羊，乐羊竟一饮而尽。为了灭中山国，狠人乐羊已经完全抛弃了父子亲情，最后他也终于达成所愿，中山国被攻灭。

然而乐羊这样的狠人，和下面这一位比起来也完全不在一个段位，他就是吴起。

战国有四大名将，分别是白起、王翦、廉颇、李牧，都是活跃在战国后期的人物，而吴起作为他们的前辈，其实力是完全被低估的。他写过兵书，打过史诗级歼灭战，搞过变法，论综合实力绝对是战国初期军事界的顶流。

吴起的早年就是一部血泪史。他是卫国人，原本家庭富裕，可以过着无忧无虑的快乐生活，然而他作为一名军事天才对功名有着强烈渴望，这造就了他后来的悲剧人生。

吴起想当官，于是去找当地的贵族花钱买官，可是卫国的官职都被贵族把持着，贵族钱照收，事不办。发现自己被骗的吴起一怒之下拿起剑冲入那贵族家中，连杀30多人。

犯下特大杀人案的凶手吴起只能亡命天涯逃往鲁国。当时鲁国正与齐国打仗，具有军事天赋的吴起被鲁国国君看中，想要让他做将领率兵抵抗齐国，可是吴起的老婆是齐国人，鲁国国君担心他与齐国勾结，不敢真心委以重任。吴起为了功名，竟手起刀落杀死了自己的妻子。鲁国上下都震惊了，没想到吴起是个这么狠的人啊，狠起来连老婆都杀！

鲁国国君任命吴起为将领，果不其然，吴起打了大胜仗。人红起来必然遭人嫉妒，很多人向鲁国国君打小报告，说吴起连老婆都能杀，还有谁不敢杀？于是没多久，吴起被罢了兵权。

失业的吴起看到魏国招揽人才，决定前往寻找就业机会。

吴起已经闻名天下，却被从头黑到脚——一个平民想出人头地太难了。不过对于魏文侯来说，吴起过往的黑历史并不重要。在求贤若渴的魏文侯看来，只要你有能力、有才华，不管出身如何，过去如何，我都可以给你提供施展才华的舞台。

吴起就这样来到魏国，只是令他万万没想到的是，魏文侯给他提供的舞台是如此气势恢宏。

吴起担任了魏国河西地区的军事指挥官！

河西就是黄河以西，具体指今陕西与山西交界处的黄河以西地区，秦、魏两国为了争夺此地打得难解难分。秦国毕竟在春秋时代就成长为西方大国了，实力彪悍，根本不把新兴的魏国放在眼里。但在西方称霸数百年的秦人哪里知道，吴起将成为他们的天煞克星！

吴起一到任，连续向秦国发起猛攻，打得秦人毫无还手之力。公元前408年，吴起攻下秦国的河西地区，魏国国君在此设立西河郡，任命吴起为西河太守。

如果你以为吴起只是一个军事天才的话，那就大错特错了，他还善于搞制度创新。

在那个战火纷飞的时代，打仗成了家常便饭，组建一支战斗力彪悍的常备军是魏国的国情需要，而此时由平民组成的步兵主宰着战场，战车已经变成了辅助兵种。吴起顺应时势，打造了一支在战国初期横扫天下的步兵军团——魏武卒！

魏武卒总兵力5万人，不要小看这区区5万人，他们都是经过精挑细选的，拥有恐怖的战斗力。能选上魏武卒的人日常需要穿重甲、背重弩、扛着戈、挎着剑，携带三天粮食，能日行百里。这5万重甲步兵出现在战场上，在敌人眼里就如同恐怖的轧路机。

魏武卒刚刚组建，就展现了如同核武器一样的毁灭力。

丢失河西地区对于秦人来说，就等同于把自己的传家宝给弄丢了一样，他们发誓要夺回土地。

公元前389年，秦国挖地三尺，砸锅卖铁，把国内但凡四肢健全的男人全部拉上了战场，硬生生凑出了50万人。50万人在战国初期可是天文数字，秦国毕竟是老牌强国，还有点家底。

50万大军浩浩荡荡杀向阴晋（今陕西华阴东），吴起立刻率领5万魏武卒迎战，之后魏国又增援了战车500乘、骑兵3000人。

秦军探知魏军的兵力都要笑抽过去了，他们觉得自己胜利在望，马上就能夺回河西之地了，哪里知道自己即将被具有核武器一样战斗力的魏武卒一锅端。

接下来的场面对于秦人来说已经不能用惨烈来形容，而是人间地狱。秦人的梦想很丰满，可现实却很骨感。阴晋之战，秦人被魏武卒打成一边倒，毫无招架之力，西方霸主秦国的颜面荡然无存！

吴起登上了人生巅峰，可是再牛的臣子也难逃一朝天子一朝臣的悲剧命运。此时英明神武的魏文侯已死，新上任的魏武侯觉得吴起功高震主，再加上奸相公叔痤（cuó）嫉妒心作祟，昏君奸臣一起把吴起赶走了。

此处不留爷，自有留爷处！失业对于吴起来说是早已司空见惯的事了，他没有消沉太久，而是很快望向南方，决定投奔楚国。

楚国在春秋时代曾经是超级大国，在春秋末期却被吴国打得差点灭国，好在有秦国仗义救援，才勉强复国成功。现在的楚国已经没了"超级"，只剩"大国"。

当政的楚悼王看着北方中原大地上风云变幻，魏国变法搞得如火如荼，也想趁着变法的东风让楚国再次雄起一把。吴起虽然是搞军事出身的，但是在楚悼王看来也够用了。外来的和尚会念经，吴起在魏国那么多年，潜移默化也应该懂点变法的门道。

吴起被任命为令尹，这在楚国历史上极其罕见，因为这个职位是国家"二把手"，通常都是由楚国内部具有数百年历史的骨灰级贵族担任的，很少有外国人能够出任。不过吴起没有让人失望。他一顿操作猛如虎，让楚国焕然一新，国力提升，军队战斗力增强，出去老打胜仗，往日雄风重现。

楚悼王对吴起非常满意，可是贵族们恨不得将吴起碎尸万段！因为吴起变法里有这么一项：

"衰楚国之爵而平其制禄，损其余而绥其不足。"

这个意思是，楚国贵族的爵位、封地不能一直传下去，最多只能传到孙子辈，之后国家要全部收回去。楚国地大物博，有很多没人开发的荒地，贵族们要是有开拓精神，就去开荒吧。

断人财路如同杀人父母，现在子孙的财路被吴起断了，还要被拉去开荒种地，贵族们哪里还能坐得住？他们起了杀意，只是碍于楚王强大的权威，始终不敢动手。

公元前381年，在外连战连胜的吴起被召回国，一到郢都便被撤去兵权。

原来，吴起的伯乐楚悼王死了，他的儿子楚肃王继位。

吴起前往设在宫内的灵堂，凭着多年的政治经验，他隐约能察觉到前方的凶险，只是在尸山血海里翻滚的他早就看透了生死。楚悼王对于吴起来说既是君王也是知己，吴起一生经历了欺骗、嫉恨、仇杀，真正懂他的人不多，如今为了知己，死又何妨？

埋伏在灵堂的贵族一看到吴起，便凶神恶煞般地杀了过来。自知在劫难逃的吴起选择趴在楚悼王的尸体上，任凭贵族们剑刺、射箭就是不离开。楚悼王的尸体因此到处是剑伤与箭矢伤。

贵族们终于杀死了大仇人，可是他们也迎来了末日。事后，新继位的楚肃王下令："按照楚国律法，凡是兵器碰到楚王尸体者一律处死，夷灭三族！"

参与此事的70多个贵族惨遭灭族！

深知律法之用的吴起在自己死后也要拉上那些杀死自己的贵族。

战神吴起死了，他一生"大战七十二，全胜六十四，其余均解"（总共进行了七十二场大战，其中大胜六十四场，其他的全是平手，没有输过一场），战绩令人佩服。在他之后，以往被贵族看不起的平民开始踊跃登上历史舞台，让战国的画风与春秋大相径庭。这个时代里，充斥着阶层跃迁、个人胜利、自我价值实现，只要有能力，就总有展示自己的舞台。

是金子总会发光！一对师兄弟坚信这个道理，他们即将施展各自的才华，左右天下的格局。

马陵道

黑化的庞涓

1972年4月在山东银雀山发现了一处西汉的墓葬，很快从里面出土了大批竹简。经过专家整理，失传已久的《孙膑兵法》重见天日，震惊世人。

"田忌赛马"的故事我们大家都知道，它发生在战国时的齐国，权臣田忌在孙膑的指导下赛马赢了齐王。如果你以为孙膑只会指导人如何赛马，那就大错特错了。孙膑的老祖宗正是大名鼎鼎的"兵圣"孙武，而孙膑在兵法造诣上颇得家传，可以说仅次于孙武，因此后人常将两人并称，吴国孙武被称为吴孙子，齐国孙膑被称为齐孙子。

作为兵书里的模范，孙武所著《孙子兵法》其实是一本军事教科书，讲究循序渐进，它的十三篇是有严谨的逻辑顺序的：前三篇先讲战争是否值得打；中间三篇讲的是如何制订作战计划；后七篇讲的是具体的战术打法。从理论到实践，从战略到战术，是层层递进的关系。

可是《孙膑兵法》就不同了，它的第一篇叫《擒庞涓》，讲的是孙膑在战争中将庞涓俘虏的故事。开篇就讲战术案例，这使得这本书更像是战事记录，而孙膑对篇目顺序的编排也说明一个问题：庞涓对他来说是一个极其重要的人。

孙膑与庞涓均师从战国时的著名权谋家鬼谷子。传说鬼谷子无所不知、无所不晓，有通天的本领、盖世的才华。同出一门，本应该是情同手足的师兄弟，庞涓却成了与孙膑不共戴天的仇人。

庞涓为何黑化？

一切都源于他对权力和名誉的迷恋。

庞涓与孙膑在鬼谷子那里求学时关系极其融洽，可是庞涓渴望出人头地，一学成便下山直奔当时最强大的魏国找工作，被当政国君魏惠王一眼相中，成为将军。庞涓作为鬼谷子门下的高材生，能力还是相当不错的，带领魏军打赢了一场又一场战争。

说起魏惠王，你可能不太熟悉，但是你一定熟悉他的另一个称谓——梁惠王。高中语文课文中有一篇《孟子见梁惠王》，说的就是他。由于魏国首都是大梁，所以魏惠王才又被称为梁惠王。

成为魏国最耀眼的明星，庞涓自认为是天下第一的战神了，然而他心里并不踏实，因为他知道，天底下还有一个比他厉害百倍，并有祖传《孙子兵法》加持的同窗孙膑！

如果孙膑出山，他必是天下第一，而自己的江湖地位将会不保……庞涓在心里打起了算盘。

不能让孙膑活着！

庞涓假惺惺地请孙膑到魏国来，孙膑没有设防，欣然答应。未步入社会的孙膑以为到了魏国后能和同学庞涓像往日一样和睦共处，可他哪知道人心险恶！现在的庞涓早已不是他认识的庞涓了，他被权欲熏染得已经心理变态，准备一步步将昔日同窗折磨致死。

孙膑到了魏国不久，就被庞涓胡乱安个罪名施加膑刑。所谓"膑刑"，就是挖去犯人膝盖骨的酷刑，这也是孙膑名字中的"膑"字的由来。庞涓并不满足，又命人在孙膑脸上刺了字，要知道古时只有犯人脸上才会被刺字。惨遭肉体摧残的孙膑还要接受尊严上的侮辱，身心受尽凌辱的他被扔在了大街上，为了活命，只能在垃圾堆里找吃的。

有的时候活着比死还痛苦，人死了，一了百了，但是活着却要承受如山一般的压力。

孙膑内心充满了仇恨，他不知道庞涓为何如此对他，而老天为何让他遭受如此磨难！

好在天无绝人之路，碰巧齐国大使出访魏国，听说鬼谷子的高徒流落街头，便找机会密会了孙膑。经过交谈，大使发现孙膑才华出众，惊为天人，便在回齐国的时候把孙膑也偷运了回去。

围魏救赵

到了齐国后，孙膑并未感受到自由带来的快感，他怒火未熄，发誓要向同窗庞涓复仇，更要向魏国复仇。

此时的齐国虽然名字没变，老板却早就换人了。

西周时，周王室分封诸侯，齐国正是太公望（姓姜，氏吕）的封国。齐桓公称霸天下时，陈国遭受内乱，有一个叫陈完的流亡公子跑到了齐国避难，齐桓公见陈完是个人才，便让他留在齐国担任卿大夫，陈完就此在齐国扎下根来。由于当时"陈"与"田"的发音相同，他的一家又被称为田氏。

如果齐桓公在天有灵，现在一定肠子都悔青了。他哪知道，自己的一次善举竟成了引狼入室！

陈国在春秋时代是个微不足道的小国，可是陈完来到齐国后，他的家族便走上了奋斗之路，最后硬是鸠占鹊巢，把老吕家的齐国占为己有。

田氏代齐，可是齐国的产权证上写的还是吕氏，毕竟田氏的身份依旧是卿大夫，要称国君可是名不正，言不顺。

公元前403年，就在田氏苦恼的时候，赵、韩、魏三家直接来到洛邑找周天子，请求被册封为诸侯。周天子是落架的凤凰不如鸡，竟真的给他们签发了诸侯合法证明。

原来还有这样的操作啊！诸侯虽然不把周天子放在眼里，但周天子好歹也是他们名义上的领导，只要他点头，自己就合理合法啦！

田氏把赵、韩、魏当作学习的好榜样。公元前386年，田氏也向周王室讨要诸侯身份。对于周王室来说，之前批了三个，现在再来一个也无所谓了，反正自己也没啥实权，只要不问他要天子的头衔，什么都好说。

就这样，从春秋到战国，经过数百年的逆袭，田氏终于合理合法地成了齐国的主人。

孙膑被大使带往齐国后住进了将军田忌家中，当时在位的是齐威王。

齐国流行赛马，可别以为这是普通的比赛，它里面还掺杂着赌博活动。按照比赛规则，参赛双方会根据马的速度将马分成上、中、下三等，采用三局两胜的形式依次对决，输的人要支付1000金。说白了，就是赌马。

齐威王与田忌是最著名的赌马爱好者，经常举行赌马活动。由于齐威王是国君，用的马都是国内绝顶的好马，所以田忌每次都是输家，只能给齐威王送钱。

孙膑来到田忌家中，成了他的智囊。这天他在赛场观赛，熟悉了比赛规则后他建议田忌调换一下马的出场顺序，田忌听从安排。

第一场，田忌的下等马对阵国君的上等马；第二场，田忌的上等马对阵国君的中等马；第三场，田忌的中等马对阵国君的下等马。不出所料，田忌两胜一负，赢得了赛马比赛的胜利。

齐威王很好奇，一向是输的田忌怎么会翻盘？田忌看到齐威王好奇的样子，便趁机向他推荐了幕后策划孙膑。齐威王见到孙膑后彻底震惊了，没想到鬼谷子的学生会遭受如此迫害！他立刻放下眼前的赌马活动，带上孙膑回到宫里，与他促膝长谈。

这一谈不得了，齐威王更加震撼，眼前的孙膑刷新了他的三观，给他上了一堂生动的战略教学课。

孙膑继承了老祖宗孙武的军事思想。

《孙子兵法》开篇第一句这样讲："兵者，国之大事，死生之地，存亡之道，不可不察也。"

孙膑对齐威王讲的第一句也是这个道理："夫兵者，非士恒势也。此先王之傅道也。战胜，则所以在亡国而继绝世也。战不胜，则所以削地而危社稷也。是故兵者不可不察。"

他的意思是，作战从来没有固定的模式，这是历代先王总结出的道理。仗打赢了，一个国家可以避免灭亡，将国家社稷延续下去；仗打输了，就得割地赔款，危及国家社稷。因此，对待战争不得不格外慎重。

战国时代与春秋时代完全不同，这个时代的战争是旷日持久、规模宏大的灭国战争，最后只有一个活着的胜者。你不打别人，别人就会来打你，只有打败别国，甚至吞并别国，才能在这场血雨腥风中活下来。

孙膑对齐威王道出了战国时代国家的生存法则："战胜而强立；故天下服矣。"（战胜所有敌人，成为最强的人，全天下都会归顺于你。）

春秋时，诸侯通过打赢别人让别人承认自己是大哥，很多诸侯国带着惯性思维来到了战国时代。孙膑却点破了，在战国时代，诸侯通过战争让天下人都归顺自己，这不就是统一战争吗！后来的齐国也的确朝着统一天下的方向努力了。

孙膑向齐威王大谈国家战略方针，给齐威王打开了全新的视野。接着齐威王又向孙膑请教如何指挥作战，孙膑口若悬河讲着具体的战术打法。一席交谈后，齐威王被眼前的这位残疾人彻底折服了，他感谢上苍派孙膑来帮助自己开创一番宏图大业。

孙膑与齐威王的一番谈话被收录在《孙膑兵法》的第二篇与第三篇，篇名叫《见威王》与《威王问》。

魏国作为战国初期的强者毫不留情，它四面出击，将周边诸侯打得鼻青脸肿。如今当政的魏惠王更是有着宏大的愿景，他想吞下赵、韩，统一三晋，让魏国成为全天下畏惧的超级大国。

赵国与魏国同属三晋，实力强悍，更是分晋三家的领头羊，它也有争夺天下的雄心。公元前354年，赵国发兵攻打卫国，一心想统一三晋的魏惠王绝不允许赵国壮大，于是命令庞涓率兵8万直捣赵国首都邯郸。

公元前353年，赵国首都邯郸被魏军围困，赵国危在旦夕，向其他诸侯发出求援信号。

战国时期各诸侯国都在尽力维持微妙的平衡，绝不能让任何一家做大做强。当一家将要独大时，别的诸侯必定联手打压，将其强国姿态掐灭在萌芽状态。

如今也是一样，各个诸侯都心怀鬼胎，既不想让魏国独大，又不能让赵国白捡了便宜，最好是魏、赵两国两败俱伤，奄奄一息地一起躺在病床上。

公元前352年十月，魏国攻下赵国首都邯郸。

此时赵国血都流干了，得胜的魏国也是精疲力尽。螳螂捕蝉，黄雀在后，孙膑觉得，是时候给魏国沉重一击了！

齐国出兵8万，田忌为主帅，孙膑为军师，浩浩荡荡奔赴战场。

庞涓所辖的魏军是百战雄师，精锐的魏武卒更是天下无敌，即便他们正疲惫也不能掉以轻心，需要好好谋划。

这场仗要怎么打？在哪里打？

孙膑并不想直奔邯郸与庞涓正面硬磕，他派出一支偏师佯攻防御空虚的魏国首都大梁，魏军主力远在邯郸，国都有危庞涓必然率兵回援，到时齐军主力就可以在魏军的必经之路桂陵（今河南长垣）以逸待劳，迎战庞涓所率的魏军主力，定能取得大胜。

此计谋被称为"围魏救赵"。

讲到这里，我们需要看一下魏国糟糕的地缘政治，打开魏国地图就能发现其中的端倪。

魏国地处天下中央，周边一圈挨着秦、赵、齐、韩、楚。后世所谓的"战国七雄"里，除了它自己，竟有五雄和它做邻居！更悲催的是，魏国首都大梁位于中原地区，地势平坦，无险可守！

《战国策》里有一句话是对魏国地势的精准描述："地四平，诸侯四通，条达辐凑，无有名山大川之阻，故战场也。"

秦国命最好，位于天下的最西端，只要一路向东平推就可以，不用担心有人从背后偷袭自己。可是魏国就没有秦国的好命了，它为天下中央，无论向哪扩张，自己的后背都会暴露在外。

糟糕的地缘政治是魏国先天的基因缺陷，所以即使魏国在战国初期再强大，也注定无法避开它成为四战之地的悲惨命运。

一切都按照孙膑设定的程序在运转，齐国的偏师出现在大梁城下，魏惠王吓得魂不附体——自己的主力远在邯郸，如果不及时回援，老家就得被齐国强拆了！

一封封加急求救信以火箭般的速度发往庞涓驻地，庞涓看得浑身一阵阵冷汗，他似乎察觉到齐军背后有高人指点。

但现在不是管那么多的时候，要赶紧回家救援！

魏军不顾疲惫，狂奔数日来到了桂陵，一道长长的齐国军阵挡住了他们的去路。

庞涓虽然手里有王炸魏武卒，可是他们刚经历过惨烈的邯郸攻坚战，又没日没夜地急行军，往日不可一世的魏军身体已经被彻底掏空了，现在又要进行野战，他们的精力根本不足以支撑。

战争结果不出预料地成了一边倒，以逸待劳的齐军打败了魏军，庞涓兵败被俘。

庞涓被人架到齐国主帅面前，田忌得意扬扬地说："庞涓，你看我旁边坐着的是谁？"

没了精气神的庞涓看到坐在轮椅上的孙膑，惊讶得浑身哆嗦，他没想到齐军背后的高人竟是孙膑。想到自己曾对孙膑犯下的滔天罪行，庞涓觉得这回是难逃一死了，没想到孙膑却对他微微一笑，并没有露出仇恨的表情，只是让人把他关了起来。

庞涓虽然没有被孙膑迫害，但是内心陷入了无尽的深渊中，有时候内心的折磨比肉体的残害更让人痛苦。天下无敌的大将军竟然被打败了，曾经不可一世的庞涓恨不得当时就战死沙场。

后来，阶下囚庞涓被齐国放了。重获自由让庞涓感觉不可思议，但他的心中对孙膑没有丝毫感激，反而仇恨更深。不过他也不用急，因为孙膑的复仇才刚刚开始，两人总有再相逢的一天。

孙膑不仅要庞涓死无葬身之地，更要魏国国运一蹶不振！

马陵之战

桂陵之战后,魏国折损8万大军,元气大伤,周边诸侯国趁机对魏国下手,掠夺了不少城池和土地。不过魏国毕竟是战国初期的变法先锋,家底子还算殷实,经过几年休养,它满血回归。

其实如果魏国不再折腾,也不至于在战国后期被秦国打成"高位截瘫",可魏惠王是个好面子的人,庞涓又一心想跟孙膑再干一场挽回自己的颜面,他们两人一结合,就让魏国闭着眼睛朝着悬崖方向狂奔了。

齐桓公、晋文公两位大哥虽然不在了,但是江湖上依然流传着两位大哥的故事,魏惠王对两位先辈的事迹尤为敬佩。公元前344年,魏惠王学齐桓、晋文事,在逢泽(今河南商丘南)召开了一场大会盟,召集12位诸侯,一起前往洛邑朝见周天子。

战国时候的周天子只是一个"吉祥物",魏惠王带着诸侯们去看周天子并不能给天下带来和平,他是想借此会盟确立自己江湖大哥的地位。

当完大哥,魏惠王还不过瘾,干脆自己演了一把天子。他玩起了cosplay,穿上只有天子才能穿的红色衮(gǔn)衣,戴上十二旒冕冠,还制作了龙旗,自称为"王"。因为这件事,历史上魏惠王才有了"王"的称号,而不是被称为魏惠侯。

有的时候,玩一玩的事就不能当真。周天子虽然做了"吉祥物",可他家里毕竟还有象征天命的九鼎,作为各地诸侯名义上的领导是合理合法的,而诸侯如果明目张胆顶替周天子,还是会被认为是僭越。但魏惠王已经完全沉迷于角色扮演了,深陷其中不能自拔。他见自己召开逢泽之会时小小的韩国竟然不来,便觉得这完全是不把自己放在眼里,于是准备拿韩国开刀,来捍卫自己作为天下之主的尊严。

公元前342年,魏国向韩国宣战,年轻的太子申统领10万大军,庞涓作为副将。明眼人一看就知道，太子出来打仗是为了刷经验的，为以后统治魏国树立威望，魏军真正的指挥者是庞涓。

韩军与魏军进行了五次大战，韩军五次全部败北，韩国首都新郑被魏军围困。

要死了！要死了！韩国向齐国发出求救。

齐国绝不会坐视魏国吞并韩国，孙膑再次出场，指挥军队又上演围魏救赵的大戏。

齐国大军直奔魏国首都大梁而来，魏惠王内心再次崩溃，一个劲儿地给庞涓发急件，让他赶紧回师救援大梁。可等庞涓赶到大梁时，却发现城下连个齐军的影子都见不到——原来齐国大军早就向东主动后撤了。

不能总这么被动！庞涓决心彻底消灭齐军主力，干掉孙膑，否则魏军一旦出征，就存在老家被强拆的风险。

魏国10万大军向东追击，来到齐军曾经驻扎的营地，庞涓根据齐军留下的灶的数量估计齐军有10万人，兵力与魏军大体相当。第二天，庞涓率军继续向东追击，来到齐军丢弃的营地，根据灶的数量，估算出齐军还有5万人。第三天，一路追击而来的庞涓看到前脚刚走的齐军留下的灶，它们只够3万人使用了。

魏军上下开始欢呼：一定是齐军畏战，这才出现了大量逃亡的情况！

不知不觉到了夜晚，追击的魏军来到了马陵道。马陵道位于沂蒙山余脉，道路狭窄，周边山崖耸立，极其适合打伏击战。一心想打败孙膑的庞涓没有多想，兴奋地一马当先冲在队伍最前面，殊不知他已经一只脚迈入了鬼门关。

队伍越深入马陵道，魏军将士们脖子上的绞索就收得越紧。突然，在黑漆漆的道路中央出现一个巨型障碍物挡住了去路，庞涓命人点燃火把一探究竟，发现原来是一棵被砍断的大树，再定睛一看，上面竟刻着"庞涓死于此树之下"几个大字。

"完了！"庞涓惊呼道。

已经晚了。随着树下火把亮起，夜空中有无数燃烧的箭矢如暴雨一般密密麻麻地朝着魏军倾泻而下。知道自己难逃一死的庞涓长叹一声："我的死成就了孙膑这小子。"说完就拔剑自刎了。

主将已死，魏军如无头苍蝇一样四散奔逃，大多数在马陵道被齐军屠戮，作为主将的太子申被俘虏。

马陵之战示意图

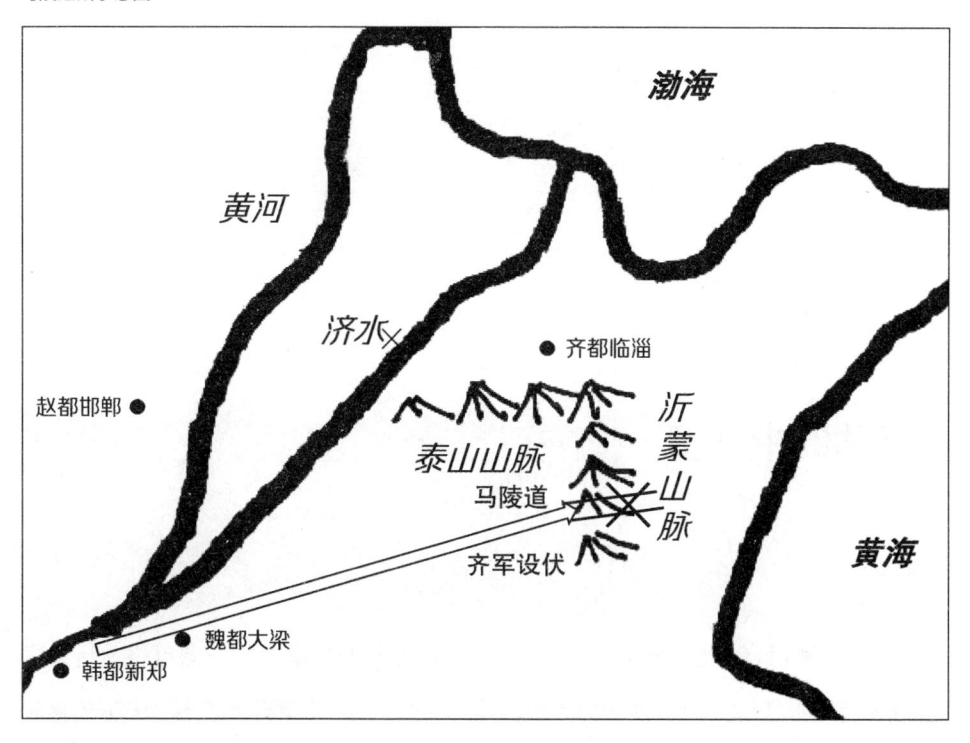

一场马陵之战，魏国彻底被打趴下了，一直到战国时代进入尾声也没有缓过来。

也是这场马陵之战，齐国再次以东方大国的姿态虎视天下，然后将目光投向天下第一的宝座。

然而，齐国的这个梦想不能实现了，因为就在齐、魏两国打得你死我活的时候，西方秦国一直在家暗自闭关修炼内功，当它练成绝世武功后，将打遍天下无敌手。

崛起的军国

被低估的中庶子

公元前365年,一个年轻人背着沉重的行囊向西边秦国的方向赶路,行囊里没有金银财宝,只有法家祖师爷李悝编写的《法经》。当他到达秦国,天下的格局将被彻底改变,秦国将开启统一天下的恢宏大业。

这位年轻人叫公孙鞅,他正是后世大名鼎鼎的商鞅,一个为变法事业献祭了自己的伟人。

商鞅,姬姓,公孙氏,卫国公族之后。后来被秦君封在商於,所以后世多称他为商君。

他虽然是卫国人,但由于天资聪慧,年轻时在魏国相国公叔痤手下任中庶子,相当于秘书。魏国是战国初期第一个因变法而强大的国家,商鞅在魏相身边深度参与了魏国核心政策的制定,对变法深有体悟。每当公叔痤起草文件时,商鞅总是能给予合理的建议，渐渐地，公叔痤发现眼前的年轻人是一个不世出的政治天才。

商鞅找对了工作岗位，给自己赚取了珍贵的工作经验，但是他跟错了老板。公叔痤是一个嫉贤妒能的人，他一直不提拔商鞅，生怕商鞅成为自己的竞争对手，直到临死前才良心发现，对前来看望自己的魏惠王说："我死后，可以让商鞅接我的班。"

魏惠王觉得好笑，一个普通的中庶子，怎么担此大任？不过出于对老相国的尊重，魏惠王没有说话。

"大王不想用商鞅，那就把他杀了，免得他被别国利用。"公叔痤又说。

魏惠王觉得将死的老相国脑子已经混乱了，净说些胡话，也没有搭理这一句，商鞅因此逃过一劫。

相国死了，失业了的商鞅开始找工作。他在街上看到了秦国招聘人才的广告《求贤令》，决定前往秦国碰碰运气。

此时秦国在位的是秦孝公，他接手的是一个烂摊子。

人殉一直是秦君遏制大臣的撒手锏，哪个优秀的大臣有威胁国君的潜在可能，国君死的时候就把他带上。春秋时代，秦国是西方大国，五霸之一，国君权威极重，很少像其他诸侯国那样出现大夫弑君的事件；可是到了战国时代，思想大迸发、大解放，掌握地方实权的庶长不愿再被人殉，就发动了叛乱。秦国国运那是一溜到底，衰得一塌糊涂，连续四代君主的统治都不稳定，宗室内斗、大臣弑君的情况屡屡发生。屋漏偏逢连夜雨，内乱不止的秦国又被新兴的魏国摁在地上猛揍，肥沃的河西之地也被战神吴起夺走了。

为了解决问题，秦孝公的父亲秦献公一上台就废止了人殉制度，并把首都从雍都（今陕西宝鸡凤翔区）向东迁往栎阳（今陕西西安阎良区）。

到了秦孝公上位时，天下诸侯间的竞争到了白热化阶段，变法成了时代主旋律，战争规模空前，经常是十几万人对砍，秦国再不跟上时代步伐，就有被除名的危险了！

人才！急需人才！

人才是改变国运的唯一方法！

商鞅来到秦国后，直奔秦孝公最喜欢的大臣景监的府上。景监与商鞅交谈一番，惊为天人——这不正是秦国需要的人才吗？！

景监立马把商鞅推荐给秦孝公，秦孝公二话不说亲自接见。

铺垫到这里，你以为这次会面会热血沸腾吗？现实与你想象的不同，这场本该影响历史进程的见面被商鞅搞成了深度催眠。

商鞅从三皇五帝开始讲，大谈帝道，直说一个君主要像上古的尧舜一样贤明。秦孝公觉得无聊，一边听一边睡着了。

情况似乎不大好，不过出于对外来人才的尊重，秦孝公还是安排了和商鞅的第二次会面。结果商鞅谈起了王道，说治理好一个国家要遵循仁义道德，秦孝公再次被深度催眠。

不知睡了多久，秦孝公醒来了，他对景监失望，对商鞅愤怒。让一个滔滔不绝的催眠大师来治理秦国，秦国还不得关门大吉啊？可是景监拉住了暴走的秦孝公，希望他再给商鞅一次机会。

商鞅也明白了，帝道、王道不是秦国所需，秦孝公要的是霸道。在这个残酷的时代，只有打败敌国、壮大自己，才是一个国家唯一的生存之道。这一次，他大谈变法如何实施，将自己在公叔痤身边所见、所学展示出来。秦孝公听得像打了鸡血一样，越来越起劲，两人一直谈到深夜。

公元前359年，秦孝公拜商鞅为客卿，三年后又任命他为左庶长，轰轰烈烈的商鞅变法正式拉开大幕。

第六章 | 战国

耕战

秦国地处西边，远离中原核心区，变法对于秦国百姓来说是一个陌生的概念。可变法的基础是要对社会基层的百姓进行外科手术般的改造，让他们变成既能熟练耕种，又能上阵杀敌的复合型人才。

怎么做？

要想让百姓心甘情愿地接受变法，就要取信于民，让他们尝到甜头。

有一天，秦国都城的南门立起一根三丈长的大木杆，商鞅颁布命令，谁能将大木杆搬到北门，就奖励他 10 镒[①]黄金。围观的百姓人山人海，就是没有一个人敢试一试，都怕其中有诈。天上怎么能掉馅饼呢？见没有人敢上前来，商鞅把奖金提高到了 50 镒黄金。重赏之下必有勇夫，一位大汉冲出人群，二话不说抱着大木杆来到北门，商鞅按照约定兑付了奖金。

"徙木立信"事件成了爆炸性新闻，迅速传遍秦国，商鞅的威信就此树立起来，他的变法可以推行了。

很多人以为商鞅变法只是起草律法文件并进行推广，这可就大错特错了。"变法"的意思，其实是对国家法令制度做出大变革。说白了，法家在诸子百家里是一个公务员学派，法家的代表商鞅不光要起草律法文件，还负责行政管理、农业生产、国防和军队建设等各个方面。

商鞅变法的措施有很多，归结起来核心就两个字——耕战。

只有种出更多的粮食，才能养活更多的人；人多了，粮足了，就有发动战争的本钱；战争打赢了，就能掠夺更多的土地与人口，得到更多的粮食，发动更大规模

[①] 镒（yì），古代重量单位，等于 20 两，一说为 24 两。

的战争。这是一个良性循环。

为此，商鞅颁布《垦草令》，重农抑商，鼓励百姓开荒种粮。他又开始普查人口，了解一个地区有多少户人家，每家有几口人，其中男丁有几个。摸清人口不仅可以方便管理，在战时还可以快速高效地进行征兵。

要想高效地治理国家，靠人治得累死，必须要靠律法。于是商鞅以偶像李悝的《法经》为蓝本，编写了著名的《秦律》。

受到一些传统观念和影视作品的影响，现代人总是简单地认为秦国是一个十恶不赦的暴政国家，而《秦律》是一部残酷的律法，动不动就将人大卸八块，让人缺胳膊少腿。什么车裂、腰斩、枭首、烹……这些刑罚光听名字就叫人毛骨悚然！

实事求是地讲，《秦律》里面确实包含一些凶残的刑罚，但我们不能用现代人的眼光去看2000年前的律法。要知道，《秦律》虽然脱胎于魏国李悝的《法经》，继承了《法经》里的一些凶残刑罚，可是它也明文公布，只要遵纪守法，不触犯它，就不会被滥刑加身。

有法不依、有令不行、有章不循、有禁不止、滥用私权，这些才是对律法的最大破坏。

那么，为什么商鞅和他的《秦律》名声如此不堪？归根结底要拜汉朝所赐。汉高祖刘邦是灭秦起家，为了树立汉朝政权的合法性，汉朝君臣必然向秦朝泼脏水。然而实际上，汉朝并没有废弃"残暴"的《秦律》，而是对它修修改改，换个封面，名为《汉律》。

汉之所以承"秦律"，必然是因为在《秦律》的严刑峻法外，还看到了它的超前性，那就是公平！

商鞅提出："法之不行，自上犯之。"（律法得不到执行，肯定是有贵族不遵守。）他认为，贵族已经成为阻碍国家进步的毒瘤，打着"刑不上大夫"的幌子为非作歹，这是绝对不被允许的。

由此，商鞅提出了统一刑罚："所谓壹刑者，刑无等级，自卿相将军以至大夫庶人，有不从王令、犯国禁、乱上制者，罪死不赦。"（所谓统一的刑罚，对于所有人没有等级差别，从卿相、将军到大夫、平民百姓，有不听从君王颁布的法令，触犯国家禁令、犯上作乱者，杀无赦。）

这样明确的话在李悝《法经》里是没有的，可见商鞅是在李悝的基础上更进了一步，把贵族手里的特权彻底剥夺了个一干二净。《秦律》面前人人平等，这让平头百姓沐浴在春风之中，君王的权力受到拥护，空前膨胀，秦国国内和平稳定，极少再出现弑君篡位的乱象。

法律平等的下一步，就是要给平民百姓中有才能的人提供上升渠道，二十级军功爵制横空出世！此后，秦人的一生离不开生老病死和军功爵制，全民都被纳入该体系内。

战国时，各个诸侯国都把军功与爵位相挂钩，你在战场上杀敌越多，爵位就升得越高，土地就分得越多。秦国把这项举措发挥到了极致，设立二十级爵位，它们依次是：一级：公士，二级：上造，三级：簪袅，四级：不更，五级：大夫，六级：官大夫，七级：公大夫，八级：公乘，九级：五大夫，十级：左庶长，十一级：右庶长，十二级：左更，十三级：中更，十四级：右更，十五级：少上造，十六级：大良造，十七级：驷车庶长，十八级：大庶长，十九级：关内侯，二十级：彻侯。

其中，一到四级相当于士兵的军衔，从列兵到士官；五到九级的爵位名称里很多带有"大夫"，说明是干部身份，相当于军官；十到十八级是高级干部，相当于将军；十九、二十级称为"侯"，说明身份更高，已经可以参与秦国核心决策的制定了。

秦人上了战场，每斩杀一个敌人，并把敌人的首级带回来，就能升爵一级，得田一顷并赐宅基地9亩。当你不断杀敌升级成为军官时，就不用再亲自上阵了，新的考核方式是看你手下士兵的杀敌数量。另外贵族如果不参军打仗，贵族的身份就要被剥夺。

秦国的二十级军功爵制表面上看是一套自带激励机制的爵位体系，可深入它的核心你就会发现，它捆绑了地位、收入、待遇、土地，更像是一套福利体系。只要杀敌越多，爵位就能越高，分的地就越多，吃的食物就越好，就连亲人犯了罪都可以减刑。

二十级军功爵制是一台战争发动机，推动秦国这架超级战车向着东方六国碾轧过去，秦军胜仗不断。不过，要维持这一套军功爵制不光要打胜仗，更要有土地分，在这一点上秦国占据巨大优势。秦国地处偏僻的西方，地广人稀，最不缺的就是土地，而其他诸侯虽然也在搞军功爵制，却没有那么多土地不断分给立军功者，所以没法长久维持。

商鞅分析："秦之所与邻者，三晋也；所欲用兵者，韩、魏也。彼土狭而民众，其宅参居而并处；其寡萌贾息民，上无通名，下无田宅，而恃奸务末作以处；人之复阴阳泽水者过半。"（秦国的邻国是赵、韩、魏组成的三晋，如果对外用兵，先打的就是韩、魏两国。这两国国土狭小，人民众多，房屋拥挤；老百姓只能用做买卖维持生计，上无爵位，下无田宅，只能偷奸耍滑，很多人在山坡湖泽的低洼处挖洞生活。）

瞅准这一点，商鞅大肆招揽外国移民。只要努力奋斗，四肢健全，带上全家，来了就给地，还减免租税！于是东方移民满怀憧憬如同潮水一般涌向秦国。

商鞅的一番操作，把秦国变成了一个恐怖的军国，全国每一个百姓的生活好坏都与斩获的敌人首级数量挂钩，大量平民与外来移民通过军功累积跻身秦国上层。

每次秦国与山东（崤山以东的意思）诸侯交战，在战场上都能看到这样恐怖的画面：

"山东之士被甲蒙胄以会战，秦人捐甲徒裼以趋敌，左挈人头，右挟生虏。"（崤山以东的诸侯国军队上战场都要穿戴甲胄，秦国人上战场就跟过年一样喜庆，杀上瘾的时候，不穿甲胄，左手提着人头，右手夹着俘虏。）

在山东诸侯眼中，秦人已经比洪水猛兽还恐怖了。

从商鞅变法到秦昭襄王（秦始皇的太爷爷）上位的110年里，秦军共斩杀了

161.7万人。

161.7万颗人头，堆起来就是一座高山！

公元前349年，秦孝公为了摆脱旧势力的阻挠，迁都到咸阳（今陕西咸阳）。

公元前343年，魏国在马陵之战遭遇惨败，从此一蹶不振。

公元前341年，商鞅升为大良造，爵位十六级。而秦国经过商鞅变法后实力大增，向河西地区发动大反攻。

公元前340年，魏国派公子卬领兵对抗秦军。商鞅在魏国当中庶子时与公子卬关系不错，他邀请公子卬来秦军大营和谈，却把人绑了，秦军趁机攻破魏军。秦国攻占了河西大部分土地。

秦孝公把商地的15座城邑赐给商鞅作封邑，这也是商鞅名字里的"商"字的由来。

变法不死

辉煌之后是落寞。公元前338年，秦孝公去世，贵族终结者商鞅的好日子也到头了，那些曾被商鞅打击到地心的贵族准备进行反击。

新继位的秦君是秦惠文王。他当太子时曾触犯《秦律》，毕竟是太子，未来的国君，商鞅便把太子的两个老师动刑了，一个割了鼻子，一个脸上刺了字。两个残疾老师在太子面前讲课，无疑是一场生动的《秦律》普及教育。

秦惠文王继位，他知道商鞅在秦国实际上是仅次于父王的二号人物，对于自己的权力掌控是一个威胁。更要命的是，他是一个连太子老师都敢动刑的狠人。

只有商鞅死了，王位才能稳固，自己才能高枕无忧。

秦惠文王发出了抓捕商鞅的命令，商鞅闻风而逃。

夜晚，商鞅来到一家旅馆想投宿，可是店家要求商鞅出示证件。没有证件是不能住宿的，这是商鞅规定的。

被自己定下的规矩限制，曾经叱咤风云的商鞅感到一阵说不出来的无力。

无路可去的商鞅跑回了自己封邑，召集自己的死党发动叛乱，可惜以卵击石，战斗力彪悍的秦军轻而易举地平定叛乱，商鞅战死。

在秦惠文王眼中，死对于商鞅来说太便宜了，还要五马分尸，诛灭全家。于是商鞅的尸体被送到咸阳城的广场上。

贵族们开心极了，以为一切又可以回到过去。可是秦惠文王不傻，商鞅变法打击贵族，让平民有了上升空间，更让君王拥有空前强大的权力，让秦国成为强大的专制集权国家。商鞅变法这么好，他怎么可能自废武功呢？

商鞅死了，可是他的变法不死！

商鞅变法的内容被历代秦王保留下来，西方的秦国因为这场变法渐渐强大到可以俯视天下，踏上了轰轰烈烈的统一之路。

纵横天下

纵横术

马陵之战后，魏惠王被打得没了任何脾气，加上西方秦国的步步紧逼，他决定服软。

公元前334年，魏惠王主动向齐威王示好，拉上韩国，来到徐州，一起尊齐君为王，因此齐威王有了"王"的称号，而没被称为"齐威公"。齐威王也投桃报李，承认魏惠王也具有"王"的身份。这一重大历史事件被称为"徐州相王"，它如同打开了潘多拉魔盒，天下诸侯纷纷称王，完全不把周天子这位真正的王放在眼里。

就在诸侯忙着为自己加冕之时，鬼谷子的一位学生拜别老师下山而去。传说鬼谷子的学生一旦出山必定搅动天下风云，这一次也不例外。这个学生名叫张仪，日后仅凭自己的一张巧嘴就把楚国骗得血本无归，打破了东方诸侯的联盟，为秦国开疆拓土立下汗马功劳。

然而造化弄人，张仪下山后找的第一家用人单位却不是秦国，正是南方的楚国。这并不稀奇，因为在当时人看来，如果有谁能一统天下，那必定是楚国，因为楚国已经占据了半壁江山。

公元前339年，楚威王继位，他后来向东南灭了小霸王越国，向北打败了在马陵之战中获胜的齐国，向西抢占了巴国的盐泉，把战国时的楚国推上了历史顶峰，从此楚国的地皮横跨东西，国力强盛，富得流油。

可惜楚威王生了一个败家儿子——楚怀王。

楚怀王有一手好牌，可是被他打得稀烂。楚怀王治国、理政、军事干啥啥不行，上当受骗却是第一名，简直就是君王行业里的"冥灯"，为楚国指出了一条死亡之路。

只靠一个昏君当然不可能把家底全败光，他的手下还得有庸臣。

张仪来到楚国应聘，投靠到令尹门下。刚刚步入社会的张仪以为只要站了令尹的队，以后必定能飞黄腾达。然而，现实给了他一记大耳刮子。

一次宴会上，令尹发现自己贵重的玉佩不见了，所有人都怀疑是张仪偷的，理由很奇葩，因为他是一个出身低贱的穷人。他们不管青红皂白，先把张仪捆起来打了一顿。被冤枉的张仪被打成了血人，令尹见他说不出玉佩的下落，便把他放了。

浑身是血的张仪爬回了家，妻子抱着他痛哭流涕。

张仪问妻子："我的舌头还在吗？"

妻子答："在。"

张仪道："在就好。"

伤好之后，张仪决定离开这个不把自己当人看的楚国。他明白无论自己再怎么优秀，在楚国贵族眼中，自己也始终是一个贱民。

张仪转投秦国，并在这里迅速找到了发挥才能的空间。秦惠文王十分看重张仪，拜他为相国，让他施展纵横术为秦国瓦解敌国联盟。

什么是纵横术？

它是由"合纵"与"连横"两个战略思想组成的。

这一切都源于虎狼之国秦国。

秦国自商鞅变法后就像氪了金开了挂，实力猛增，不停向东方诸侯发动进攻。为求生存，东方诸侯们抱团取暖，联合起来，形成一道纵贯南北的封锁线，阻挡秦国东进，这就是"合纵"。

秦国再强，也是猛虎架不住群狼。为了破除敌人的合纵策略，秦国也会威逼利诱，拉拢一个或几个诸侯国加入自己的阵营。以西方秦国为起点，向东联盟诸侯，形成一道横穿东西的横线，为秦国东进中原打开大门，这就是"连横"。

纵横术的展现就是国与国之间的外交博弈，通过谈判桌上的交锋，达到自己的战略目的。

公元前325年，秦惠文王在张仪的怂恿下正式称王。

公元前318年，魏国纵横家公孙衍导演了一场合纵大戏，赵、韩、魏、楚、燕五国伐秦。张仪料定五国联盟是人齐心不齐，难成气候。果不其然，不想与秦国硬碰硬的楚怀王私下倒向了秦国，声势浩大的五国伐秦被轻松化解。

公元前316年，秦国发动灭蜀战争，夺下位于四川盆地的蜀国，秦国领土扩大一倍，居高临下、以西制东，获得无与伦比的战略优势。至此，秦国领土主要包含了现在的陕西、四川、甘肃一带。

中国从地形上分三大阶梯，自西向东的第一阶梯海拔最高，是人烟稀少的青藏高原；秦国占据着第二阶梯，海拔其次，多山地；第三阶梯海拔最低，多平原丘陵，是东方诸侯所处的地方。秦国在高处打东方六国，可以将重力势能转换为动能；东方六国进攻秦国，则是费力地仰攻。

小国的输赢于大局无所谓，毕竟体量太小，掀不起什么风浪。大国则不行，它最需要战略大师的布局，因为一旦走错影响甚大。制订秦国灭蜀计划的战略大师叫司马错，正是"史圣"司马迁的八世祖。

智商堪忧的楚怀王

秦国吞下蜀国后，将下一步行动目标定为楚国。

当时，齐国想和楚国联手，一起对抗咄咄逼人的秦国，而秦国担心自己不敌，蓄意破坏齐楚联盟。为此，秦惠文王与张仪决定给楚怀王来一场政治欺骗。

公元前313年，张仪来到楚国，面见楚怀王。

楚怀王隆重地接待了秦国大使张仪。春秋时，秦、楚两国曾联手对抗晋国，后来吴国攻灭楚国，还是靠秦国出手救援才复国成功，从此秦、楚两国成了生死盟友，数代通婚。在楚怀王眼中，秦国人是讲道义的侠士，愿为朋友赴汤蹈火的好哥们儿！

可惜时代变了，战国时代，国与国之间坑蒙拐骗偷已经成为常态，毫无道义可言，从未接受过反诈骗教育的楚怀王即将为自己的轻信付出惨痛的代价。

张仪对楚怀王说："秦国比齐国强大，秦、楚联合一定能笑傲天下。如果楚国与齐国断交，秦国愿将商於（今陕西商洛）600里土地献给楚国。"

楚怀王听完高兴异常。要知道，商於600里土地可是连接秦、楚两国的战略要地，楚国一旦占据了商於之地，秦国在楚国面前将无险可守。

"没问题，我立刻与齐国断交！"

不是张仪骗术太高明，而是楚怀王太贪婪。任何骗子遇到楚怀王都要感激涕零，也实在太好骗了。

为了得到商於，楚怀王派了一位将领跟随张仪回国办理割地手续。可是到了秦国，张仪一不留神摔伤了，要躺三个月，割地的事就这样耽搁下来。楚国将领急了，立刻写信向楚怀王报告此事。为了向秦国表示自己的诚意，楚怀王派出骂街高手宋遗前往齐国断交。宋遗不负众望，把齐宣王骂得体无完肤，两国再无修好可能。

楚怀王与齐国断交，秦国终于准备办割地的手续了。

一天，朝堂之上，秦惠文王接见楚国将军："按照之前的约定，我会将商於的6里土地割让给楚国。"

"啊？不是600里吗？"

张仪一脸严肃："将军听错了吧，怎么会是600里呢？"

"你们君臣都是一群厚颜无耻的骗子！不要小瞧楚国，我们会踏平这里！"恼羞成怒的楚国将领怒斥道，随后头也不回地离开了秦国。

楚怀王得知真相，开启了暴走模式，他要攻打秦国，找骗子算账！

公元前312年，楚国为武力夺取商於600里土地发兵北征，与秦在丹阳（今陕西、河南间丹江以北地区）展开会战。战争以楚军完败告终，楚国损失8万大军，主将屈匄（gài）被俘。

对于一般人来说，打不过秦国就先不要再打了，可是楚怀王已是赌徒心态，他纠集全国之兵，押上老本，对秦国发动灭国级战争。

楚国毕竟是南方大国，实力不容小觑。大军攻破秦国武关[①]，夺下商於之地，一路杀向秦国的心脏——关中地区，八百里秦川暴露在楚军兵锋之下。秦国不甘示弱，调集所有兵力与楚军死磕，在楚军的必经之地蓝田（今陕西西安蓝田县）进行阻击。

秦惠文王紧张极了，毕竟楚怀王摆出了一副不要命的架势。为祈求胜利，平复紧张的情绪，秦惠文王特意跑到建在秦国旧都雍都的宗庙里，祈求祖宗和神灵帮助秦军取得胜利。

上天这次站在了秦国一边。轰轰烈烈的蓝田之战打响，主场作战的秦军获得胜利，再次夺回商於之地，楚国的国力从此一蹶不振，楚怀王满腔愤怒无处发泄。

[①] 武关，秦、楚交界处的关口，位于今陕西商洛市丹凤县东武关河的北岸，与函谷关、萧关、大散关并称"秦之四塞"。

突然有一天，秦国派来大使，表示愿意用商於之地换取楚国黔中之地。但楚怀王已经被骗了一次，再笨的人也知道这又是一场骗局。

"骗我一次就算了，还想连续骗我两回？有本事让那骗子张仪过来，我就把黔中给秦国！"

没多久，张仪真的来到楚国，楚怀王恨不得掐自己两把，看自己是不是在做梦——哪有诈骗分子主动投案自首的啊！

张仪被投入大牢，但他提前私下贿赂了楚国大臣靳尚，让靳尚成为自己的内应。靳尚很讲信用，拿了钱就办事，他立刻开始营救张仪，最后找到了楚怀王最宠爱的妃子——郑袖。

靳尚吓唬没有见识的郑袖："听说秦国为了营救张仪，准备用土地与美女来交换，而秦国要送来的可不是一个美女，是一群。"

这把郑袖吓坏了，生怕失宠的她当晚对楚怀王哭得梨花带雨："大王，你如果杀了张仪，秦国打过来，我和孩子怎么办啊？让我们母子离开郢都避难去吧！"

楚怀王的脑子本来就不好使，被枕边风一吹更加糊涂。为了心爱的美人，楚怀王把国家大事放在了一边，只要美人高兴，干啥事他都愿意。

张仪被释放了，平安地回到了秦国。

楚国一个叱咤数百年的老牌大国就这样被张仪戏弄，这让天下诸侯发现，原来"巨无霸"楚国只是一只纸老虎，而驾驭这只纸老虎的楚怀王更是一个智商堪忧的昏君。

张仪报了自己当年在楚国受辱的仇，可是他没有笑到最后，因为他效忠的秦惠文王死了！

秦惠文王死后，太子嬴荡（荡是坦荡的意思）继位，史称秦武王。嬴荡天生神力，酷爱健身，本应该当健美先生的他虽然成了一名国君，但也没有放弃爱好，最后与人比赛举鼎时受伤而死。

一朝天子一朝臣，嬴荡不喜欢善于耍嘴皮子的张仪，他起用了楚国下蔡人甘茂。

失势的张仪跑去魏国，被聘为相国，但魏国毕竟国运衰落，没能给张仪提供施展才华的机会。具有惊世才华的人没有合适的舞台，这和死又有什么区别？第二年，张仪死在魏国。

就在秦、楚实力此消彼长的时候，北方正在崛起一个强悍的军事强国——赵国，它将成为秦国统一之路上最大的拦路虎！

中国骑兵之父

胡服骑射

公元前208年,距离秦始皇的死才过了两年,陈胜吴广起义军势如破竹。

陈胜派周文率领大军直捣关中咸阳。望着修建在狭窄函谷之中的函谷关,周文觉得自己面临的将是一场旷日持久的苦战,毕竟战国时代多少想灭秦国的山东(崤山以东)诸侯都止步于函谷关。

让周文万万没想到的是,起义军竟然轻松攻破了函谷关,之后八百里秦川沃野暴露在起义军眼前。

好在秦朝出了一个极其能打的将领章邯,他率领骊山修始皇陵的囚徒和咸阳卫戍部队打败了起义军,起义军的威胁这才暂时退去。

秦二世胡亥感到无比后怕:"我们大秦的军队在哪里?"

起义军之所以发展成野火燎原之势,是因为秦军都在边疆。大臣回复道:"我们的两支大军，一支在岭南戍守，由于道路遥远险阻，一时难以回来；离我们更近的另一支大军则在北方驻守长城。当年始皇帝发兵 30 万北击匈奴，夺取了河南地（现黄河以南的河套地区），大军就留在了那里，现在王离统率着长城军团，一边防御匈奴，一边监造长城。"

"那是 30 万兵啊，赶紧调回来平定叛乱！"秦二世惊呼道。

大臣劝说道："如果把 30 万长城军团调回来，河南地将再次被匈奴吞没。"

秦二世管不了那么多了："先把江山保住再说！"

王离统率的长城军团收到回防的消息，一路杀向中原起义军，最后在巨鹿（今河北邢台巨鹿县）与章邯会合，没想到战神项羽等在这里，秦朝用以维系生命的主力军团被一锅端！至于没人戍守的河南地呢？它果然落入匈奴人手中，直到汉武帝时才从匈奴人手中夺回。

不过，河南地并不是从一开始就在秦国手中的。战国时期，是赵武灵王占据了这里，并在此处修建赵长城，抵御北方游牧民族的入侵。如果没有他，就没有秦朝的统一，更不会有大汉王朝的出现。

梁启超先生这样评价赵武灵王："中国历史上黄帝之后，4000 年来第一雄主！"

赵武灵王赵雍 15 岁时丧父，主少国疑，周边诸侯虎视眈眈，赵国形势十分危险。

秦、楚、齐、燕、魏派出大使前往赵国为先君吊唁。吊唁是假，吞并是真，这些大使身后都跟着浩浩荡荡的大军。别看赵武灵王年幼，可自古英雄出少年，他下令全国进入战备状态，只准许大使进入赵国，别国军队一律不准入境。大使们在灵堂看到威风凛凛、毫不怯场的赵武灵王，知道这位少年国主不容小觑，贸然进攻赵国只会对自己不利，于是打起退堂鼓，一场灭国危机就这样被化解了。

公元前 307 年，在邯郸待腻了的赵武灵王决定来一场边疆考察。他沿着边境线对与赵国接壤的几个大国展开调研。当时天下诸侯正打得你死我活，在打败敌人的同时保存自己是唯一的生存之道，所以他发现这几个诸侯国在边境都是武装到牙齿，个个都不是善茬，想从他们手中夺取土地无异于火中取栗。

要想克制敌人，首先要壮大自己，可是具体该怎么做呢？赵武灵王在赵国的北部边疆找到了答案。

在北方辽阔的草原上，驰骋着来去如风的胡人骑兵，他们在马背上熟练地开弓射箭，箭无虚发。赵武灵王观察发现，胡人之所以弓马娴熟，除了从小训练，更是因为他们穿着短衣窄袖、长靴长裤，这样的服饰相较中原人的宽袍大袖更适合骑兵作战。

先秦时期著名的兵书《六韬》有言："一骑当步卒八人，八人当一骑。"（一个骑兵的战斗力相当于八个步兵，八名步兵可以抵抗一名骑兵。）对此，赵武灵王深以为然："高机动的骑兵将是开疆拓土的利器，必须让赵人穿上胡服，骑上马背，组建一支强悍的骑兵部队！"

一场轰轰烈烈的胡服运动在赵国推广开来。为推广胡服，赵武灵王更是亲自代言。

一天，赵武灵王身穿胡服出现在朝堂上，大臣们直呼有辱斯文！原来，胡服与中原服饰除了宽窄不同，衣服前襟遮掩的方式也存在巨大差异：中原人的衣服是前襟向右掩，称为右衽；胡人的衣服是前襟向左掩，称为左衽。中原人只有死的时候，才穿左衽的衣服。

看着赵武灵王穿着左衽胡服，满朝文武感到无比的晦气。可赵武灵王不管这些，他强制要求大臣们穿着胡服，尽管很多人不愿意，迫于国君的压力也不得不穿。

如果你以为赵人仅仅换了身胡服就提高了战斗力，那就大错特错了。赵武灵王的军队改革重点在于骑兵的打造。

如果你看过秦始皇陵兵马俑的骑兵战马就会发现，那时的骑兵没有马镫，马背上也没有马鞍，只有一块薄薄的垫子。马镫可以让人骑马时有支撑点，不易跌落；马鞍两边高，中间低，为骑马的人提供稳定性。没有马镫，骑马时就只能靠双腿夹紧马肚子，没有高大的马鞍，骑在马上更是没有任何的稳定性和舒适性可言，所以对骑手的要求非常高。

秦朝时期尚且如此，在战国时做一名骑兵更是不容易，那是要将特种兵与杂技演员的技能结合在一起的。

为了提高骑兵部队的组建效率，赵武灵王干脆从北方的胡人与边民中招募大量会骑射的人，并在边境的草原上建立养马场。经过这一系列军事改革后，赵军战斗力爆棚。

光说不练假把式，武力值飙升的赵武灵王瞄准了身旁的中山国，准备拿它试试手。

中山国在战国时期是个特殊的存在。它曾被魏国灭国，后来经过自己的不懈努力再次复国。当然，中山国的特殊之处并不在此，而在于能大量制造铁质兵器。

据记载，中山国有一个超级战士叫吾丘鸲（yù），他身穿铁甲，手持铁杖，杀入敌阵如入无人之境。出现这种情况，战士的个人武力只是一方面，另一方面就是因为有铁器的加持。铁制兵器比铜制兵器更加坚硬锋利，而战国时的大部分诸侯国主要还是使用铜制兵器，即便在秦始皇陵中，出土的武器也几乎都是铜制的。正是因为有神兵利器，中山国才被称为"战国第八雄"。

然而，个人的勇武和锐利的兵器都不能阻挡赵国的铁蹄，中山国再次被灭。之后赵武灵王一鼓作气，又从北方胡人手中夺取了大片土地，建立了云中郡、雁门郡、五原郡、九原郡。

为了保护新建立的北方四郡，赵武灵王化身基建狂魔，修建起赵长城！此次修建的长城长达1300里，在战国时算是一项规模浩大的工程。光有长城不行，还得有戍守的将士，于是赵国长城兵团就此诞生。

很多人以为秦始皇在北方边疆修建长城是从零开始的，其实大错特错。早在秦统一六国之前，地处北方的诸侯国为了抵御游牧部落的入侵就修建起了长城，比如齐长城、赵长城，秦始皇只是把这些长城连接起来并做了进一步的修缮。

深入虎穴

赵武灵王作为一名不世出的君主,敏锐地发现秦、赵未来必有一场血战,为了摸清敌情,他决定潜入虎穴,一探究竟。此时在位的秦王已不是健身达人秦武王,而是他同父异母的弟弟——秦昭襄王。

关于秦昭襄王是如何上位的,还有一段故事。

当时,年轻的秦武王一心想打通秦国通往中原的道路,而韩国三川郡的宜阳城(今河南洛阳宜阳县)是一个怎么都绕不过去的"收费站",于是他铁了心要拿下宜阳。

这是一场硬仗。宜阳是韩国精心打造的军事重镇,而且别看韩国小,它可是战国著名的"军火"制造商!《史记》中就有记载:"韩地方九百余里,带甲数十万,天下之强弓、劲弩、利剑皆从韩出。"

为了夺取韩国的宜阳,秦武王命心腹甘茂率军前去攻打。临行前,秦武王拉住甘茂的手深情地说:"寡人欲容车通三川,窥周室,死不恨矣。"(寡人想打通前往三川郡的道路,只要能窥伺周王室,我死而无憾。)

经过一番血战,甘茂终于不辱使命攻下宜阳,斩首 6 万。那是公元前 307 年,广袤的中原大地再次呈现在秦人眼前。

上一次秦人杀入中原,还是公元前 627 年,秦穆公在位时。后来秦军在崤之战全军覆没,从此不敢东出中原。历经 300 年的隐忍蛰伏,秦人再次以胜利姿态杀了回来,秦国的实力强大到可以俯视天下任何一个诸侯国。

离宜阳不远处就是洛邑,周天子居住的地方,意气风发的秦武王决定前往。

"我要去洛邑,去看看周天子手里的九鼎究竟长什么样!"

挟大胜之余威的秦军来到洛邑,周赧(nǎn)王感受到了亡国的气息,为了求生存，他出城迎接秦武王。

蛮霸的秦武王对周天子毫不客气，完全把洛邑当作自己家。他直奔周王室宗庙，要看看里面象征天命的九鼎。

传说，九鼎是夏朝大禹划分天下九州时铸造的，谁拥有九鼎，谁就是天命所归。不过对待九鼎这样历史悠久的青铜神器，秦武王丝毫没有文物保护意识——酷爱健身的他竟把眼前的九鼎当成了健身器材！

现在健身爱好者把健身称为"撸铁"，而战国时青铜器居多，我们大概可以说秦武王是在"撸铜"。

秦武王有个跟他一起健身的小伙伴，叫孟说。看着眼前的大鼎，秦武王兴致勃勃："大禹分九州，铸九鼎。秦国处在雍州，孟说，你能把雍州鼎举起来吗？"

孟说是一名大力士，二话不说就将雍州鼎举了起来，周边一片喝彩。

秦武王不甘示弱，也举起了鼎，结果举鼎失手，膝盖以下部位被鼎砸中。最终，失血过多的秦武王死了。

秦武王一死，秦国的诸多公子蠢蠢欲动，都想夺取国君之位。从楚国嫁过来的芈八子也开始谋划，她要为自己的儿子扫除敌对势力。

芈八子不是一个人在战斗，她嫁到秦国时把自己的娘家人带了过来，此时此刻，她的弟弟魏冉、亲属向寿都是秦军里的高级将领。

凭借娘家的势力，芈八子赶跑了秦武王的王后和母亲，整个秦国处在以芈八子为首的楚国外戚的统治之下。但是现在有一个问题：芈八子的儿子嬴稷还在遥远的燕国当人质。

嬴稷要回国，赵武灵王帮了大忙，他主动派人护送嬴稷前往秦国，嬴稷得以顺利继位，史称秦昭襄王。秦昭襄王是秦国历代君主中在位时间最长的，有56年。在他的任上，秦国横扫天下，把东方诸侯彻底打残，可以说他为秦始皇统一天下奠定了扎实基础。

由于秦昭襄王欠赵武灵王一个大人情，赵武灵王在位时，秦国一直没有与赵国发生军事冲突。

大概也是因为有这个前缘，赵武灵王想探究秦国情况时竟直接扮成使者的随从，大大方方前往咸阳。他并没有从东方诸侯常走的函谷关入秦，而是从赵国的上郡自北向南入秦，一路上对秦国北方边疆进行了非法测绘。

使团到了咸阳，秦昭襄王热情接待了前来友好访问的赵国使者，并发现使者的随从气宇轩昂。秦昭襄王觉得此人不是凡人，派人刺探，这才得知那随从正是赵武灵王。然而等秦人发觉时，赵武灵王早已一骑绝尘离开了秦国。

沙丘之变

君王死后的谥号是人们对他一生的概括，"武"是美谥，"灵"却是恶谥。如此英明神武的赵武灵王，怎么会得到恶谥呢？

这要怪他自己废长立幼，酿成大祸！

赵武灵王的长子是太子赵章。后来赵武灵王娶了惠后，生下小儿子赵何。赵武灵王十分宠爱惠后，可惜惠后死得早，为了纪念死去的爱人，赵武灵王决定废掉太子赵章，立幼子赵何为新太子。

废长立幼也就算了，赵武灵王还干了一件更疯狂的事。

公元前299年，他把国君之位传给幼子赵何，自己称"主父"。新继位的赵何史称赵惠文王。

被废的太子赵章如同活在炼狱之中：本该属于自己的王位被父亲夺走，现在又提前给了年幼的弟弟,自己仅被封为安阳君。他发誓,失去的一切,哪怕是用血流成河的方式也要夺回。

公元前295年,赵武灵王带着小儿子赵何来到沙丘游玩。游玩是一项体力活,赵武灵王与赵何累了一天,疲惫不堪,分别住进两处行宫。

沙丘位于现在的河北省邢台市,此地实在邪乎,专门克君王,号称"困龙之地"。往前看,在商朝时,纣王在沙丘建造酒池肉林,荒淫无度,结果身死国灭。往后看,在秦朝时,巡游天下的秦始皇死在此地。而在战国时,沙丘属赵国领土,赵王室也要在此上演一场血案。

被废的太子赵章趁赵武灵王与赵何离开邯郸之际下手了,他决定先发制人,干掉弟弟,挟持父亲,夺回王位。

夜深的时候,赵章派人假扮赵武灵王的使者前往赵何居住的行宫。

"主父请国君往那边行宫走一趟。"冒牌使者说。与赵何同住的大臣肥义觉得有诈,于是替少主前往。

赵章一看骗来的不是弟弟,而是大臣肥义,恼羞成怒。他杀死了肥义,率兵围攻赵何居住的行宫,可惜他带的兵太少了,一直没有攻下来。

赵何虽然年幼,但有一个得力的心腹大臣叫李兑。李兑是一个杀伐决断、心狠手辣之人,危急之下他突出重围,调集周边驻军杀向赵章的军队。

见大势已去,赵章为了求生逃到父亲赵武灵王的行宫,赵武灵王命人打开门。看见浑身是血的长子,曾经的铁血汉子哭了,赵武灵王明白,发生这样的事都是自己的错,是他的行为导致兄弟相残。

"进来吧,儿子。有父亲在,你的弟弟不会把你怎么样的。"

赵武灵王低估了权力的诱惑,在王权面前,至亲就是最大的敌人。

李兑并没有因赵武灵王是主父而放弃追杀,他率军冲入赵武灵王的行宫,当场杀死赵章。

赵武灵王瘫坐在地上,陷入了崩溃。他大喊:"我是主父!你们大逆不道,竟然敢冲入我的行宫，杀了我的儿子！"可是没人理会他。

如果事后赵武灵王回到邯郸，参与暴动的人都不会有好下场。李兑心想，要么不做，要么就把事情做绝，既然已经杀死了废太子赵章，干脆一不做二不休，把主父一起逼死算了，这样全赵国就只有自己的少主赵何说了算，自己也能无性命之忧。

赵武灵王被围困在行宫里，没有任何吃喝，陪伴他的只有躺在地上的长子的尸体。不久之后，45岁的赵武灵王饿死在沙丘宫。

一代雄主死了，曾经的辉煌化作尘土，只有他支持修建的赵长城屹立在中国北方，由他一手打造的长城军团也还戍守在那里。

当初，赵武灵王从赵国北方潜入秦国刺探虚实，是想摸清道路，方便日后让赵军绕开易守难攻的函谷关，从北方杀入秦国，直取咸阳。

可惜人算不如天算，就在赵武灵王推行胡服骑射的军事改革之时，北方草原上也崛起了一个令世界恐惧的战斗民族——匈奴。匈奴人走到哪里打到哪里，无人能挡。

赵国手中的河南地成为匈奴垂涎的肥肉，赵军为此与匈奴进行多次殊死搏斗，主力被匈奴牢牢地牵制在北方边境，被迫成为长城军团。

让赵武灵王死都没想到的是，赵国此举成功吸引了匈奴的全部火力，反倒让秦国免去被匈奴骚扰的困境，缓解了秦国北方的压力，助推了秦国吞并东方六国的统一进程。

到了秦王嬴政在位的时候，秦国多次把赵国逼入绝境。眼看就要亡国，赵国不得不把长期卫戍北方的长城兵团召回。赵国名将李牧率领长城军团回援，由于他们在边疆长期与彪悍的匈奴交手，战斗力简直就是神一般的存在，虎狼之师秦军也被打得满地找牙。要不是后来李牧被奸人所害，秦军未必是赵国长城兵团的对手。

等到嬴政统一天下成为秦始皇后，他才发现原来与北方匈奴作战是地狱级的难度，于是不得不继续修建长城，闹得民怨沸腾。此外，他还派出全国一半的兵力去长城戍守，使得中原腹地兵力空虚。这一切都为秦朝的灭亡埋下了祸根。

一团毛线的战国史

成功学大师

话题讲到现在,可能有人会问:战国时能和张仪媲美的纵横家苏秦怎么还没登场?关于苏秦的故事有点复杂,现在笔者就来讲讲两个版本的苏秦。

我们先看看司马迁《史记》里的苏秦故事。

苏秦是东周洛邑人,传说他师从鬼谷子大师,是庞涓、孙膑、张仪的师兄弟。

凡是鬼谷子的学生都具有盖世才华,苏秦也一样。毕业之后的苏秦并不急着找工作,而是决定先游历一番,但游历是要花钱的,出身平民的他哪有那么多积蓄?在外多年,最后只能穷困潦倒地回了家。

家里人都嘲笑苏秦,说他卖弄口舌,不务正业。越是遭到家人的白眼,苏秦越要发愤图强,他打开老师传给他的《阴符》一书认真学习。传说这书是西周开国功臣太公望所著,读懂此书的人将拥有通天修为。

为了提高学习效率，苏秦把自己的头发悬在房梁上，困了就用锥子扎自己的大腿，这就是后人皆知的"头悬梁，锥刺股"。

凭借自创的自残式学习大法，苏秦获得了满意的学习效果，终于他觉得自己学成可以出山了。

苏秦先在老家洛邑找工作，向周显王递交了求职信。此时周王室跟周边膀大腰圆的诸侯相比只是一个小微企业，没啥实力，更谈不上有啥竞争力。在战国乱世存活下去是周显王唯一的奢望，对人才没啥渴望的他拒绝了苏秦的求职。

苏秦并没有灰心丧气，他决定前往西方的秦国。秦国自从商鞅变法后开了挂一般飞速发展，是一家处在上升期的好单位，在那里工作也有利于自己的发展。可是让苏秦没想到的是，他再次碰壁了。

公元前338年，秦孝公去世，继位的是秦惠文王。秦惠文王处死了商鞅，对别国来的求职者也极其反感，苏秦在秦国自然求职无门。

没办法，苏秦只能再找别的机会。他来到燕国，受到燕文侯的亲切接待，成功收到第一份offer。接着他又去了赵、韩、魏、齐、楚，说服各路诸侯合力抗秦。由于口才卓越，所讲又切中诸侯对秦国的恐惧心理，他竟然成功串联起六国联盟。

苏秦身挂六国相印，路过老家洛邑时排场比周天子都要大。周显王恨不得给自己一个大耳刮子，他死活想不到一个平民出身的人竟然成功主持了合纵。苏秦的家人见到苏秦则干脆趴在地上，不敢直视他。

世界太现实了，苏秦尝到了人情冷暖，他感慨道："此一人之身，富贵则亲戚畏惧之，贫贱则轻易之，况众人乎！且使我有洛阳负郭田二顷，吾岂能佩六国相印乎！"（同样是我这个人，富贵了，亲人畏惧我，贫贱时，他们轻视我。我都是如此，何况其他人呢？如果当初我在洛邑有两顷良田，我哪里还会努力，又岂能佩戴六国相印！）

在《史记》的记载中，苏秦与张仪还有一段往事。

张仪在楚国受辱后，曾想找苏秦寻求帮助。苏秦知道张仪与自己的才能不相上下，而自己之所以能搞成合纵对抗秦国，就是因为恐怖的强秦存在，如果让秦国保持进攻六国的态势，自己就能继续佩戴六国相印。为了自己有市场，苏秦需要张仪去秦国搞连横，于是他故意怠慢张仪，然后暗中派人引导张仪前往秦国，给他提供资助。直到张仪在秦国飞黄腾达后，他才知晓真正帮助自己的人是苏秦！

作为与东方六国都联系紧密的人，如果诸侯之间相互征伐，苏秦就要充当调停人的角色。齐国攻占燕国的土地，苏秦一看自己好不容易促成的合纵联盟竟然被破坏了，于是出使齐国，凭借三寸不烂之舌让齐国把抢到的土地又吐了回来。

苏秦一个小人物能有如此成就，都要归功于燕文侯的青睐。由于燕文侯是苏秦的第一个天使投资人，苏秦主要待在燕国。

燕文侯死后，燕易王继位，燕国形势大变。

苏秦再怎么权势熏天，也只是一个臣子，说直白点就是一个高级打工人，可他不安于只做一个打工人，而是要做老板的后爸，竟然与燕易王的母亲私通！

凭空多一个后爸，燕易王气得要暴走了。苏秦觉察到燕易王要杀自己，为了活命，干脆假装得罪了燕王逃往齐国，齐宣王收留了他。

公元前300年，齐宣王死了，继位的是齐湣（mǐn）王。苏秦干起了自己的老本行，嘴如同抹了蜜一样，一个劲儿地劝齐湣王大兴土木，钱花得越多越好。由于苏秦深得齐湣王的宠信，不满的齐国大臣们派人杀了苏秦。

在齐国政坛上如同搅屎棍一样的苏秦死了，后来传出大量流言，说苏秦是燕国派来的间谍，故意让齐国大兴土木，从而消耗齐国国力。

《史记》里苏秦的故事到此为止，然而一份记录颠覆了这些内容。

1971年，在湖南长沙马王堆发现了西汉初年"长沙丞相"利苍的家族大墓，这座墓里不仅出土了一具2000多年不腐的女尸，后来更发现了一套《战国纵横家书》。这本书写作比《史记》更早，而里面的苏秦与人们熟知的形象全然不同！

在《战国纵横家书》的版本里，苏秦一直是一个怀揣必死决心的间谍。

故事要从燕国的一场内乱说起。

死间

公元前 315 年，燕国发生内乱。

战国是一个极其混乱的时代，哪天要是天下太平，那才是不正常。对于内乱，人们本来已经见怪不怪了，但燕国的这场内乱在当时却是泥石流里的一股清流，因为造成内乱的原因是一次禅让。

在大部分人的印象中，禅让是上古时期尧舜等贤明君王才会做的事，后世已经很少有君王愿意主动让位给别人了，大多是被权臣逼迫的，即使有真心实意的，也都是老爹干不动了，才让儿子继位。可燕国的禅让竟然是燕王哙主动禅让给大臣，而且是真心实意的，不带丝毫虚假。

这是怎么一回事？难道燕王哙的脑子被驴踢了吗？

一切都是变法闹的。

战国时，天下诸侯纷纷变法，之后个个开挂，飞速升级。燕国位于今天的冀北与辽东一带，处于当时天下的边缘，从春秋起就毫无存在感。

为了治理好国家，燕王哙努力做一个勤勉的君王。

"不安子女之乐，不听钟石之声，内不堙污池台榭，外不弋田猎，又亲操耒耨以修畎亩。子哙之苦身以忧民如此其甚也，虽古之所谓圣王明君者，其勤身而忧世不甚于此矣。"（燕王哙从不沉迷于女色与音乐，从不大兴土木，不爱好打猎，亲自与农民一起种田。燕王哙非常操劳，心忧百姓。即使古代的圣明君王，勤劳的程度也不过如此吧。）

必须要变法，必须要站在时代的风口，乘着变法的东风让燕国腾飞！燕王哙心里这样想。

可是风口没踩对，燕王哙踩上了妖风。

相国子之作为国家"二把手",天天跟燕王哙大谈如何实施变法,听得燕王哙眼里放光。这天,一个天马行空的想法从燕王哙的脑子里迸发出来:

禅让!把王位禅让给相国子之,让他以国君的名义实施变法,让专业的人去做专业的事,自己作为幕后指挥,岂不是很好?

于是燕国举行了盛大的禅让典礼,燕王哙把王位禅让给了相国子之。

子之继位后,开始中央集权,把全国 300 石以上的官位全部收回,意图打击对王权产生威胁的贵族!

全燕国的贵族都不淡定了,最不淡定的是燕王哙的儿子太子平。

太子平原本是燕国的法定继承人,现在老王把王位拱手让出,新王还致力于打击贵族势力,以后自己要何去何从?

为了夺回王位,太子平伙同对改革不满的燕国贵族发动叛乱,燕国陷入规模空前的内战。一番争斗过后,子之成为最后的胜利者,他可以毫无顾忌地实施变法了,可是打成废墟的燕国也已经被强大的齐国盯上了。

齐国自从马陵之战大胜后国力日益强盛,一直想开疆拓土。齐宣王在位期间,齐国国力达到巅峰,他发动了侵燕战争。

齐宣王派遣大将匡章倾全国之兵攻打燕国,齐军所到之处如入无人之境,仅用 50 天就灭了燕国,燕王哙与子之均被匡章处死。

仗是打赢了,却没什么用,齐宣王很快发现从燕国搜刮不到什么油水——之前的内战就已经让燕国成了废墟,接着又被齐军侵略,整个燕国几乎被打回石器时代。加上燕国人民不断掀起抗击齐国的人民战争,齐国的军费开支逐渐成了天文数字,原本只想开疆拓土的齐宣王陷入泥潭。

更要命的是,赵、韩、魏、秦、楚不愿看到齐国一家独大,联合起来对齐下达最后通牒:要么你们从燕国的土地上滚蛋,要么五国联合起来群殴你。

猛虎架不住群狼,在燕国待了三年的齐军只能灰溜溜地撤退回国。之后赵武灵王把在韩国做人质的燕国公子职送回国,公子职成了新的燕国国君,他就是燕昭王。

血债要用血来偿！公元前295年，一心想复仇的燕昭王向天下招揽人才，苏秦前来应聘，燕昭王热情地接待了他。

虽然燕国穷困潦倒，但是燕昭王把自己的东西都分享给苏秦，这让苏秦非常感动。为了报答知遇之恩，他给燕昭王制订了一个颠覆齐国的计划：先自愿当齐国的小弟；接着哄骗齐国吞并富庶的宋国，引起天下诸侯的仇视；最后串联天下诸侯一起灭齐。

这一大胆的计划让燕昭王感到震惊，可是转念一想，光脚的不怕穿鞋的，反正自己一穷二白，啥都没有，越是穷越要胆子大，于是他批准了苏秦的计划，中国古代历史上的第一特务开始执行他的任务。

为了让苏秦深入齐国内部，博得齐国君臣的信任，燕昭王封苏秦为武安君。

虽然苏秦从一个平民一步到位拥有了封君的头衔，可这也预示了他悲惨的结局。"武安君"这个称呼听起来不错，实际上满是晦气，战国时谁拥有这个称号，谁就难逃一死，最著名的一个例子就是后面出场的战神白起。

苏秦带着150乘马车浩浩荡荡前往齐国。这个时候，当年派兵攻打燕国的齐宣王已经去世，在位的是齐湣王。

齐湣王智商堪忧，被张仪坑惨了的楚怀王在他面前都得喊他一声大哥。如果说楚怀王是脑子不聪明的话，那么齐湣王简直就是没脑子。

苏秦来到齐国，代表燕王表示燕国愿意臣服于齐国，一番甜言蜜语哄得齐湣王非常开心，之后苏秦被拜为相国。做了齐相后，苏秦给齐国制定的都是损人利己的外交方针，导致齐国被天下诸侯孤立。

公元前286年，宋国发生内乱。宋国虽小，但因为地处富庶的中原腹地，所以家里富得流油。齐国一直对宋国的财富流口水，这次可算有机会了！齐国吞并了宋国，之后把触角伸进中原，国力迅速膨胀。

齐湣王感到自己把齐国推上了历史顶峰，骄傲极了。让他没想到的是，顶峰下面就是万丈深渊。

很快，秦、赵、韩、魏、燕团结在一起，秦昭襄王作为盟主，燕国大将乐毅作为主将，五国联军数十万人马杀向齐国。楚国也趁此良机悄悄从南面杀入齐国。

齐国再强大也架不住战国六雄一起攻击。公元前284年，在国都临淄被攻陷前，齐湣王终于做了一个人生中唯一正确的决策——车裂了苏秦，随后他便兵败被杀了。

齐国被灭后，坚守在即墨的田单带领齐国百姓掀起反燕斗争，燕军重蹈当年齐军的覆辙，也陷入了战争的泥潭，最后不得不选择撤军。齐国勉强复国，可是国力已经大不如从前。

这个故事里，苏秦扮演的是"死间"的角色。

《孙子兵法》里有《用间篇》，里面讲到的间谍有五种，"死间"就是其中一种。这样的间谍需要深入敌人内部，欺骗敌人，致使他们灭亡，中途如果被发现则会被处死。

除了故事情节，《史记》与《战国纵横家书》里对于苏秦的时间记载也出现了巨大的偏差。

《史记》里，苏秦最早的活动时间是公元前337年秦惠文王刚继位时，最晚的时间是公元前300年齐宣王去世。而"长沙丞相"利苍墓出土的《战国纵横家书》里却记载，苏秦的活跃时间是从公元前295年燕昭王刚继位开始，至公元前284年齐湣王被杀结束。

两个版本的苏秦活跃在不同时间段，到底哪个才是真的呢？

"史圣"的无奈

"史圣"司马迁在写《史记》时,对于怎么记录战国时期的内容十分犹豫。

想要厘清战国历史可不是一般的难,而是相当的难!

战国几百年,其实离汉朝并不是很遥远,留下的史料却是极度匮乏,就连司马迁手里也没有多少。

要知道,司马迁可是太史令,他不光编写史书,还掌管皇家图书馆,坐拥庞大的书籍资源。《史记》里就有这么一句话:"天下遗文古事靡不毕集太史公。"(天下遗留下的文章典籍全部集中到太史公司马迁手中。)

写春秋时期的内容时,司马迁完全没有这种顾虑。首先,他有孔子编写的《春秋》可以参考——《春秋》作为儒家经典广泛流传,流通量极大,同时他还有《左传》《穀梁传》《公羊传》可以对照。

然而等写到战国,司马迁可以参照的史料就只有《秦记》了。《秦记》是秦国史官的记载,可是秦国耕战发达,并不注重文化建设,所以即便《秦记》是秦国官方修订的史书,内容也写得粗糙又简略。

为什么会出现无书可查的情况?

都要怪秦始皇焚书坑儒的工作做得太到位!

其实和一般理解中的不同,"坑儒"并不是坑杀儒生,而是坑杀江湖术士,从反诈骗的角度来说完全有必要。而"焚书"就真的太过分了,各个诸侯国各自编写的藏在各自图书馆里的史书都难逃一劫。

巧妇难为无米之炊!司马迁要怎么办?

自从西汉建国后,朝廷就在大量地从民间收集书籍文献,司马迁因此得以从图书馆浩瀚的竹简里找出一套纵横家书。

纵横家书里面记载的是战国时纵横家在各国之间合纵连横的故事，是纵横家学习谋略、锻炼口才的必备教材。虽然不是严谨的史料文献，有也总比没有好。无奈的司马迁将纵横家书里的很多内容写入了《史记》，然后又在《史记》里不无悲愤地写道：

"秦既得意，烧天下诗书，诸侯史记尤甚，为其有所刺讥也。诗书所以复见者，多藏人家，而史记独藏周室，以故灭。惜哉，惜哉！独有秦记，又不载日月，其文略不具。然战国之权变亦有可颇采者，何必上古。"（秦始皇统一天下后，焚烧《诗》《书》[1]等典籍，各个诸侯国编写的史书都难逃一劫，因为各个诸侯国的史书里秦国都是反面角色。《诗》《书》由于发行量大，很多人家里有收藏，可以重见天日。周王室收藏的各国史料，全都被秦始皇焚烧。太可惜啦！太可惜啦！我手里只有《秦记》，没有注明时间，写得很简略。关于战国时纵横家的权谋应变的对策可以作为史料，没必要死守上古的教条。）

西汉后期，大文学家刘向对纵横家书进行了整理，编纂成的正是著名的《战国策》。

2000多年后，可能被司马迁与刘向看过的纵横家书重见天日！

1973年，在马王堆汉墓出土了西汉初期的《战国纵横家书》，时间比西汉中期司马迁写作《史记》要早很多。这部书记载了战国时期纵横家的故事，包括27篇文章，1万多字，大部分内容是新的，是现在人们已知的历史中没有被记载过的，而其他内容也基本与《史记》《战国策》一致。为了这个大发现，著名历史学家唐兰还专门写下一篇名为《司马迁所没有见过的珍贵史料》的文章。

早在西汉初期，《战国纵横家书》随马王堆墓主人"长沙丞相"利苍埋入土里，后来书里的大部分内容失传，而其中的绝大部分都与苏秦相关。

流传在市面上的内容大多残缺不全，无法完整呈现苏秦的真实面貌，再加上天

---

[1] 指《诗经》《尚书》。

下统一后，缺乏市场的纵横家为了夸大自己学派的实力把很多事情都附会到苏秦身上，所以司马迁根本无法知晓与苏秦有关故事哪些是真实史料，只能自己辨别，然后重新构筑苏秦的形象。

这一切都导致《史记》里对于苏秦的记载多有错误。比如苏秦与张仪本不是同一时代的人物，张仪在前、苏秦在后，司马迁却把他们凑成了一对对头。再如《战国纵横家书》里的苏秦第一次出场是齐宋攻魏，篇名叫《苏秦谓陈轸章》，而《史记》里却成了《田敬仲完世家》，主角从苏秦换成了他的兄弟苏厉。

司马迁其实也发现了这些问题，但他也没办法，只能在《史记》里无奈地写道："然世言苏秦多异，异时事有类之者皆附之苏秦。"（市面上流传的苏秦故事版本有很多，凡是不同时期的相类似的事情都附会在苏秦身上。）

不过不管故事真伪，司马迁对张仪、苏秦一类人的评价都不高："要之，此两人真倾危之士哉！"（总而言之，这两人是真正的阴险奸诈的小人！）他打心里就看不起纵横家，认为他们是搅屎棍一般的存在，靠耍嘴皮子搅乱国家政治，天下越混乱，他们越有施展纵横术的机会。

司马迁说的不无道理，但换一个角度看，我们又不得不佩服纵横家。他们不是世代荣华的贵族，很多都出身普通，只是凭借一身才华便让王公贵胄产生恐惧和敬畏。他们是平民挑战贵族权威过程中的佼佼者，完成了人生逆袭，实现了理想抱负。

对于苏秦来说，人有冲天之志，非运不能自通。他虽然死了，但对得起燕昭王的知遇之恩，更展示了自己的满腹才华。

一个出身低微的人，做了非常人能做之大事，一辈子已经足够了。

长平绞肉机

人屠

公元前257年，秦国将领白起在杜邮（今陕西咸阳东）自刎而死。

传说，地府里的十大阎王听闻杀神白起即将前来，立刻赶到地府门口恭迎他！在白起面前，十大阎王都不敢说自己是掌管地狱的死神，因为白起才是真正的死神。自从白起担任秦国将领后，地狱业务量暴增，每次一来就是数十万人起步，队伍一眼望不到头，把地府大门都要挤爆了，阎王小鬼都得三班倒地加班办理死人业务。

这样的故事出现在白起身上一点都不让人奇怪。梁启超先生曾做过一个估算，战国时共战死200万人，其中被白起杀的就占了一半。这个数据不仅是战国时代武将的巅峰，在整个中国古代军事史上能与之匹敌的也是凤毛麟角——白起"人屠"的称号就是这么来的。

当然了，白起不是一出道就是"人屠"，他从军队基层做起，一步一个脚印，渐渐升至左庶长。直到齐国与燕国死磕的时候，白起才如同出鞘的屠龙宝刀，亮出了自己的锋芒。

秦昭襄王即位初期，战国七雄局势图

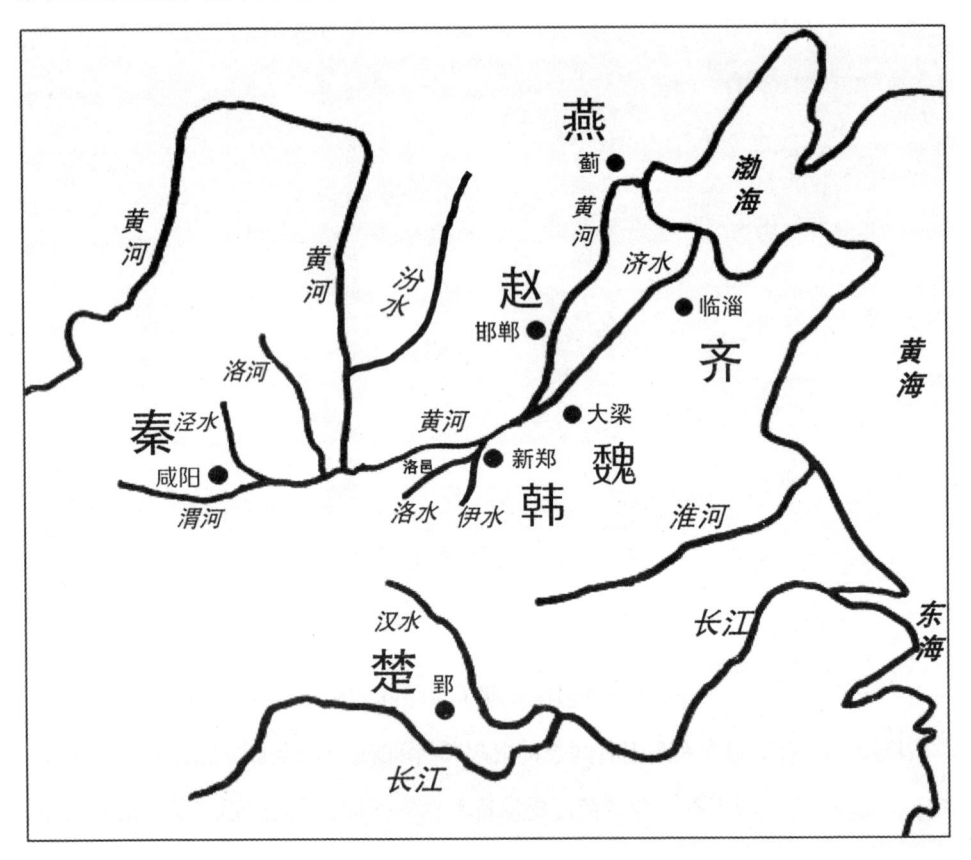

秦国想一统天下，首先要占据中原，而堵在秦国门口的韩、魏两国成了最大的障碍。公元前293年，秦昭襄王在位的第13年，白起率领12万秦军东出函谷关直奔弱小的韩国。韩厘王发出紧急求救，邻近的魏国明白唇亡齿寒的道理，决定发兵救韩。韩、魏两国倾全国之力，凑出了30万大军。

12万打30万，人数上的巨大差距已经造成不小的难题，更麻烦的是，魏将公孙喜、韩将暴鸢都是久经沙场的老将，他们两人故意把决战地点选在了伊阙。

"伊"是伊水，"阙"是门。由于伊水两边各有一座山，分别是龙门山与香山，它们把伊水夹在中间，就像门一样，所以这里被称为"伊阙"。到了后世的北魏时期，人们在龙门山上开凿石窟，这就是著名的龙门石窟，去过那儿的游客就知道此地道路狭窄、地势险峻。

韩军负责正面防御。白起知道从正面突破韩军防守的小路没有任何胜算，等于是送人头，就打算绕过去。他率领主力绕过龙门山，来到韩、魏联军背后，却发现魏将公孙喜正在这里防守。

前后都有防御，这仗不好打！

虚则实之，实则虚之。夜晚时分，白起率领秦军主力绕过公孙喜，潜伏到魏军背后。第二天清晨，留在伊阙的秦军发起佯攻，韩、魏两位主将由此判定秦军主攻就在伊阙，于是防守后方的魏将公孙喜向伊阙方向增援。

顾头不顾腚的联军就这样把背后暴露在秦军面前，白起瞅准时机从背后杀出，加上前方伊阙的那支秦军部队，韩、魏联军遭遇了来自秦军的前后夹击。

有的时候，被打败不是因为敌人有数量优势或者先进装备，而是自身的恐惧与慌乱。30万联军被迫挤在狭窄的山道上，军阵摆不开，前后又有厮杀，慌乱顿时在人群中蔓延。韩、魏士兵丧失了抵抗力，无数人被挤落伊水，河面上漂满了尸体，还有很多人被踩踏致死。

到了傍晚，战斗结束，秦军开始割人头计算军功。

经过统计，韩、魏联军除小部分突围外，共有24万人葬身于此。秦国士兵收获巨大军功，韩、魏两国则元气大伤，被彻底打残，从此再也没有与秦国抗衡的资本了。

白起一战封神，升为国尉，不过这样的战绩对于他来说只是刚刚开始。

拔郢之战

把韩、魏打残后,秦昭襄王又瞅准了与秦国接壤的南方楚国。

秦昭襄王的母亲宣太后(也就是前文的芈八子)是楚国人,秦昭襄王在母亲的安排下娶了楚怀王的女儿。

对于秦、楚再次结盟,楚怀王可高兴坏了。之前一直被秦国坑蒙拐骗,现在自己成了秦王的老丈人,可不得占点便宜?

让他万万没想到的是,秦昭襄王不是个好相处的,他专坑老丈人!

之后没多久,楚国对外战争连连失利,内乱不止,作为盟友的秦国不仅没帮忙,还背信弃义,落井下石,发兵攻打楚国。

一天,秦昭襄王给楚怀王写了一封邀请函,邀请楚怀王来秦国做客,重修盟约。

被秦国坑了一辈子的楚怀王猜都不用猜就知道这是一个巨坑,可是他又不得不跳,因为楚国风雨飘摇,他的手里根本没有可以博弈的资本。不去,秦国就有借口攻打楚国;去了,或许还有回旋的余地。

到了秦国,楚怀王便被秦昭襄王扣押了,逼他签订不平等条约。楚怀王难得硬气了一把,就是不签,最后死在了秦国。

由此开始,秦、楚大战进入倒计时。

楚国已不是当年的南方一霸,但是瘦死的骆驼比马大,老底还是在的,贸然发兵恐怕一时半会不能攻克。到时候,趁着秦国军队被牵制在南方,他国一定会从秦国背后捅刀子。与秦国接壤的韩、魏已被打残,不足为虑,但赵国自从胡服骑射后军力强盛,实力不可小觑。

要想解除秦国攻楚的后顾之忧,必须先搞定赵国。

公元前279年,秦昭襄王邀请赵惠文王来渑池(今河南三门峡渑池县)会盟。

面对秦国的邀请，赵惠文王左右为难：去吧，之前秦昭襄王邀请楚怀王会盟，结果把楚怀王扣押了，最后怀王客死秦国；不去吧，秦国有了攻打赵国的借口，恐怕会马上发兵。

为了国家安全，赵惠文王一咬牙去了，他哪里知道，渑池之会竟成了赵国的高光时刻，因为随赵惠文王前去的队伍里有蔺相如。

蔺相如与秦昭襄王可是老相识了，两人十分有缘，只不过是孽缘。这一切要从和氏璧说起。

当初，赵国得到了绝世珍宝和氏璧，觉得全天下都应该在自己囊中的秦昭襄王也想要和氏璧，想要以15座城池交换。

秦国在当时天下诸侯的心目中是一个毫无诚信的欺诈国家，傻子都知道和氏璧去了秦国就回不来了，而15座城也不一定能到手。可是秦国毕竟实力强悍，它的要求不能置之不理，于是赵国派出了蔺相如。

蔺相如带着和氏璧来到秦国。秦昭襄王拿着和氏璧把玩，一副爱不释手的样子，却完全没有提割让城池的事情。

蔺相如看出了秦昭襄王的意思，便故意说和氏璧上有瑕疵，自己可以指给秦王看。秦昭襄王把和氏璧给了蔺相如，没想到蔺相如抱着玉璧跑到柱子旁，对秦国君臣喝道："如果不割让城池，我的头与和氏璧就会一同撞碎在柱子上！"

无赖最怕不要命，秦昭襄王只能和蔺相如约好时间，准备举行土地交接仪式，却没想到仪式筹办过程中蔺相如已经派人偷偷把和氏璧运回了赵国。

仪式当天，秦昭襄王问蔺相如和氏璧在哪儿，蔺相如告诉他，和氏璧已经回到赵国，只要秦国先割地，赵国必定把玉送来交给秦国。

秦昭襄王彻底无语了，没想到世上竟有比自己还要无赖的人！可是玉璧已然不在，他只能吃了这个哑巴亏，让蔺相如回国。能在虎狼之国完成自身任务并活着回来，蔺相如名声大震。

时间飞逝，转眼到了渑池之会的日子。这一次秦昭襄王确实只想与赵国修好，避免自己攻楚时赵国从背后捅刀子，所以会谈气氛还算融洽，双方顺利签署了盟约。

会开完了，那就吃个散伙饭吧。结果饭局上，喝大了的秦昭襄王暴露了桀骜蛮横的本性。

"赵王，我喜欢听音乐，你去鼓瑟，给大家助助兴。"

鼓瑟就是弹奏瑟这种乐器，本身是活跃气氛的事，没想到一旁的秦国史官在这时一边写一边喊道："某年某月，秦王与赵王会饮，令赵王鼓瑟。"

赵国君臣的脸色"唰"地一下全变了，因为按这种说法，原本平等的会盟就成了小弟拜大哥！蔺相如却不慌不乱，拿起一个缶①走到秦王面前。

"赵王听说秦王对音乐很有研究，请秦王为赵王击缶。"

秦昭襄王露出暴怒的表情，眼瞅着就要发飙，却被蔺相如的下一句话震在当场：

"在五步之内，如果大王您不击缶，我脖子流出的血就会飞溅到您身上。"

无奈，秦昭襄王击了一下缶，一旁的赵国史官趁机一边写一边喊："某年某月，秦王为赵王击缶。"

渑池之会就这么尴尬地结束了。不管秦昭襄王本人是否丢了面子，秦国总归达到了自己的战略目标，确保赵国与秦国和平共处，也不算吃亏。

渑池之会的盟约字迹未干，秦国就迫不及待地向偌大的楚国举起了屠龙刀。很快，白起率领大军攻破楚长城，直奔郢都而来。

楚国也不是吃素的，进行了全国动员，楚军在郢都门户鄢城（今湖北宜城）迎战秦军。

数十万大军在鄢城对峙，战况陷入胶着。楚军主场作战，背后有富饶的江汉平原提供后勤补给，而秦军客场作战，士兵疲惫，补给不易，如果久拖不决的话，胜利的天平必然倒向楚国。

硬攻不行，那就借用大自然的力量。

---

① 缶，本是酒的容器，后来被当作打击乐器。

水攻！

白起下令全军在汉水修建堤坝蓄水，等水量达到一定程度，秦人掘开堤坝，滔天洪水冲向楚军与附近的百姓。

人在洪水面前不堪一击，数十万楚国军民被淹死，尸体顺着汉水漂向郢都，尸臭熏天，惊恐的情绪在楚国君臣间肆意蔓延。三十六计，走为上计，他们决定迁都。

公元前278年，秦国攻占郢都。这一仗，史称"拔郢之战"。

楚人经营数百年的老家江汉平原落入秦人之手，没了根的楚人如同漂泊在外的浪子，曾作为南方霸主的楚国再也不能被称为大国了。

郢都的沦陷让在外流亡的屈原悲痛不已，他投了汨罗江，为自己的国家殉了葬。

获得大胜的白起被秦昭襄王封为武安君，接下来他将带着这个晦气的封号赢得一场史诗级战役的胜利，也迎来生命的终结。

长平（今山西高平）之战，中国古代历史上少有的超大规模歼灭战，对战双方是秦与赵，即将开打。

长平地狱

史书记载，长平之战秦军投入兵力60万，赵军投入40万。很多后世人对这惊人的参战人数持怀疑态度。

2000多年前的战事，谁也说不清。不过可以肯定的是，这场大战中参战双方投入的兵力之巨确实罕见。

公元 723 年，唐玄宗李隆基在外巡视，路过高平，这里正是战国时的长平之战的发生地。

映入唐玄宗眼帘的是让他毛骨悚然的画面，到处都是堆积如山的白骨骷髅！玄宗问地方官，这是怎么一回事？

地方官很淡定地说："当地百姓的祖祖辈辈都习惯了。这些白骨骷髅都是战国长平之战被杀的赵国俘虏。农民耕地时，经常能挖到，习以为常。"

"长平之战距今有 1000 年，1000 年了，还有这么多尸骨裸露在外啊，这得死多少人啊！"唐玄宗惊讶地慨叹。

唐玄宗下令，修建一座庙宇，用以祭奠长平之战中死去的亡魂，这座庙被称为"骷髅庙"。人们说，每逢深夜，经常能听见骷髅庙里传出凄惨的哭泣声。

其实在开打之前，秦、赵两国谁也没有料到双方会真正交手，更没想到此战规模会如此宏大，战况会如此惨烈，耗时会如此之久！

长平之战前，秦国高层进行了激烈的权力角逐。魏国人范雎来到了秦国，受到秦昭襄王的重用，他曾是魏国大夫须贾的门客。

在秦昭襄王的支持下，对内，范雎对以宣太后为首的外戚集团进行了严厉的打击，宣太后被软禁，外戚都被赶出关外，大权全部集中到秦昭襄王手上；对外，范雎推行远交近攻政策，与和秦国不接壤的国家搞好关系，全力进攻与秦国接壤的国家。

由于才华出众，范雎很快被拜为相国，然而位极人臣也不能让他满足，他还有一个眼中刺、肉中钉，那就是白起。

白起是外戚集团提拔起来的战将，由于战功卓著，范雎奈何不了他，甚至还要依靠他！

按照范雎远交近攻的思路，堵在秦国门口的韩国是首当其冲的进攻对象。

公元前 262 年，白起挂帅，攻占韩国野王（今河南沁阳）。

野王是韩国的命门，连接的是上党与韩国本土。丢失野王，上党（今山西长治上党区）便与韩国失去了联系，成了一块飞地。

一看上党已经脱离本土，迟早被秦国打下来，韩国觉得不如顺水推舟，直接把上党送给秦国。

上党郡守将冯亭收到韩王把土地割让给秦国的命令，感到自己被祖国抛弃了。冯亭很有脾气，觉得与其便宜如狼似虎的秦国，不如将土地送给邻居赵国。这个想法获得了上党军民的一致认同，在他们看来，韩、赵都源于春秋时的晋国，同文同种，远比秦国要亲切。

这个时候，继位才四年的赵孝成王做了一个奇怪的梦，梦里他穿着左右不一样颜色的衣服，乘龙飞天，飞到一半又摔了下来，看见了堆积如山的金玉。

赵孝成王醒来，找来专业人士——一个名叫"敢"的术士解梦。

"穿的衣服左右不对称，代表残缺。乘龙上天，却掉了下来，看似有气势，却实力不济。看到金山却得不到，说明将有大患。"

没隔多久，冯亭递来消息，说要把上党献给赵国，梦里的事成真了。

上党是个烫手的山芋。拿下，得罪秦国；不拿，便宜秦国。对于是否接受上党，赵国君臣进行了激烈讨论。此时蔺相如行将就木，没有精力参与国政，赵孝成王只能咨询两位叔叔——平阳君赵豹与平原君赵胜。

平阳君赵豹极力反对，他说：接受上党必然得罪秦国，最后只能展开一战。

平原君赵胜极力赞成，他说：放弃上党等于将其拱手送给秦国，秦国必然因此壮大，对赵国更加不利。

赵孝成王最终听取了平原君赵胜的意见，接收了上党。

很多人说，如果赵孝成王听取的是平阳君赵豹的意见，就不会有长平之战的大败，更不会有之后邯郸保卫战的惨烈。可如果把你放在赵王的位子上，你可能就不会这么想了。

先看局势。战国时代，诸侯之间是零和博弈，敌人壮大就意味着自己实力减弱。秦灭六国的野心是秃子头上的虱子——明摆着的事，秦、赵之间必有一战，不在当下也在将来。

再看地图。上党上党，与上天为党，这个名字就说明它的地势极高。上党的东边是雄伟的太行山，跨过太行山则是一马平川的平原，前面就是无险可守的邯郸。赵国不取上党，意味着国都无险可守，一旦打起来必死无疑，拿下上党才有一丝生机。

收不收上党已不是得与失的考量，而是生与死的选择！

赵孝成王选择了生，为保上党万无一失，他派遣老将廉颇率领大军进驻。

长平之战局势图

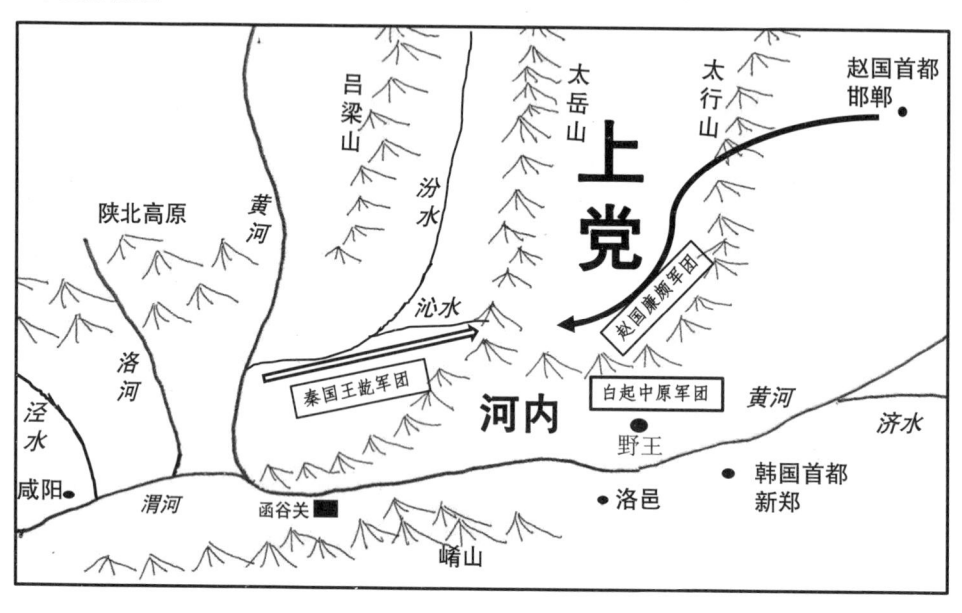

廉颇与蔺相如是老相识，"负荆请罪"的主人公就是他俩。廉颇不负赵国名将的名头，面对秦军优势兵力，他利用上党的多山地形积极组织防御，布置了三道如同铁桶一般的防线。

公元前260年，即秦昭襄王四十七年四月，秦军在王龁（hé）的率领下，用较短时间攻破了廉颇精心营造的第一道防线。王龁在秦国只是二线将领，离白起的段位还远着呢，打成这样完全是超常发挥！很快，他的好运用完了，对廉颇的第二道防线久攻不下。秦、赵陷入僵持状态，双方不停增兵，希望打破僵局。

赵国已在长平前线驻扎45万大军。45万人的吃喝消耗是天文数字，国力没有秦国强的赵国很快就没囤粮了，四处去借，可是没有一个国家愿意借给它。

赵国撑不住了。全国精壮都在长平前线，国内田地荒芜，国家储粮又即将告罄，如果形势没有改变，赵人必将全部饿死，到时秦军将兵不血刃攻下长平，直扑邯郸。

赵孝成王一再催促廉颇进攻秦军，廉颇死活不听，他知道自己的兵不是秦军对手。秦军兵强马壮，巴不得赵军主动进攻，打一场围歼战。

但廉颇是从职业将领的视角出发的，他只管麾下军队的成败，至于后勤补给，那都是国君要操心的事。而赵孝成王纵观大局，他已经知道赵国即将被耗死，在耗死之前只能拼死一搏。

既然廉颇不愿意进攻，那就换一个愿意进攻的。

马服君赵奢的儿子赵括成为赵孝成王的最佳人选。赵奢生前是赵国名将，当年秦军攻赵，廉颇不敢打，是赵奢领兵出征，在阏与之战中大破秦军。如今赵奢的儿子赵括谈起兵书头头是道，看起来是老子英雄儿好汉。

赵括上吧！

赵孝成王任命赵括为长平前线指挥，病重的蔺相如与赵括他妈拼命阻止，但赵孝成王心意已决，任何人劝说都没有用。

赵括到达前线接替廉颇，把带兵将领都换成了敢打敢冲的人。

赵国临阵换将的消息泄露了，秦国秘密将白起从野王调至长平接替王龁担任总指挥。对面的数十万赵军不知道，"人屠"白起的屠刀已经架上了他们的脖子。

公元前260年，秦昭襄王四十七年七月，赵括指挥赵军主力向秦军发动进攻。

面对赵军的迅猛攻势，白起下令秦军接触后主动后撤，同时派2.5万名精兵绕到赵军后方，又派5000名骑兵切断赵军粮道。

赵军主力被围。秦昭襄王知道只要消灭赵军主力，赵国将会唾手可得，于是亲自来到河内地区征派青壮年上战场。秦国男子服兵役的年龄是16岁，为了取胜，秦昭襄王这一次征派了15岁以上男子上战场。为了激励士气，他给每个人都晋升一级爵位。

长平战场上，秦军凑集了60万大军围攻赵军，赵军反复突围不成。为了求生，赵括脱掉铠甲，带着敢死队冲向秦军，最后被流箭射死。主将一死，赵军突围更加无望，纷纷选择了投降。

旷日持久的长平之战结束了，秦国仗着自己的底蕴取得了胜利。然而，秦国经此一战消耗也不小，不仅军队伤亡过半，国库也变得空虚，可以说这次的胜利是一场惨胜。这种情况下，如何处理投降的赵军，成了白起要面对的一个难题。

把面前的数十万赵军带回去？秦国已经没有余粮了，自己人如何养活尚且是个问题，怎么可能额外多养这么多张嘴！

把赵军全都放了？他们日后又会是一支对抗秦国的生力军，长平之战的仗就白打了，秦国士兵就白死了！

杀光俘虏，对于白起来说这是最佳解决方案。于是秦军在长平对赵军俘虏进行坑杀，这才有了开篇唐玄宗所见之景。直到现在，在长平之战的发生地高平，还经常能挖出白骨皑皑的万人坑。

处理完俘虏，白起准备挟大胜之余威进攻邯郸，就在这时，秦昭襄王突然向白起下令停止进军。这是范雎力劝的结果。

长平一战，赵国被打成重伤不假，可秦国也是一场大出血，急需休养。如果秦国勉强支撑着再打一仗，即便攻克了邯郸，也得立马休克，到时候周围诸侯会如饿狼一般扑向秦国，灭国之灾就在眼前。相国范雎作为秦国的大总管总揽全局，他明白，再打下去犹如在悬崖之上走钢丝，秦国不能冒这样的风险！

公元前258年，长平之战结束后两年，秦国勉强恢复了过来，秦昭襄王终于发动邯郸之战，意在一举灭亡赵国。他想任命白起为将，可是白起故意称病请假不来，无奈的秦昭襄王只能选择他人领兵进攻。

没有杀神白起的加持，邯郸久攻不克，还接连战死5名军校。焦急上火的秦昭襄王再次想到白起，甚至跑到白起府上请他出山，白起死活不肯。

白起这么做不是惺惺作态，而是明白即使自己去了也不可能拿下邯郸。两年的休整让秦国恢复了元气，也让赵国恢复了元气，更重要的是东方诸侯已经感受到了秦国的危险，有了合纵抗秦的打算。他们知道，如果赵国被灭，下一个就是自己了。

"击其尾，其首救；击其首，其尾救；击其中身，首尾皆救。"东方诸侯开始团结起来抵抗秦国。

无论秦昭襄王怎么劝说白起，白起就是不为所动。秦昭襄王一怒之下免去了白起的爵位，将他降为士伍，迁往阴密（今甘肃灵台县）。范雎落井下石，对秦昭襄王说白起走的时候很不高兴，这可给秦昭襄王浇了一桶汽油，他的怒火烧得更凶了，竟下令让白起自刎。

白起死了，死于职业军人的纯粹，也死于政治。秦人可怜他，很多人自发地祭拜他。

然而白起的死不能解决问题，秦国依旧陷在邯郸之战的泥潭里。至于赵国，则在抓住一切机会自救。

平原君赵胜带着门客前往魏国、楚国求援。魏安釐（xī）王本着唇亡齿寒的道理答应救援，派出的援军主将晋鄙却让10万大军驻扎在邺城，作壁上观。魏安釐王的弟弟信陵君是一个极讲信用的人，他窃取了魏王的兵符，锤杀了主将晋鄙，带兵赶往赵国。另一边，楚考烈王还在犹犹豫豫，会谈陷入胶着。随同平原君一道而来的门客毛遂挺身而出，手里按着宝剑冲到楚王面前，怒斥楚王忘记了拔郢之战的耻辱。楚考烈王被骂到了痛点上，也决定出兵援赵。

经过长期的围困，邯郸城内已无余粮，百姓易子而食，场面惨烈。终于有一天，站在邯郸城头的士兵看到远方出现两支大军，是魏楚联军来了！

长期攻坚的秦军此时已经精疲力尽，被赵、魏、楚内外一夹击，瞬间崩盘。

秦军士气一泻千里，三国联军却打得气势如虹，他们展开了绝地反攻，让秦国连本带利全部吐了出来，不但将长平之战中丢失的上党夺回，更将秦国的河东与太原两地占领！

秦昭襄王遭遇继位以来最惨重的失败，赔得一塌糊涂。

战争结束了，我们复盘一下。

说起长平之战，人们往往会说秦国的胜利，会说白起的战绩，但其实这些都只是一时的、战术上的胜利；人们也会说长平之战里的赵军主将赵括是纸上谈兵，但纸是后来才出现的东西，可见这个成语应该是后世人编造的。实事求是地讲，赵括并非酒囊饭袋，他在死前给秦军带来了超过半数的伤亡，也用长平之战阻滞了秦国的进攻脚步，推迟了邯郸之战发生的时间。如果没有这一战，秦国将轻而易举地取得上党地区，然后越过太行山，直取邯郸。

邯郸之战是长平之战的延续，应该把这两场战役放在一起看。可以这么说：赵、魏、楚才是最后的胜利者，弱小的韩国也有收益，侥幸活了下来。至于秦国？这是它统一道路上遇到的一场大挫败。

为什么直到20年后，秦国才在秦王嬴政的带领下又一次发动统一战争？因为秦国的一代精壮大都战死在长平与邯郸，而下一代精壮长到能上战场，起码需要20年！

思想大爆炸

性善与性恶

　　战国虽是大乱世，但是人们的精神状态却是昂扬向上的，每个人眼里都闪烁着智慧的光芒，熠熠生辉。诸子百家接连不断地发声，形成前所未有的百家争鸣局面，中国古代学术思想刚一出现就是一座让后世仰望的高峰！

　　孔子作为儒家的开山老祖，在春秋末期就开办了私学，毫不起眼的民办教育正式登上了历史舞台，打破了贵族垄断知识的局面，从此掌握知识的平民出将入相，深刻改变了战国历史的走向。

　　在战国时代，有两位学术巨擘继承了孔子的衣钵，将儒家思想发扬光大，影响后世2000年，他们是孟子与荀子。

　　孟子与荀子虽都属儒家，却势如水火，他们的关系有点类似武侠小说里华山派的剑宗与气宗，同出一脉，道却不同。有趣的是，"史圣"司马迁偏把这对死对头合在一起作传，就是《史记》里的《孟子荀卿列传》。如果这两位在天有灵的话，估计会气得从墓穴里爬出来找司马迁理论。

先来聊聊孟子。

孟子本名叫孟轲，是邹国①人。一提到他，我们先想到的是"孟母三迁"。孟子的母亲是一个虎妈，极其重视孩子的教育，也是中国历史上第一个炒作学区房概念的母亲。当居住地周边环境不利于孩子学习，她就搬家，一连搬了三次，直到搬至学宫旁，她才对优良的学习氛围和师资感到十分满意。

由于虎妈的严格教育，孟子在学习上展现出过人的天赋，后来他师从子思的门客来学习，他们这个派别被称为"思孟学派"。子思是孔子的孙子，他的老师是孔子的弟子曾子，他们创作了后世儒生必学的教材"四书"：孔子的语录是《论语》，曾子的作品是《大学》，子思的作品是《中庸》，孟子的代表作是《孟子》。

40岁以前，孟子一直待在邹国，边做官边研究学术，慢慢地小有名气。可邹国毕竟只是一个芝麻粒大的小国，没有孟子施展抱负的空间，最终他决定去临淄闯一闯，开启一段"临漂"生涯。

临淄是齐国的首都，周朝东方最繁华的大都市，这里更有令所有人心驰神往的顶级名校——稷下学宫。稷下学宫是齐国的公办学校，学术自由、兼容并包，各路学派云集于此，是天下的学术中心。

在稷下学宫教书的老师被称为"稷下先生"，他们的待遇参照齐国大夫。要想得到这个充满吸引力的职位，敲开稷下学宫的大门，并不是一件容易的事，必须得有真才实学。好在孟子学识渊博，得以在稷下学宫任教。

可别以为进入稷下学宫就万事大吉，工资不是那么好拿的。现在高校对教师的考核往往通过发表论文等，而战国时对稷下先生的考核方式则是辩论。

与春秋战国同时代的古希腊学术圈，学者们就经常辩论，思想的大碰撞诞生出

---

① 邹国是鲁国的一个附属国，位置在今山东邹城境内。

了辉煌灿烂的古希腊文明，那成为西方文明的源头。而在遥远东方的齐国，稷下学宫作为一个学术战场，也在隔三差五地进行大辩论，悄无声息地孕育了战国时代的诸子百家。

学宫的空气中弥漫着唾沫星子，如果辩输了，意味着学术地位将会不保。孟子在稷下学宫里迎接各路学派的挑战，身心受到了极大的磨炼，成了一名雄辩家。

光靠辩论只能红一时，要想长久地红下去，关键还得有自己的理论体系，这才是在学术市场独占鳌头的核心竞争力。

《论语》里有这么一句话："性相近也，习相远也。"意思是人的本性是相近的，后天养成的行为习惯却让人相距甚远。

孔子说了性相近，可是没有说人性到底是善良还是邪恶。孟子从这个观点出发，选择了"人性本善"作为自己的理论基石——可以想见，孟子的对头，战国后期的另一位儒家大咖荀子选择的当然就是"人性本恶"。

"性善论"成为孟子与其他学派厮杀时依仗的一大利器。对于人性本善，孟子是这样说的："人性之善也，犹水之就下也。人无有不善，水无有不下。"（人性是向善的，如同水一样自然而然地向低处流淌。人性没有不善良的，就像水没有不往低处流淌的。）

既然人天生就是善良的，那么要如何治理百姓，让国家复兴呢？

"施仁政，行王道。"这是孟子给出的答案，也是他心目中的理想君主。所谓"施仁政"，很好理解，就是仁爱百姓，颁布惠民政策；所谓"行王道"，则是效仿上古先王的治国之道，尧、舜正是君王该学习的榜样。

孟子在稷下学宫待遇优厚，可是齐威王一直没把他当回事，对他的思想也很不感冒。自己的政治主张始终没有得到施展，孟子决定离开齐国，去他国试试。于是孟子也和孔子一样，开始周游列国。

孔子周游列国，那是风餐露宿，有时候还有生命危险；而孟子周游列国，那是风光无限，身后有几十辆大车，数百名弟子随从，途经的每一个诸侯国都对他盛情接待。

每到一处，孟子都能掀起一场学术风暴，很多人慕名而来，想与他辩论一番。比如在老家邹国，孟子就遇到一个叫曹交的人上门请教：

"人皆可以为尧舜，有诸？"（人人都可以像尧、舜一样贤明，是这样吗？）

看似普通的问题，对于孟子来说却是挑战，因为这关系到儒家能否更好地抢占学术市场。

尧、舜是上古时代贤明的君王，是儒家教导人们学习的榜样，可是尧、舜在人们的心目中太完美了，普通人心向往之，身却不能至。这时候如果孟子说，普通人只能向尧、舜学习，但是永远达不到他们的水平，很多人一听，没准儿就会放弃在儒家的道路上前进，因为谁都不想学习那么长时间，追寻的却是一个遥不可及的目标。所以孟子告诉曹交，普通人通过认真学习提高自身修养，有一天就可以成为尧、舜那样的人。

"人人皆可为圣贤"的说法吸引了很多人投入到儒家思想的学习中来。与后来佛教禅宗说"人人皆可成佛"，是一个道理。

辩论辩了不少，也受到各个诸侯国的热情款待，孟子却没有被任何一家重用。毕竟战国时代天天上演着惨烈的吞并战争，壮大自己，让自己活下去，是诸侯们最现实的期盼，而儒家思想并不能给诸侯带来快速收益。

孟子是一个高傲的理想主义者，他注定要被现实无情地鞭打。

到了50岁，孟子来到魏国首都大梁，见到了魏惠王，于是有了中学语文课本里的课文——《寡人之于国也》。

经历马陵之战后，魏国国力大不如前，处在风雨飘摇中，年迈的魏惠王急需一位能人迅速改变魏国的窘境。孟子的到来让魏惠王看到了希望，但是希望越大失望越大，面对糟糕现实魏惠王发现坐在自己面前的是一个儒家的理想主义者。

魏惠王："先生不远千里来到魏国，能为我国带来利益吗？"

孟子："大王讲利益太庸俗，要讲仁义！"

出于对知识分子的尊重，魏惠王向孟子诉说自己内心的想法。他不明白，自己一生兢兢业业，为什么国家却日渐凋敝，没有百姓前来投奔。

孟子听了这个问题，趁机讲起了自己理想中的王道政治：

"五亩之宅，树之以桑，五十者可以衣帛矣；鸡豚狗彘之畜，无失其时，七十者可以食肉矣；百亩之田，勿夺其时，数口之家可以无饥矣；谨庠序之教，申之以孝悌之义，颁白者不负戴于道路矣。七十者衣帛食肉，黎民不饥不寒，然而不王者，未之有也。"（五亩大的田宅旁，种上桑树，50岁的人可以穿上丝绸；注重家禽的养殖，不错过时节，70岁的人可以吃上肉；一户人家种上100亩的地，不错过播种收获时节，数口之家不会挨饿；注重乡间的教育，强调孝顺父母长辈的道理，头发花白的人不会背负沉重的东西在道路上。年满70岁的人可以吃上肉，老百姓不会受冻挨饿，做到这种程度而不称王的人，是不存在的！）

即使魏国再怎么落魄，在战国初期也因变法成为过第一强国，在治理国家方面也是很有经验的。对于如何建设军队、如何建立官僚系统、如何制定刑罚、如何鼓励农耕等问题，以李悝为代表的法家做起来得心应手，他们的理论也具有很强的可操作性，而孟子讲的王道政治相较而言只是在描绘美好的理想国，画大饼而已，具体怎么实施，那就不知道了。

理想化的孟子必然在魏国得不到重用，没两年魏惠王死了，孟子也就离开了魏国。

周游列国让孟子伤透了心。他看到了掩埋在荒草中的累累白骨，于是悲叹："天子不仁，不保四海；诸侯不仁，不保社稷；卿大夫不仁，不保宗庙；士庶人不仁，不保四体。"他没有得到施展才华的舞台，于是决定回到周游列国的起点——临淄。

临淄是一个包容的城市，它曾张开双臂接纳孟子，让他在稷下学宫孕育自己伟大的思想，然而现在已然时移世易。此时的齐国国君是齐宣王，齐宣王和他的老爹齐威王一样，对孟子并不感冒，只是把孟子当成吉祥物一般养着。

失落的孟子决定离开。他来到离临淄不远的昼地，踟躇着，他是多么希望齐宣王此时能派人来接自己回去！可是等了三天，临淄方向没有任何人来。临淄也把孟子抛弃了。失望至极的孟子对世间发出怒吼：

"夫天未欲平治天下也，如欲平治天下，当今之世，舍我其谁也？"（老天爷还没有想要平定天下，如果想治理天下，当今世上，除了我还有谁？）

公元前312年，60岁的孟子回到了邹国，从此再也没有离开过。

官场失意对于孟子来说是人生的不幸，但对于中国古代学术思想来说是大幸。如果孟子位高权重，他哪有时间著书立说？

在空闲时间里，孟子和他的弟子合著了《孟子》，文风恢宏大气。这本书里，孟子提出了为百姓争取权益、让君王忌惮的"民本"思想：

"民为贵，社稷次之，君为轻。"

老百姓才是世间最重要的，其次是国家社稷，最后才是君王！这句话如同一道耀眼的亮光刺破黑暗，照亮了此后出现的封建专制社会的夜空。

此外，孟子还用他的"仁爱"关爱着战国乱世，这个思想在诸侯们眼中是那么迂腐可笑，然而在奔涌向前的历史长河里却熠熠生辉——没有一个政权和文明是靠武力暴政维持下去的！中华文明是四大文明里唯一一个延续到现在的文明，靠的不是武力，而是"仁"！

这就是孟子所说的那句话："仁者无敌！"

虽然孟子生前不得志，但是在死后的2000多年里，他的地位不断提高，成为仅次于圣人孔子的"亚圣"，他的仁爱思想深深地镌刻进每一个中国人的基因里。

孟子死后，又一位大儒横空出世，他就是荀子。荀子没有继承孟子的衣钵，他的思想与孟子的如同阴阳两极，完全相反。

荀子，名况，字卿，赵国人，15岁的时候前往齐国稷下学宫求学。让人没想到的是，这个少年竟在稷下学宫展现出了超越普通人的学习天赋，在每次辩论大会上都能驳倒各个学派，他的杰出才华让所有人折服。后来荀子写了一篇文章《劝学》，用学霸的口吻向普通人传递自己的学习经验。

30多岁的时候，荀子成为稷下学宫的祭酒，相当于校长。要知道，稷下学宫是当时的学术中心，其地位相当于现在的清华、北大，孟子当年也只是一个稷下学宫的教书先生，而荀子年纪轻轻就担任了如此显赫的职位，想不骄傲都难！

孟子是一个很傲气的人，能说出"治平天下，舍我其谁"的大话，而荀子的傲气相比于孟子来说，是呈几何倍数增加的。他大胆批判孟子，甚至骂孔子的三位弟子子张、子游、子夏是贱儒！

现实往往会给予富有才华与傲气的人沉重打击。齐国的在位国君齐湣王极其昏聩，荀子多次劝谏却不得采纳，愤怒的他离开了齐国。

幸运的荀子成功躲过了一场战乱，齐国惨遭五国痛殴，差点灭国，后来虽然勉强复国，但也大不如前。当荀子再次回到临淄时，稷下学宫早就化作了焦土。自己曾经奋斗过的地方变为断壁残垣，心痛的荀子选择留下来重建，这一干就是十几年。

身处在纷乱的时代，荀子看到了人性的黑暗，他认为无休止的战乱都是贪婪所致，与孟子"性善论"相反的"性恶论"就此诞生了。

"人之性恶，其善者伪也！"

荀子这样掷地有声地对天下人说。这句话犹如平地一声惊雷，让全天下人都为之震撼。

按照字面意思，荀子似乎是在说"人性是邪恶的，所有的善良都是伪装出来的"。其实这样理解就错了，因为"伪"在战国时是"人为"的意思，这句话真正的含义是"人性是邪恶的，人善良的举动是后天习得的"。

人为了生存，为了抢夺资源，往往会做出恶劣的事。古往今来，人类的文明看似不断进步，可是人与人之间、国与国之间为了争夺资源，爆发的冲突规模越来越大，丝毫没有减弱的迹象。要想人变得善良，就必须经过后天的学习。

学什么可以克制心中的恶呢？

荀子的答案是儒家提倡的"礼"。"礼"是人与人之间的一种行为准则，只有学了"礼",有了规矩,才能克制心中的恶。

孔子的思想有两大核心,分别是"仁"与"礼"。孟子继承了前者,创建了"性善论";荀子继承了后者,发展了"性恶论"。如果说孟子是儒家的理想主义者,那么荀子就是儒家的现实主义者。

注重"礼"的思想对后世影响极深,清代谭嗣同甚至说:"二千年来之学,荀学也。"

性恶论是有一定的道理的,可是人性是复杂的,不是非黑即白。荀子没有教导学生如何认识这个世界的复杂性,如何坚守内心的良知。

为了控制人性的恶,就要用"礼",但如果有人不遵守"礼",那该怎么办?唯一答案就是靠刑罚。刑罚成为维护"礼"的利器,沿着这条路走下去,荀子的两位弟子——李斯与韩非子,就成了法家的名人。

平民学派

儒家在战国民间学术市场占据举足轻重的地位,然而一位平民学者横空出世,他的思想成为儒家最难对付的死敌,这个人就是墨子!

在战国民间学术市场,有一种"非儒即墨"的说法,儒、墨两家是当时的热门学派,极为显赫。同为显学,儒与墨却是水火不容,他们都将对方视为死敌,争斗不休。

墨子本名墨翟(dí),是墨家的创始人,出生在孔子死后十多年。墨翟出生在一个平民家庭，最初从事木匠工作。由于掀起了开私学的风气，平民也有机会学习知识，出于对知识的渴望，墨翟拜入热门的儒家学派。

平民出身的墨翟很不适应儒家思想，总是以批判的眼光汲取知识。随着不断地深入学习，他越发觉得儒家理论简直是歪理邪说：人死了子女要守孝三年，还要把葬礼搞那么隆重，普通老百姓怎么承受得起？所谓的礼制，都是在维护统治者的利益，难道我们老百姓就低人一等吗？

墨子离开了儒家，走到了儒家的对立面，创建了平民学派——墨家。

武侠小说里，一个初入江湖的人想要快速在江湖扬名立万，必然会去挑战地位显赫的门派。同样，墨子想要在学术市场立足，儒家无疑会是他最好的攻击对象。

儒家的四条"罪状"被墨子公之于众：

"儒之道足以丧天下者，四政焉。儒以天为不明，以鬼为不神，天鬼不说，此足以丧天下。又厚葬久丧，重为棺椁，多为衣衾，送死若徙，三年哭泣，扶后起，杖后行，耳无闻，目无见，此足以丧天下。又弦歌鼓舞，习为声乐，此足以丧天下。又以命为有，贫富寿夭、治乱安危有极矣，不可损益也，为上者行之，必不听治矣；为下者行之，必不从事矣，此足以丧天下。"

第一条，儒家不相信鬼神，结果让鬼神不高兴，引得大乱。第二条，儒家坚持厚葬，浪费了老百姓的财富和精力。第三条，儒家喜欢声乐，那都是少数贵族的精神追求，普通人忙于生产，哪有时间享乐？第四条，儒家讲人的命运都是定好的，长此以往，不会再有人期望通过奋斗改变命运，社会不会有进步，国家就完蛋了！

这些话如同一颗原子弹在思想界爆炸开来，墨家顿时名声大噪。

想要在竞争激烈的学术市场出头，光靠打击对手是不够的。武林门派都有自己的独门秘籍，一个学派也要建立自己的理论体系，"墨家十论"就此诞生。

十论分别是天志、兼爱、非攻、明鬼、非命、节葬、非乐、节用、尚贤、尚同。具体说来，天志指上天是有意志的；兼爱指人与人之间不分高低贵贱，应该相互关爱；非攻指反对不义的战争，主张和平；明鬼指世上有鬼神，他们会对人做的好事坏事进行奖惩；非命指人的命运全靠自己主宰，而不是靠上天；节葬指葬礼要节俭；非乐指老百姓不要沉迷音乐，要注重农业生产；节用指生活要简朴，不追求奢靡；尚贤指崇尚贤能的人；尚同指天下人的思想要统一，都来信奉墨家的道理。

"墨家十论"一出，吸引了无数在乱世中饱受摧残的信众。手底下人多了，墨子就要解决管理问题。

墨子是战国时代超一流的管理学大师，他创建的墨家组织已经超越了学术派别的限制，成为一个组织严密、战斗力极强、分支机构遍布天下的准军事组织。所以，墨家弟子往往不是斯斯文文的学者，他们经常探讨毁天灭地的军国大事。

有一次，南方的楚王聘用了木匠的祖师爷鲁班，让他制作工艺精良的攻城装备，誓要拿下宋国。为了维护天下和平，反对不义战争，墨子挺身而出，花了十天十夜赶到楚国郢都。

墨子先是求见鲁班，由于两人是老乡，鲁班亲切地接见了他。

墨子说："我被人欺负了，现在我出钱，请你帮我去杀了他！"

鲁班道："我不是杀人的，我怎么能帮你去杀人？"

墨子抓住机会反问："你现在受到楚王的聘用去攻打宋国，这和拿钱杀人的杀手有什么区别？"

鲁班被墨子严谨的逻辑驳倒了，决定带墨子面见楚王。

楚王见墨子是来劝自己息兵的，觉得很可笑。既然自己已决心出兵，不如让墨子彻底死心，于是楚王让鲁班与墨子进行一场模拟攻防战。

鲁班解下腰带，围成一圈当作城墙，墨子用小木片当作攻城云梯，两人反复推演，结果让楚王大跌眼镜——鲁班竟然连输九局！

为了灭宋的胜利，楚王决定使用下三滥的手段，杀了墨子。然而墨子却告诉楚王，他的弟子就在宋国留守，即使他被杀，墨家弟子也将会使用他的战术誓死保卫宋国。

楚王的信心被墨子彻底击垮，他明白这场战争是进行不下去了。

墨家弟子战斗力极强，为了更好地管理，墨子设立了"巨子"一职，而他本人就是墨家的第一任巨子。巨子管理天下的墨家弟子，有着生杀大权，死前会指定下一任接班人。

墨子死后多年，巨子的位子传到了孟胜手中。楚国的阳城君是孟胜的好哥们儿，他把孟胜和180位墨家弟子接到自己的封地阳城，好吃好喝地招待。

此时，贵族终结者吴起刚好被楚悼王任命为令尹，他推行遏制封君的政策，阳城君也在被打击之列。楚悼王死后，心怀愤怒的阳城君前往郢都参与刺杀吴起的行动。

阳城君在临走前将一块璜[①]掰成两半，一半自己留着，一半交给孟胜。他说，如果自己对孟胜有什么需求，会派使者带着一半璜前来，如果使者没来，就请孟胜带着墨家弟子看守好阳城。

阳城君行动成功了，可是因为吴起躲在楚悼王尸体旁，不少兵器落到了楚悼王尸体上，所以新王继位后，要依照律法夷灭参与刺杀的贵族们的三族。

为了活命，阳城君只能亡命天涯，跑路前却忘记派使者去通知墨家弟子撤离。

墨家人非常重义气，只要看不到另一半璜就坚决不撤离。面对楚王派来的强大王卒，孟胜知道自己难逃一死，便按惯例在临死前指定下一位巨子。他派出三位弟子前往墨家在宋国的网点，委任那里的田襄子为新任巨子。田襄子担任巨子后，下的第一道命令就是让这三位弟子不得返回阳城，可是他们义无反顾，依然遵从前任巨子孟胜的命令返回。最后，坚守阳城的孟胜与180位墨家弟子全部战死。

墨家能在纷乱的战国时代存活，是因为顺应了百姓内心的呼唤，然而当天下统一时，任何一位统治者都不能容忍自己的治下有一支成员遍布天下、实力能与政府对抗的民间准军事组织，所以在秦统一六国后，墨家的身影就消失得无影无踪了。

[①] 璜，半圆形的玉，像璧的一半。

逍遥游

儒家与墨家都是从各自角度出发,积极地入世,去解决现实中的社会问题。可是问题是解决不完的,天下纷纷扰扰,矛盾越解越多,也有不少人寻求出世。一位超然于世的哲人便通过他的思想在天地之间翱翔。

我们上中学时背诵过庄子的《逍遥游》。

"北冥有鱼,其名为鲲。鲲之大,不知其几千里也;化而为鸟,其名为鹏。鹏之背,不知其几千里也;怒而飞,其翼若垂天之云。是鸟也,海运则将徙于南冥。南冥者,天池也……"

庄子的文风大气磅礴、瑰丽诡谲、汪洋辟阖,他说自己散文第二,没人敢说第一。

庄子本名叫庄周,是宋国人,生活在公元前369年至公元前286年的范围内。他早年是一个小公务员,负责管理漆园。在战国时代,漆器是奢侈品,而漆园负责生产大漆,这是一个暴利的垄断产业。然而庄子并不在意手中的铁饭碗,恰逢当时宋国爆发了一场内乱,他义无反顾地砸了手中的饭碗。

公子偃篡位成功,史称宋康王。宋康王精神不太正常,一直做着称霸天下的黄粱美梦,把诸侯们的塑像放在厕所里,对着他们拉屎撒尿,还制作了一个盛满血的袋子,用箭射穿,高兴地说自己射天成功了。

宋康王一番操作后,得到一个"桀宋"的绰号。桀是夏朝的末代君主,后来他的名字成为暴君的代称。

看不惯宋康王作为的庄子辞去公职,成为一名普通人。脱离了公务的桎梏,他获得了自由,经常游山玩水,还与底层百姓做起朋友。为了养活自己,庄子靠编草鞋、钓鱼为生,生活处于赤贫状态。

由于庄子文采斐然,名声在外,楚国特地派使者前往宋国,想要聘庄子为相。

使者来到宋国后,好不容易才在河边找到了正在钓鱼的庄子。他说明来意,庄子笑了笑,说了一则寓言故事:"楚国的太庙里供奉着一具神龟的尸骨,传说它活了3000岁。使者大人,我问你,如果你是这只神龟,你是愿意成为尸骨被供奉在太庙里,还是自由自在地在烂泥里爬行?"

使者答:"当然是在泥里爬行快乐呀!"

庄子道:"使者请回吧,我也想像乌龟那样,拖着尾巴在烂泥里爬行。"

在儒家看来,孔子、孟子、荀子等历代大儒都想积极地参政,当高管,提高自己的政治地位,达成自己的政治理想。庄子却不这么想,他超然于世,不想向世俗与权贵低头,而是在自己的精神世界里追寻生命的自由。

庄子有一个好朋友叫惠施。惠施是魏国的相国,由于政治斗争失利决定退隐山林,前来寻找自己的好友庄子游玩。两人来到濠水边的一座桥梁上,望着河里的鱼儿,一场著名的辩论就这样开始了。

庄子羡慕地说:"鲦鱼出游从容,是鱼之乐也。"(鱼儿在水里自由自在地游,它真快乐!)

惠施听完发现有逻辑漏洞,立刻反驳道:"子非鱼,安知鱼之乐?"(你不是鱼,怎么能知道鱼的快乐呢?)

庄子笑道:"子非我,安知我不知鱼之乐?"(你不是我,怎么知道我体会不到鱼儿的快乐呢?)

惠施皱着眉头说:"我非子,固不知子矣;子固非鱼也,子之不知鱼之乐,全矣!"(我不是你,因此我不知道你内心的想法。同样,你不是鱼,你肯定不知道鱼的想法。)

庄子道:"请循其本。子曰'汝安知鱼乐'云者,既已知吾知之而问我。我知之濠上也。"(又回到一开始你提的问题。你问我"怎么知道鱼的快乐",其实是已经明白我能体会到鱼的快乐然后才问我的。我是在濠水的桥上体会到这快乐的。)

听到这里，惠施顿时明白了，自己与庄子的沟通不在同一个维度。在自己看来庄子是在诡辩，人与鱼之间有着物种的隔阂，思维怎么能相互连通呢？而在庄子看来，在自己的世界里自己就是鱼，可以幻化成宇宙万物，甚至是巨大无比的鲲鹏。

有一次庄子在梦里化成蝴蝶，翩翩飞舞，快乐至极，等他醒来时才发现自己是庄周，于是他开始思考一个问题：是自己做梦变成蝴蝶，还是蝴蝶做梦变成庄周？

对于生死，庄子看得很淡。人终归有一死，既然如此，人死了就没必要难过。于是庄子在老婆死后并不悲痛，反而一边敲着盆，一边唱着歌。

在寻常人看来，庄子是超出三界外、不在五行中的神人。他创造了一个逍遥自得的宏大精神世界，然后将这一世界蕴藏到《庄子》一书里，深深影响着后世中国人对宇宙万物的看法。

如果说老子是道家的根，那么庄子就是道家傲然挺立的树干。

庄子也是中国古代文学的源头之一，他深深影响了汉代写赋大家、魏晋风流名士乃至唐代宋代的诗人词人们，嵇康、李白、苏轼等人的骨子里都蕴藏着庄子思想。豪放派大词人苏轼就说过："吾昔有见，口未能言。今见是书（《庄子》），得吾心矣！"意思是，我之前一直有些奇妙的想法，却始终说不出来，直到看了《庄子》，书里所写的正是我想的，打通了我文学的任督二脉，让我会写作了！

从孔子到庄子，从春秋末期到战国时代，中国在思想领域迎来了井喷式发展，诸子百家在这个时代聚集，相互交流碰撞，迸发出了辉煌灿烂的火花，达到了让后世无法企及的思想高峰。在这个时代里，伟大的先贤们从各个角度去构建中国人的精神世界。

大师成群地来，也成群地去。秦始皇统一天下后强力控制思想，一项举措就是焚书，大量记载诸子思想的书籍被烧毁。到了汉代，汉武帝罢黜百家独尊儒术，百家争鸣的光华终究消散在了历史的尘埃里。

大秦的刹车和油门

踩刹车的吕不韦

公元前265年,卫国商人吕不韦路过赵国邯郸,遇到在赵国做人质的公子异人。公子异人是秦国太子安国君的儿子,可是安国君有20多个儿子,公子异人是最不受待见的一个。正是因为这样,来赵国做人质这种危险的任务才交给了他。

被秦国抛弃的公子异人在吕不韦眼中却是一个香饽饽,奇货可居啊!他萌生了一个大胆的想法:拥立公子异人为秦国国君!

为了获得公子异人对自己的信任,吕不韦主动献殷勤。在赵国过着落魄生活的公子异人体会到从未有过的温暖,便把吕不韦当作了自己的知心人。

商人是追逐利益的,聪明的商人更是从不做亏本买卖。吕不韦是商人里的佼佼者,在他看来,公子异人就像一件商品,他必须要找到合适的买家。嗅觉灵敏的吕不韦瞄准了华阳夫人。

华阳夫人是秦国太子安国君的大老婆,可是一直不孕不育。那时候讲究个母以子贵，如果华阳夫人一直没有孩子，那么安国君成为秦王之后就只能立其他公子为太子，到时候华阳夫人必然失势。吕不韦看准了华阳夫人需要一个儿子的强烈需求，主动上门推销，凭借三寸不烂之舌，成功说服华阳夫人认了异人为自己的儿子。

经过一番神奇的操作，被人忽视的公子异人竟摇身一变成为安国君的嫡长子，秦国未来的国君！

在通往成功的道路上，吕不韦迈了一大步。为了把自己与异人捆绑得更加紧密，他甚至把自己的姬妾赵姬送给了异人。

公元前259年，赵姬生下了一个儿子，取名为政，嬴姓，赵氏。

公元前257年，秦、赵之间爆发了惨烈的邯郸之战。

公子异人在吕不韦的帮助下逃回了秦国，赵姬与嬴政母子俩留在邯郸，好在赵姬出身于赵国大户人家，得到了庇护。生命安全得到保障，可是赵姬母子的精神却不断受伤，他们没少遭到赵人的羞辱，这让嬴政从小就在心里埋下仇恨的种子。

公元前251年，超长待机的六国屠夫秦昭襄王死了，守丧之后，53岁的太子安国君继位。他已经熬了多年，终于还是熬不动了，继位仅三天就死了，史称秦孝文王。

公元前249年，公子异人继位，史称秦庄襄王。

没有吕不韦就没有秦庄襄王的今天，为了报答吕不韦，秦庄襄王拜他为相国，封文信侯。一个商人靠自己敏锐的商业头脑，把一个被置于死地的人质公子运作成了一国之君，最后自己凭此位极人臣，获得丰厚回报，不得不说他有高于常人的才智。

秦庄襄王以为自己迎来了春天，命运却无情地捉弄了他。在位三年，秦庄襄王去世，年仅13岁的嬴政从赵国归来，继承王位。

秦王政年幼，面对帮自己包揽一切大事小事的吕不韦，他虽有不满，却不得不恭恭敬敬地喊一声"仲父"。

吕不韦主政秦国，大权在握，一时间风光无限。他不仅灭了东周国，让周王室从此消失，还打退了六国进攻。为巩固嬴政的王位，他还设计铲除了嬴政同父异母的弟弟成蟜（jiǎo）。

那是公元前239年，十几岁的成蟜被派去攻打赵国，成蟜自知没有作战经验，去打赵国等于送人头，索性反了。此举正中吕不韦下怀，他派兵围剿，杀死了成蟜。

内外都没有可以匹敌的敌人了，秦国统一天下只是时间问题。

吕不韦虽然是一个唯利是图的商人，但是他走南闯北，见多识广，通晓社会世故，洞悉复杂人性。

该用什么方式统一天下？

是继续沿用现在的法家思想，还是换个思路？

秦国自从用法家思想治国理政后，就如同坐上了高速列车，在通往统一的道路上飞速狂奔。然而吕不韦发现，法家虽然让秦国迅速变大变强，足以吃掉六国，但如果秦国真的将六国一口吞下，结果很有可能是撑死自己。

看出危机端倪的吕不韦决定给秦国这辆快车踩踩刹车，让秦国行驶得慢一点，有时间做一些调整。

秦国这台战争机器的核心动力是二十级军功爵制，晋升爵位的唯一标准就是斩杀敌人的首级数量。从商鞅变法到秦昭襄王五十一年，秦国光是在大战中斩杀敌人首级的数量总计就有161.7万人。秦人在东方六国百姓眼中如同虎狼一般，他们宁可蹈东海而死，也不愿做秦民。

平定天下最重要的是人心归附，靠武力维持统治始终不是长久之计。

秦王政还是一个少年，需要教导。吕不韦打算修一本经典书籍，将自己的治国理念融入其中，等秦王政成年后，这本书将会成为他的君王参考书。这便是大名鼎鼎的《吕氏春秋》。它是中国历史上第一部有组织按计划编写的书籍，包含了儒、道、法、墨、阴阳等多家学派的思想，看上去像是一个大杂烩，却汲取了诸子百家的思想精华，描绘了吕不韦心中理想的政治蓝图。

《吕氏春秋》里的一些思想对当时秦国的治国思想有着极强的颠覆性。

秦军在战场上看见人头两眼放光，如同从地狱里爬出来的恶魔，但为了秦国一

统六国的目标,这样下去可不行。为了让东方百姓放下抵触情绪,吕不韦抛出了"义兵"的概念:

"我们秦军不乱杀,不劫掠,发动战争是为了统一天下,让天下百姓过上太平的日子。"

更厉害的是,吕不韦对秦国历代的专制统治也给予了重重一击:

"天下者,乃天下人之天下,非一人之天下。"(天下是全天下人共有的,不是一个人的。)

《吕氏春秋》是在公元前239年问世的,吕不韦为此搞了一个轰动全国的大型新书发布会。他把书的内容挂在咸阳城门上,谁要能挑出书里的毛病,即使是一个错字,就能获得一千两黄金。

热闹很快消散。就在吕不韦搞新书发布会没多久,他的生命走到了尽头,而这祸根却是他自己一手种下的。

自从秦庄襄王死后,赵姬升级为赵太后,可她空虚寂寞,想要人陪伴。作为前男友的吕不韦为了赵姬的幸福生活,将一个名为嫪毐(lào ǎi)的男宠送进了宫。据司马迁的《史记》记载,嫪毐是"大阴人",更有一项令人汗颜的技能——"使毐以其阴关桐轮而行"。

赵太后与嫪毐过上了同居生活。秦国从宣太后开始,守寡的太后养男宠就不是稀奇事,大家都知道,只不过没有人说破。在众多男宠中,嫪毐算得上是翘楚,他深得赵太后的喜爱,被封为长信侯,河西与太原两大郡是他的封地,赵太后甚至还与他生下两个儿子。

如果嫪毐不折腾,估计能过一辈子优渥生活,然而他偏偏狂放起来,一次赌博输了,竟口出狂言说自己是秦王政的干爹!

秦国自从商鞅变法后就鼓励老百姓告密,嫪毐的狂言很快传到了秦王政的耳朵里。碰巧,秦王政22岁,要前往秦国旧都雍城蕲(qí)年宫举行加冠礼,没空处理嫪毐。可嫪毐自知难逃一死,决定铤而走险发动政变!

嫪毐长居赵太后身边，很轻松地搞来太后玺，又私刻秦王玺，伪造调兵文书。他带上自己的门客，前往咸阳各个卫戍部队，企图调兵造反。各个卫戍部队也不傻，调动军队不光要有文书，还要有虎符与通行的"节"。嫪毐手续不全，没有一个人理他。

远在咸阳的秦王政获知消息，迅速调兵平定了叛乱，嫪毐被五马分尸，诛灭三族，数百门客被杀，两个私生子同样被杀，赵太后被软禁。

嫪毐不过是一个跳梁小丑，真正让秦王政后怕的是咸阳的卫戍部队。这支部队是秦国的精锐，如果真参与了嫪毐政变，打起来会是地动山摇，血流成河，秦国根基恐怕会被动摇。不过虽然他们这次没有参与，却对嫪毐的造反行为作壁上观，最后还是靠秦王政调兵才扑灭了这场大火，可见心思不纯。

为什么会这样？究其原因，吕不韦主政秦国 13 年，各个关键岗位都是他安插的人，咸阳的卫戍部队也不例外。这些人只听命于吕不韦，虽然目前看来没有大碍，可如果哪天吕不韦造反，他们必然成为他手中的利器。

秦王政心中不安，将卫戍咸阳的重要将领 20 多人全部枭首，曾经权倾朝野的吕不韦也被赶回封地。过了一年，因怕被秦王政迫害，他自己喝毒酒自杀了。

一场大清洗过后，秦王政真正把权力握在了自己手中。

秦王政与吕不韦之间看似是王权与相权的争斗，实则是秦国统一天下的路线之争。

吕不韦来自卫国，以一个东方人的思维管理秦国 13 年，对秦国体制进行了深刻反思，深知其中弊端。他认为，要想让东方诸国的百姓心悦诚服地在秦国统治之下安身立业，秦国就必须改变法家的强硬政策，通过怀柔政策，用诸子百家的思想精华去管理一个大一统的天下。《吕氏春秋》中就采用了一些儒家的思想，重德政、隆礼乐、敦诗书，也赞赏道家的治国思想。

秦王政的想法却与吕不韦背道而驰，他要的是强权！天下所有的东西都是我的！我的！被征服的百姓都给我去修长城、造陵墓！谁要是敢反抗，严刑峻法伺候！对于诸子百家，秦王政也不喜欢，所以在统一天下后大规模焚书，儒家道家经典遭到重创。

在秦朝废墟上建立的汉朝见证了偌大的秦朝的崩塌瞬间，所以汉虽然承秦制，却做了适当调整。建国初期，汉朝皇帝们采用道家的无为而治，到了中期，汉武帝改用儒家思想治国，这不就是吕不韦所构想的治理天下的理念吗？难怪著名学者郭沫若认为，如果按照吕不韦的路线走下去，秦国不会在统一之后仅仅15年就灭亡了。

从这个角度看，吕不韦虽是商人，但有政治家的头脑。可惜他终究没有踩住秦国的刹车，而另一位大思想家甚至让秦王政一脚踩上了油门。

秦国站在历史的岔路口，风云千樯，任何一个抉择都将引起一场巨变！

法家集大成者

卫国人吕不韦死了，秦王政终于可以放手大干一场。正是用人之际，但一件破获的间谍案让秦王对在秦的别国人充满了厌恶。

水利工程师郑国负责修建灌溉关中平原的大型水利设施，可是修了10年都没修好，秦国为此花了无数的钱，却始终填不满这个无底洞。后来一调查才知道，原来郑国是韩国派来的间谍，他利用水利工程师的身份在秦国修建大型水利工程，为的是消耗秦国国力。

在秦王政看来，吕不韦、郑国都是别国人，都不靠谱，于是他戴上了有色眼镜，搞起了排外运动，立刻颁布《逐客令》，将在秦国担任客卿（在本国做官的别国人）

的人一律赶走。

李斯正是客卿中的一个，此时他不得不拿起行囊准备离开秦国。

李斯是楚国上蔡人，曾担任管理粮仓的官吏。有一次上厕所，他看到粪坑中老鼠吃着脏物，见到人赶紧就跑；接着他又来到粮仓，看到里面的老鼠吃得又肥又大，见到人也不害怕。厕中鼠与官仓鼠给李斯上了一堂生动的教育课，他心想，我绝不能像厕中鼠那样低贱地生活，我要成为仓中鼠，衣食无忧，没有惧怕。

为了出人头地，李斯拜入大儒荀子的门下，深得荀子的喜爱。让荀子万万没想到的是，他的这位爱徒日后会成为攻击儒家、焚烧儒家经典的始作俑者之一。

李斯学成之后前往秦国，拜入吕不韦门下。吕不韦慧眼识人，安排李斯担任秦王政身边的郎官（君王身边的护卫）。郎官虽然职务低，但是可以经常看见秦王，才华横溢的李斯就这样进入了秦王政的视野，被迅速提拔为客卿。

李斯满以为自己可以就此飞黄腾达，一纸《逐客令》却将他的政治生涯彻底断送。背着行囊离开咸阳的李斯望着身后巍峨高大的城墙心有不甘，决定最后一搏，于是写下了著名的《谏逐客书》，对秦王政的《逐客令》进行驳斥。

《谏逐客书》被递到秦王政面前，他看过后赞叹李斯的文采，也被他打动。知错就改，秦王政收回《逐客令》，升李斯为廷尉。

才华与道德不成正比，李斯虽然学富五车，后来更是成为秦朝的丞相，内心却不过是一只追逐功名利禄的官仓鼠。为了权势，他可以抛弃良心，做见不得人的肮脏事。吕不韦是一名政治家，而李斯只是一名政客。

李斯继续期待自己能够飞黄腾达，却发现秦王政心里崇拜着一个法家学术偶像，这位偶像不是别人，正是自己的同窗好友——韩非。

韩非是韩国王室的公子，更是战国末期法家的集大成者、秦王政的精神导师，被人尊称为"韩非子"。他总结了法家三个流派，分别叫"法""术""势"：法，即只讲法令，不认情面。术，即君王控制臣子的权谋。君主要让臣子不知道自己的想法，这样臣子就无法利用君王的弱点，当所有人都惧怕君王时，权力就能牢牢地掌握在手里。势，就是君王的权势，只有君王有了权势才能让天下人臣服于自己。

韩非口吃，平时不爱说话，却经常发表文章，每一篇都是传遍天下、阅读量极高的爆款。作为粉丝，秦王政对偶像的作品当然每期都要订阅。当新作《八经》从韩国传到咸阳，秦王政看得拍案叫好。

韩非的思想果实是长在荀子性恶论这棵大树上的，因此有时不免显得冷漠无情。比如《八经》里面讲，君王身边的人，包括母后、妻妾、子孙、兄弟、大臣、显贵等，没有一个好东西，他们觊觎王权，对付他们不要顾及情面，一定要用狠手段。不过秦王政对此很认同，因为他由己出发，深有体会。

为了得到自己的偶像，秦王政甚至发兵进攻韩国。韩王听闻秦王政发兵只是为了得到韩非，立刻把韩非送出。

韩非来到秦国后受到秦王政的热情接待，两人从早谈到晚。李斯看到韩非成为秦王政眼前的红人，内心无比嫉妒，他深知这位老同学的实力远在自己之上，如果让韩非在秦国待下去，一定会将自己取而代之。

韩非不知道在战国时代要防火防盗防同学，即便有孙膑与庞涓的前车之鉴，也对李斯没有多少防备，而李斯正磨刀霍霍，准备向他砍去。

很快，李斯发现韩非在向秦王政灌输法家思想，同时建议秦国在统一战争的道路上先攻击赵国，避开韩国。要知道，韩国堵在秦国通往中原的大道上，欲进军中原，必先拿下韩国。韩非子作为韩国人，明显是想把祸水引向赵国。

为了铲除潜在的敌人，李斯向秦王政揭发了韩非的真实目的。

"大王，韩非是来害秦国的。他劝大王先攻打赵国，可如果秦攻赵，齐国会救，在我们与齐、赵僵持不下的时候，韩国就会联合楚国、魏国前来偷袭，那时秦国就只能退回函谷关了！"

秦王政恍然大悟——原来韩非是来害秦国的！

虽然得到了你的人，却始终得不到你的心，秦王政伤了心，但他毕竟是个杀伐果决的君王，当即作出决定：韩非不愿做秦国的臣子也就算了，还要误导秦国战略，他必须死！于是韩非被移交给了负责司法审判的廷尉李斯。

贼是小人，智胜君子，阴险的李斯得偿所愿。韩非落到李斯手中，被折磨得遍体鳞伤，求生不得求死不能。最后李斯送给韩非一杯毒酒，寻求解脱的韩非一饮而尽。

韩非死了，但是他一直活在秦王政的心里。

少年的心智并未发育健全，遭受精神创伤的疼痛会伴随一生。嬴政小的时候，他的父亲抛弃了他和母亲赵姬，一个人逃回秦国，留下母子俩在赵国备受羞辱。好不容易回到了秦国，嬴政遇到了同父异母的弟弟成蟜，而成蟜的存在一直威胁着他的王位继承权。继位之后，好不容易设计搞死了成蟜，可是仲父吕不韦独揽朝政，母亲又与嫪毐私通生下两个孩子。他看似高高在上无所不有，却也是秦国最孤独的人，没有一丝安全感。为了权力，为了私欲，最亲的人都离他而去。

高处不胜寒！

从小没有安全感的嬴政心是冷的，很难信任别人的他相信人性永远是恶的，只有将权力紧紧攥在手中，让所有人都惧怕自己，不敢造次，才能获得真正的安全。

韩非的思想除了对嬴政个人的影响极大，是嬴政安抚内心不安的药剂，也影响着秦国政治，潜移默化地影响着嬴政后来对秦王朝的构建。

在韩非眼中，人与人的关系完全是建立在利益之上的。《韩非子·难一篇》中就说："臣尽死力以与君，君垂爵禄以与臣市，君臣之际，非父子之亲也，计数之所出也。"（臣子向君主效忠出力，君王用高官厚禄让臣子卖命，君王与臣子，没有父子的亲情，完全是一种交易关系。）所以，治理百姓不能靠仁政，要靠强而有力的专制统治；要厉行赏罚，奖励耕战，宰相必起于州部，猛将必发于卒伍；为了端正人心，还要禁止私学，让百姓跟着官吏学习，知法懂法，才不会胡作非为。

嬴政在韩非的精神思想加持下猛踩秦国的油门，统一天下后他更是将韩非的思想全都用到了现实中，于是严刑峻法、焚烧书籍……秦就这样朝着暴政毁灭的方向一去不返了。

秦王扫六合

韩非死的时候，秦国的统一战争正在轰轰烈烈如火如荼地进行着，但年轻的秦王政对于整场战争的战略把控不是很出色，跟他的曾祖父秦昭襄王比差了一大截。

秦昭襄王攻打东方诸侯有先后顺序，伊阙之战打残韩、魏，帮助燕国促成五国伐齐，拔郢之战夺取楚国核心江汉平原，长平之战全歼赵国主力。若不是秦国在长平流血过多，遭遇邯郸之战的惨败，统一战争就要提前开始了。再加上杀神白起的加持，可谓气势如虹！

从那时候起，秦国灭六国的企图就是秃子头上的虱子——明摆着的。东方六国也不是不想联合抗秦，可是之前几次合纵全都失败，就像葫芦娃救爷爷，是排着队给秦国送人头。

秦王政继位时拿到一手好牌，历代秦王给他留下了厚实的家底，邯郸之战后20多年的休养让国力得以恢复，兵强马壮，统一路上的强敌也全部扫除了，只差最后一哆嗦。

在当时的六国诸侯之中，赵是强敌，楚是大敌，韩、魏是小敌，燕、齐是弱敌。年轻的秦王政缺乏经验，战略眼光不足，方法不对路，胆子不够大，对于统一战争的第一步是先灭赵还是先灭韩举棋不定，在灭楚时又抠抠搜搜地只派出区区20万大军，结果惨遭团灭。

公元前236年，23岁的秦王政发动统一战争，攻打北方强国——赵国。

赵国虽然没有秦国强大，但经历过赵武灵王胡服骑射调教的赵军战斗力同样不容小觑，尤其是著名的赵边骑，他们如同来无影去无踪的幽灵，是对付北方匈奴的撒手锏，更是诸侯们心中的梦魇。赵国给秦王政上了一堂生动的打脸课。秦国前前后后一共打了五次，要不是赵国君臣猜忌，这根硬骨头得让秦王政啃崩了牙。

来看看具体经过：

第一次攻赵，秦王政忙于处理吕不韦，打的是虎头蛇尾。

第二次攻赵，秦王政派遣大将桓齮（yǐ）出征，刚开始打得顺风顺水，眼看赵国快扛不住的时候，赵王迁召唤出战国四大名将之一——李牧。

战国四大名将分别是白起、王翦、廉颇、李牧，这四人作战的风格是不一样的：白起是秦国战神，敢于兵出险招，擅长指挥大兵团打歼灭战。王翦同样是秦国将领，心态稳健，绝不打无把握之仗，一定要对敌人形成绝对优势后给予敌人致命一击。他和儿子王贲除了灭韩之战没参与外，统一战争中几乎打满全场，堪称诸侯屠夫。此外，他还是四大名将里最懂政治、最通晓人情世故的人。廉颇是赵国的防守型将领，打法偏保守，阏与之战不敢打，成就了赵奢，长平之战不敢出击，逼得赵王不得不换将。而同是赵将的李牧，他是战国末期最耀眼的将星，擅长突击，能够劣势翻盘。

李牧率领的赵边骑长期驻守在赵国长城附近，防备恐怖的匈奴骑兵南下。他清正廉洁，关爱下属，每逢匈奴侵扰时并不主动出击，而是让将士们退守防御工事，几年下来赵国没有什么损失。赵王对此很不满意，召回李牧，结果匈奴趁机突袭边境，让赵国损失惨重，赵王不得不又换上李牧。

在外人眼中，李牧是一个防守型将领，然而他们大错特错了。李牧是在下一盘大棋，他要全歼匈奴主力，毕其功于一役！

匈奴人的打法很让人头疼，他们不像中原诸侯，会堂堂正正摆开架势一决生死，而是在自己处于优势时进攻，处于劣势时撤退，从不因为撤退而羞耻。

在宽广无垠的草原上，想要捕捉机动灵活的匈奴骑兵主力比登天还难！所以与其主动出击，不如让敌人自己送上门来。

一天，匈奴骑兵又来骚扰赵国边境，发现有大量的牲畜，而赵军象征性地抵抗后就跑了。匈奴骑兵心想，之前胆小如鼠的赵军面对自己都是躲在堡垒里，只要自己胆子再大一些，就能获得丰厚的回报。匈奴10万大军浩浩荡荡地杀入赵国雁门郡，雁门郡内到处是崇山峻岭，骑兵被挤在山路之间，丧失了机动性。可怜的匈奴人哪里知道，他们已经踏入鬼门关，这一趟注定是有去无回！

李牧为歼灭匈奴主力准备了豪华阵容，包括1.3万名骑兵、1300乘战车、5万名步兵、10万名弓弩手。当匈奴主力进入李牧设下的伏击圈后，赵军从四面八方出击，曾经让人闻之色变的匈奴骑兵被李牧包了饺子。此后10年，被暴锤的匈奴再也不敢南下。

如今秦军来势汹汹，赵王迁眼瞅着亡国在即，也不管北方匈奴边患了，急召李牧带着戍守的长城兵团返回。由于李牧经常在北方锤击匈奴，秦国将领对他还是很陌生的，桓齮并未多做防备。

李牧在与匈奴长期交战的过程中学会了他们的打法，善于突击，机动性强。桓齮不适应，连战连败，最后大败而归。李牧成为赵国的救星，被赵王迁封为武安君。

秦国之后两次攻赵，均被李牧化解。公元前230年，无奈的秦王政只能转头顺手灭了弱小的韩国。

公元前229年，赵国虽然还存在，但之前与秦国大战了四回，加上连续两年发生大地震，国家已经处于崩溃的边缘。

秦国趁此时机发动第五次攻赵战争，将领正是大名鼎鼎的诸侯屠夫——王翦。王翦作战稳扎稳打，能用雄厚的国力耗死对方就尽量避免正面对抗。骑兵出身的李牧善于捕捉战机，一旦发现敌人弱点就速战速决，绝不拖泥带水。面对慢性子的王翦，李牧一时无法下手。双方对峙了一年，战况陷入僵局。

秦国底子厚，耗上几年没问题，但赵国历经天灾兵祸，家里没有余粮，再耗下去，赵王迁得出去要饭。

这种情况下，如果众志成城尚能坚持，可是赵国内部出现了一位挑事的特务——郭开。郭开被秦国策反，长期潜伏在赵国高层。他利用赵王迁害怕自己的权力被别人夺走的心理，天天对他洗脑："李牧率领赵国主力与秦军对峙一年多，作为一名军人为什么不进攻？难道他想军权独揽，投靠秦国吗？"

赵王迁的逆鳞被触及，下令撤掉李牧的军职。可是大敌当前，李牧拒不服从。

"果然是想独揽军权！李牧必须死！"

武安君，多么不吉利的头衔，李牧最终也没能逃过它的诅咒。赵王迁处死了李牧，军心动摇，公元前228年，王翦趁机灭了赵国。

韩、赵都没了，燕国太子丹感到自己的国家也危险了。他知道硬抗强秦是死路一条，那有没有旁路可走？想到燕赵之地多慷慨悲歌之士，太子丹脑中浮现出一个疯狂的想法：不如以最小的代价，来一个斩首行动，直取秦王政的首级，以换得燕国太平！

春秋战国盛产刺客，他们受雇于人，从事着自杀式刺杀行动，荆轲就是其中一位。

在常人的想象中，既然敢于刺杀秦王，荆轲一定是剑术超群，然而现实却恰恰相反。荆轲确实爱好剑术，并曾求见当时的顶尖剑客盖聂，结果在论剑过程中被瞪了一眼就跑了。后来荆轲又见到另一位剑术大师鲁句践，两人争道，结果"鲁句践怒而叱之，荆轲嘿而逃去，遂不复会"。

荆轲虽然剑术不行，却善于结交朋友、包装自己，因为这个，他很快被太子丹看中，被指定为刺杀秦王的最佳人选。

想做游侠实力不济，成为刺客却出了名。

荆轲找到逃到燕国的秦国降将樊於期。秦王政杀了樊於期全家，樊於期与秦王政有不共戴天之仇。荆轲劝樊於期自杀，说自己会用献上他的人头为借口接近秦王政，樊於期同意了。为了万无一失，太子丹给荆轲找来一把沾满毒液的锋利匕首，并安排了一位13岁就敢杀人的秦舞阳给他当随从。

易水河畔，荆轲手里捧着装有樊於期人头的盒子与秦舞阳站在船头，望着前来给他们送行的人，他的朋友高渐离击筑高唱："风萧萧兮易水寒，壮士一去兮不复还。"

荆轲率队来到秦国。表面上，他们是燕国使者，此行的目的是向秦王献人头表忠心，同时办理割让督亢之地的手续。为了刺秦，荆轲悄悄把毒匕首藏在督亢之地的地图里。

到了大殿上，看见秦王政的强大气场，秦舞阳吓得浑身发抖，差点露馅。荆轲并不紧张，他不慌不忙地为秦舞阳遮掩，然后在秦王政面前展开地图。地图展开到尽头时，一把匕首露了出来，荆轲左手抓住秦王政的衣袖，右手拿住匕首直刺秦王。秦王政奋力挣脱，逃过一劫，想要拔剑还击，却因剑身太长拔不出来。胆子大技术差的荆轲拿着匕首追着秦王政跑，可秦王政走位快速，躲避灵敏，又有旁边的医官用药袋辅助攻击，荆轲被砸到，秦王政趁机拔出宝剑，刺死了荆轲。

一场刺杀过后，秦王没死，燕国要亡了。

公元前226年，王翦攻克燕国首都蓟。燕王喜与儿子太子丹逃往今天的辽东，遭到秦军追击。途中燕王喜杀太子丹求和，秦王政不允。在辽东一带苟延残喘的燕国于公元前222年终被秦国大将王贲所灭。至此中原腹地只剩下孤零零的魏国了。

公元前225年，王翦的儿子王贲进攻魏都大梁。秦国经常搞水利建设，都江堰、郑国渠都是世纪性的大工程。秦国将领对土木水利也不陌生，当年白起攻楚时就用大水淹没楚军，如今面对大梁城，王贲故技重施，掘开黄河大堤水淹大梁城，魏国就此灭亡。

放眼望去，天下只有齐、楚两国不是秦地。

齐国被苏秦玩残后勉强复国，国力大不如前，不是秦国对手，所以秦王政把楚国当成了重点攻击目标。

楚国虽不再是曾经的南方一霸，但瘦死的骆驼比马大，和其他诸侯国相比，它依然是一个庞然大物。

秦王政想用最低的成本拿下楚国，他问年轻的将领李信与王翦："灭楚需要多少人？"

李信回答道："20万！"

王翦却说："60万！"

秦王政内心咯噔一下，因为上一次秦国动员60万人，还是在长平之战。

想省成本的秦王政选用了年轻的李信。李信哪里知道，他要面对的是楚国名将项燕，项燕还有一个牛气冲天的孙子——项羽。

轻敌的李信率军快速突进，打着打着，后方出现了叛乱，不得不回师救援。项燕瞅准时机，跟随在李信后面三天三夜，最后夜晚趁机发动袭击，大破秦军，杀死7名都尉。

秦军惨败。秦王政吸取教训，放低身段，亲自来到王翦的府上请他出山。王翦答应了秦王政的请求，动员60万大军灭楚，史载"空国中之甲士"。

王翦很圆滑，在出征前为子孙索要众多田宅。外人觉得王翦贪得无厌，其实他是为了消除秦王的疑虑。秦王政是个独裁者，最害怕别人觊觎自己手中的权力，王翦这次要统率60万大军，秦王政自然会害怕他拥兵自重，所以不如让秦王政觉得他是一个贪慕物质而非迷恋权力的人。

为了抗秦，楚国也毫不示弱地动员40万大军，史载"悉国中兵以御之"。

秦统一过程中规模最大的一场战争一触即发。

和李牧的遭遇一样，一向善于机动作战的项燕面对王翦彻底玩不转了。王翦率军杀入楚地后就祭出百试不爽的"耗死你"战术，反客为主，布置严密的防御工事，坐等项燕来攻。面对龟缩不出的秦军，项燕无可奈何。两军僵持了很久，楚国的后勤补给渐渐跟不上了，而秦国膀大腰圆，粮草供应充足。

硬攻？秦军防御工事像铁桶一般，上去就是送人头。对峙？后勤跟不上，全军都得饿死。唯一的办法只有撤。

项燕撤兵了，这是王翦等待已久的战机。他下令全军出击，楚军的撤退很快变成了溃散，主力被秦军歼灭。

此后，楚国再也没了与秦国一战的资本。公元前223年，楚国灭亡。

最后只剩下孱弱的齐国。公元前221年，王贲率军从齐国北部突击，直插临淄，齐国灭亡。

至此，秦灭六国，天下一统，秦王政称"始皇帝"，建立大秦王朝。这是中国历史上第一个大一统的王朝。

秦灭六国示意图

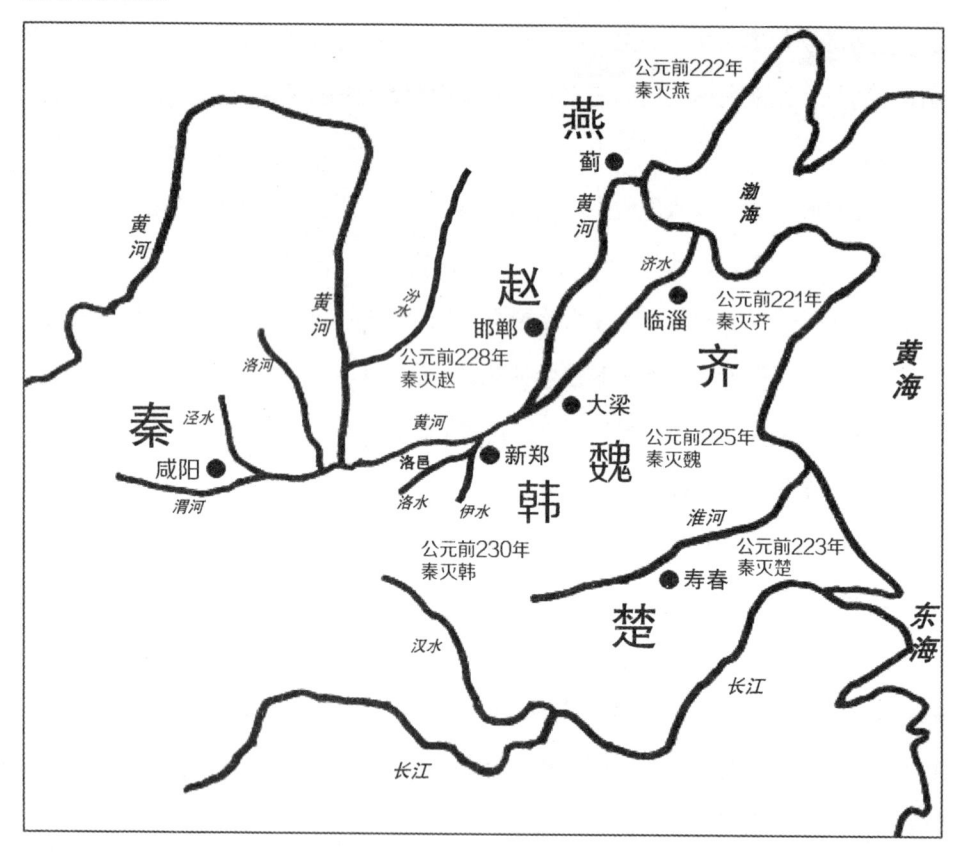

海 与 河

地中海与黄河

如果把夏、商、西周比作我们中华民族的童年,那么东周的春秋战国时代就是少年时期。短短几百年时间,中华民族迸发出惊人的创造力、战斗力、想象力,缔造了傲立于世界的秦王朝与汉王朝,孕育了恢宏灿烂的诸子百家思想,构建起的思想大厦影响后世中国 2000 多年,甚至影响了整个东亚。

与春秋战国同时,欧亚大陆的另一端,希腊半岛上兴起众多城邦,它们有时相互征伐,有时团结对外。它们文化繁荣,思想自由,全方位地影响西方世界 2000 多年,尤其是博大精深的古希腊哲学,那是西方人思想的源头。在西方有句话叫"言必称希腊",意思是有文化的人说话都会引用古希腊哲人的名言,否则会显得没水平,这就像我们中国人有时说话、写作文会引用古人的诗词语句一样。

同一时间存在的两种文明存在巨大差异,这种差异一直延续至今。出现差异性的根源，在于孕育这两大文明的土壤是不一样的。

古希腊人没有得天独厚的肥沃大平原，希腊半岛上到处都是山沟，在其他文明眼中这里就是典型的贫困山区。好在上天是公平的，半岛的土地虽然贫瘠，但是气候环境十分适合种植葡萄、橄榄。运气更好的是，希腊半岛深深地嵌入地中海，古希腊哲学家柏拉图就曾这样形容他生活的地域："我们围绕着大海而居，如同青蛙环绕着水塘。"漫长曲折的海岸线给古希腊人下海做生意提供了便利，所以西方人的基因从一开始就注入了海洋的信息，那里兴起的文明是海洋文明。

中国的海岸线也很长，怎么没有孕育出海洋文明呢？

从地图上看，地中海就是一个近乎封闭的大内湖，只通过窄窄的直布罗陀海峡与大西洋连通，与中国东方惊涛骇浪的广阔太平洋相比，地中海显得相对温和与安全。于是，浪漫的地中海成为孕育西方海洋文明的摇篮，历史上的腓尼基人、迦太基人、古希腊人都靠着地中海培育出了属于自己的文明。尤其是古希腊人，他们驾着船，竖起帆，荡起桨，做着买卖，发动战争，建立殖民地，将自己的文明在地中海沿岸四处扩散，《荷马史诗》被游吟诗人传唱，希腊神话让人着迷，阿喀琉斯之踵、奥德修斯海上历险的故事被人津津乐道……

中国的自然条件得天独厚，有着肥沃的大平原，众多河流滋润着岸边的土地，人们不必出海拼搏，完全可以通过农业种植获得丰厚回报，因此孕育出了大河文明。更何况，虽然中国的海岸线漫长，但是与家门口的东海、南海直接连着的是太平洋，那里大海苍茫，风急浪高，唐朝时准备东渡日本传播佛法的鉴真和尚从扬州出发，最后竟被风刮到了海南岛！

对于历代中原王朝来说，下海做生意的风险太高，还不如在地里刨食收入来得稳定。这种潜意识似乎延续到了现在。大家发现没有，如果家里有个院子有块空地，很多人就会想着种点花花草草蔬菜水果，即使没有地也会用花盆栽种点绿植。种田的基因大概已经刻入我们中国人的骨子里。

不过，不用和风浪搏杀并不意味着生存就会变得简单。在科技不发达的古代，农业都要靠天吃饭，尤其是灌溉，是一大技术难题。

战国时，各个诸侯展开了殊死竞争。为了活下去就要提升国力，而提高粮食产量是重中之重。种田需要水，国家越大，田越多，需要的水就越多。雨水、挑水等原始的办法早就不能满足人们的需求，于是各国修的水利工程也越来越多。魏国西门豹兴修的漳河十二渠，秦国修建的郑国渠、都江堰等都是那个时候的杰作。

同时，人们还要密切关注横贯中原大地的黄河，它是中华民族的母亲河，也是全世界治理难度最高的河流之一。

春秋战国时，很多中原诸侯国就建在黄河边上，黄河成为诸多城市的重要水源。但它含沙量极大，而且脾气不好，喜欢改道。历史上有记载的黄河改道共有6次，公元前602年是史书里记载的第一次改道。

黄河改道奔流可不像汽车换个车道那么简单，而是会河水泛滥，引发洪灾，让周边郡县皆成泽国。修建水利工程是一个解决方案，所以对于一个诸侯国来说，水利建设关乎国运。但修水利费时费钱费人，远比两军打一仗复杂得多。春秋时分封制尚存，国君把土地分给卿大夫，你管一块他管一块，人力、物力不能协调，大家只能各管各的，各自筑堤，所以那时应对黄河水灾大都收效甚微。到了战国，七雄从众多诸侯国中脱颖而出，它们兼并小国，版图扩大，中央集权，国家之中所有人都听命于国君一人，所有资源都由国君掌握，所有人都听从国君安排，于是修建大规模的水利工程有了可能，"驯服"易怒的黄河不再是遥不可及的事。

可以这样说，是黄河这条大河，让中国走上了与西方截然不同的道路。

哲学王与圣王

公元前399年，苏格拉底在雅典被判处死刑，这个结果是由500人组成的人民法庭通过投票的方式决定的，他的罪名是对神明不虔诚、腐蚀青年、反对民主。

苏格拉底临死前慷慨演说，其中有这样一句：

"雅典人！你没有赢得更多的时间，却将苏格拉底判处死刑，你们将臭名远扬！"

苏格拉底是西方哲学的奠基者，他的徒弟是写出畅销几千年的《理想国》的柏拉图，这是一本爆款哲学经典。柏拉图的弟子是亚里士多德，他号称"人形百科全书"，过目不忘，无所不知。亚里士多德还有一个一度横扫欧亚的弟子，那就是亚历山大大帝。苏格拉底、柏拉图、亚里士多德并称"希腊三贤"。

自己学识渊博，教的弟子又这么厉害，苏格拉底在西方就如同孔子在中国。想想看，雅典人把西方的"孔子"给杀了，多么骇人听闻！

苏格拉底最爱的是雅典，雅典最著名的是民主制度，甚至雅典的民主就是西方民主政治的源头。然而可怕的是，民主的雅典人以民主的名义处死了苏格拉底。

为什么会这样？

为了解答这个问题，我们需要聊聊雅典的民主。

希腊半岛上有众多山脉，它们如同锋利的刀刃一样把土地划分成一个个小块，每一个小块上都建有一个城邦。这些城邦面积小，人口少，实力和地形的限制让它们不能像中国那样，发展成地域庞大、人口稠密的诸侯大国。

雅典是希腊半岛上靠海的一个城邦，当时人口也就20多万，相当于现在中国一个乡镇的人口水平。别小看它，早期的西方民主就是诞生在雅典这个小小的城邦。

公元前509年，号称"民主之父"的克里斯提尼对雅典的制度进行改革，规定公民当家作主，重要决策得由全体公民开会讨论决定，就是所谓的"公民大会"。

哪个人的权力过大，有可能会变成独裁者，公民大会就可以投票驱逐他。

有人会说："不就是开会吗？我们从小到大开过不少会，啥场面没见过！"

如果这样想你就错了。起初，公民大会召开时全体雅典公民都会参与，有足足5万多人！一旦有分歧，吵起来，那是地动山摇。

开会磨叽只是一个方面的问题。如果只是偶尔让全体公民都来，那没啥问题，可如果经常把大家叫来，谁也吃不消啊！大家不工作啦？那就精减一下，5000人。于是，雅典选出5000人组成一个法庭，有什么重要案件需要审判、国家大事需要决议，就由他们投票来决定。渐渐地，5000人也嫌多，那就再精减一下，500人。最后，这个500人会议就成了雅典真正的行政机关和司法机关。

民主制度让雅典城里没有了骑在公民头上的贵族，每一个公民都是城邦的主人。从此，雅典的经济、文化、军事走上了快车道，成为希腊半岛上举足轻重的城邦。

就当雅典人荡起双桨把地中海当作自己的大湖徜徉时，从东方杀来了可怕的波斯帝国。希腊各城邦停止了相互打斗，好歹大家身处同一个文化圈，常在一起举办奥林匹克运动会，面对波斯还是应该团结起来一致对外。那是公元前492年。

波斯帝国并不好惹，它的版图横跨欧、亚、非三洲，人口众多，实力强悍，皇帝大流士一世号称"万王之王"。大流士一世眼高于顶，他要征服已知的全世界。起初，巴掌大的希腊都入不了他的眼，可他哪里知道，正是这不起眼的希腊，后来成了波斯帝国的梦魇，一场希波战争打了将近半个世纪。

古希腊军队虽然人少，但是组成军队的都是公民，战斗力彪悍。这些人平时各有工作，打起仗来自备武器，这就是令敌人畏惧的重装步兵。重装步兵组成了密集的步兵方阵，如同压路机一样碾向敌人。

马拉松战役，雅典步兵1万人完胜波斯帝国5万人。

温泉关战役，300位斯巴达勇士虽然全军覆没，却硬生生扛住了数十万波斯大军的进攻，甚至毙敌无数。

萨拉米斯海战，雅典海军300艘船只全歼波斯海军600多艘巨舰。

希波战争期间，希腊各城邦越打越强，波斯帝国被揍得鼻青脸肿，最后只能灰溜溜地回去了。

在这场漫长的战争中，希腊半岛上出现了两个领头的城邦。不用猜，其中一个正是雅典，而另一个就是武装到牙齿的斯巴达。

雅典与斯巴达如同一对反义词：雅典商业强，斯巴达农业强；雅典海军强，纵横地中海，斯巴达陆军强，士兵个个像超级战士；雅典奉行民主政治，斯巴达实行寡头政治。不过，在一方面它们俩是一样的——称雄的野心。

雅典的势力遍布地中海，被后世称为"雅典帝国"，而斯巴达也跃跃欲试，想要当老大。既然都想当全希腊的老大，不如手底下见真章吧！于是双方各自带着一群小弟火并起来，著名的伯罗奔尼撒①战争开打，全希腊的城邦都被卷进去了。

《乌合之众》中说："大众没有辨别能力，因而无法判断事情的真伪，所以经不起推敲的观点，都能轻而易举地得到普遍赞同。"在战争期间，这种情况尤甚，雅典的民主政治引发了各种各样荒唐又无厘头的闹剧：

缺乏理性的公民被动机不纯的政客煽动，用投票的方式选择了战争，邪恶的政客被推上台，于是大家一起玩完吧！有一个小城邦不跟雅典一伙，雅典公民大会投票通过对这个城邦实施屠城计划！神庙里男神雕像的生殖器被人破坏了，公民们怀疑是一个正在前方打仗的将领所为，于是投票想把他召回来判死刑，吓得那将领直接投了敌……

苏格拉底热爱雅典，为了雅典他曾在伯罗奔尼撒战争中三次参战，穿着铠甲、手持盾牌与长矛与斯巴达人厮杀，最后还成为战斗英雄，被推选为公民大会的陪审员。苏格拉底也热爱民主，然而雅典民主制度引发的那些无下限、无脑子的事让他陷入无尽的痛苦。直到一个荒唐无比的案件摆在作为陪审员的他的面前，他更加对自己所熟悉的雅典民主感到陌生，甚至恐惧。

---

① 伯罗奔尼撒位于希腊半岛南部。

一次，某位雅典舰队将领打了胜仗，但他没有把阵亡士兵的尸体带回，为了这件事，雅典人以民主的名义投票处死了他。有能力获胜的将领被处死了，以后要让谁去带兵打仗啊？可此时的雅典人才不管这些。

投票过程中只有理性的苏格拉底投了反对票，这是他向现有制度的宣战。在他眼中，此刻的雅典公民与暴民无异，与暴君无异！

公元前404年，斯巴达带着小弟们攻破雅典，雅典的繁荣如同明日黄花，一去不复返。

雅典输了，至于雅典的民主，在苏格拉底心中也早已死去了。在过去这些日子里，他没有看见雅典的法制与民主，只看见了"多数人的暴政"！

苏格拉底想要改变这一切，而改变人、改造社会最好的方法就是教育，于是他干起了教师这一行。

苏格拉底是个好老师。如今的课堂上，老师常常会先提一个问题，引出学生们五花八门的答案，然后循循善诱，通过讲解分析让学生自己得出正确答案，最后梳理归纳学生得出的结论，给出结论、定义。这就是苏格拉底当年使用的教学方法！一名优秀的老师不会把答案直接抛给学生，而是应该扮演知识的"助产婆"，帮助学生自己得出答案。苏格拉底这样想也这样做，他自称"知识的产婆"。正因为如此，现在的老师们在学教育学这门课时才会绕不开苏格拉底这个名字。

没有编制也没有固定工资，苏格拉底只能在街头教学，但简陋的地点也阻挡不了智慧的光芒，他在雅典青年里人气颇高。

雅典的守旧势力害怕了。青年们一旦从苏格拉底那里学会了独立思辨，不敬重神明都算小事，他们会反对现在的民主的！这样一来，"多数人的暴政"还怎么玩？无良政客还怎么在台上混？

投票，处死苏格拉底！

被判死刑后，很多人想帮苏格拉底逃走，但逃走就违反了雅典的法律。苏格拉底心中仍然深爱着雅典，即使它昏聩、衰败，他也不愿做出这样的事。

不如用自己的死唤醒世人吧。

公元前399年，为了理性与正义，苏格拉底献祭自己，喝下了毒酒。

苏格拉底的死宣告了一个时代的没落，此时的雅典早已不是当年文明开放的雅典，希腊也不是敢数次对战波斯帝国的希腊了。公元前338年，自以为文明先进的希腊城邦被它们视为北方蛮夷的马其顿王国一勺烩掉，腓力二世（亚历山大大帝的父亲）指挥着无敌的马其顿重步兵方阵，把希腊城邦打得跪在地上求饶。

同一时期的东方，中华大地上战国七雄正忙着合纵连横，相互争斗不休。那时的中国是无法诞生希腊式的民主的，因为有的诸侯国已经地方5000里，让老百姓赶来投个票可能要跑断腿。另外，地方越大，国家就越得有强大的控制力，否则就会分崩离析，所以在战国这个兼并战兴盛的时代，中央集权开始确立，分封贵族制逐步解体。

贵族制度的崩塌还因为春秋末年孔子创办私学。私学的兴起让原本遥不可及的知识从贵族的指缝中向下层百姓渗透，平民有了知识，就逐渐形成了诸子百家，大量布衣卿相涌入政府核心，成为各国所需的尖端人才，他们甚至可以左右国家的命运，所以东汉王充才会在《论衡·效力篇》中说："六国之时，贤才为之臣，入楚楚重，出齐齐轻，为赵赵完，畔魏魏伤。"（六国的时候，贤能的人才去到楚国楚国就强大，离开齐国齐国就衰弱，帮助赵国赵国就得到保全，背离魏国魏国就被削弱。）

除了招揽人才，战国各诸侯国还实施军功爵制，使得社会阶层上下流通。双管齐下，到后来，诸侯国中的人才大都是从民间走出来的精英，他们是民间的力量，帮助国君运转国家机器，君主与平民精英一起管理着国家。

对于国家应该采取何种模式存续，君主应该以什么为目标和榜样，这些时代精英各有各的看法。

在西方，作为苏格拉底的大弟子，柏拉图全程目睹了老师自杀的惨剧，之后他游历多国，反思雅典的民主政治，写下了著名的《理想国》。《理想国》里有一个非常有趣的观点：国家的统治者应该是一位"哲学王"。

"哲学王"作为统治者，不会做出无厘头的事，不会像无良政客煽动选民时那样许诺空头支票，他理性、睿智、博学，能分析利弊，为国家人民做出正确判断。一个好的"哲学王"胜过"多数人的暴政"。但是，西方民主也是有问题的。不要忘了，即使在现代社会，第二次世界大战前的德国百姓还是民主投票选出了战争狂魔——希特勒。

在同时期的中国，战国诸子百家也有与"哲学王"相类似的概念——"圣王"。

什么是圣王？

用庄子的话来回答，就是"内圣外王"，即内心拥有圣人的才能与品德，对外能实施王道。

圣王的典型是什么人？

尧、舜、禹、商汤、周武王！中国古代想有所作为的皇帝，都以这些圣王为榜样。

在《理想国》里，柏拉图还描述了一个充满美德与公正的国度，而战国诸子百家也描绘了自己的"理想国"。《孟子见梁惠王》里面孟子就这样描述自己的理想国：

"五亩之宅，树之以桑，五十者可以衣帛矣；鸡豚狗彘之畜，无失其时，七十者可以食肉矣；百亩之田，勿夺其时，数口之家可以无饥矣；谨庠序之教，申之以孝悌之义，颁白者不负戴于道路矣。七十者衣帛食肉，黎民不饥不寒，然而不王者，未之有也。"

可见，在差不多同一个时间，中西方的先哲都在探索适合自己国家的治国之道，他们的想法有不同之处，也有相似之处。

可惜的是，伯罗奔尼撒战争后，古希腊文明就衰败了，好在中华文明得以不断延续，直至今日。